近世の禁裏と都市空間

岸　泰子

思文閣出版

扉写真　「御即位行幸図屏風」右隻（宮内庁所蔵）

目次

第三部　禁裏と都市――造営・遷幸・祭礼――

近世の禁裏と都市空間

序章　本書の視座と目的

近世の天皇は、都市の中に姿をあらわすことがほとんどなかった。しかし、『都名所図会』[1]の巻頭で禁裏御所が描かれるように、禁裏、そして天皇の存在は京都の象徴であった。このような天皇のありかたを、藤田覚は次のように表現する[2]。

江戸時代の天皇は、禁裏御所から外へ出かけることはなかった。（中略）江戸時代前期の朝覲行幸では、わずかな距離の沿道に桟敷が設けられ、また一七九〇（寛政二）年に、火災で焼け再建された新造禁裏御所へ避難先の聖護院仮御所から戻る光格天皇の行列（還幸とよび行幸ではない）では、沿道の町屋などに大勢の見物人が出ている、しかし、鳳輦は見えても天皇の姿は見えない。存在はするがその姿は見えない、しかしいったん外にでると多数の見物人がでる、それが江戸時代の天皇であった。

しかも、天皇の存在に惹き付けられていたのは民衆だけではない。特に京都の町、そして寺院や神社などもその存在もしくは影響力を重視していた。一方、禁裏側も、幕府との関係だけを重視していたわけではなく、町や寺社などとのつながりを意識していた。このように京都を舞台に儀礼や信仰などを介して形成・維持されていた禁裏と民衆・町・寺社などとの関係のありかたのなかに近世都市、さらには近世社会の特性の一端を見いだすことができるのではないだろうか。

そこで、本書は、近世の禁裏の信仰、儀礼などに着目し、建築・都市史的観点から禁裏とそれをとりまく近世京都の空間の特性を示した上で、近世京都そして社会の構造的特質を解明することを目的とする。

まず、本書の視座と目的について、主要な論点となる、禁裏御所と周辺の都市空間、そして天皇の権威、民衆、信仰、儀礼に関する先行研究を整理しながら、述べていきたい。

一　近世の禁裏空間――京都と都市・建築史――

最初に建築史学・都市史学分野を中心に、禁裏御所の空間・場の特性に関する研究成果を整理してみたい。

一―一　禁裏御所の空間

近世の禁裏・禁裏御所の形成の経緯、つまりその造営や修理が最も体系的にまとめられているのは『京都の歴史』(3)である。また、内裏（禁裏御所）の造営過程や建築形態については藤岡通夫『京都御所』(4)に詳しい。藤岡は宮内庁書陵部が所蔵する近世の内裏造営に関する膨大な史料（指図）を整理し、各建物の立柱から竣工までのほぼすべての過程を網羅する。また、藤岡や西和夫(5)は、各内裏の建物の襖絵などの内部装飾のほか、内裏や院御所の建物が寺社に下賜された事例に着目し、下賜された現存遺構の平面形式や装飾からの前身建物（内裏建物）の復元を試みる。

京都を中心に活躍した京都大工頭中井家に残された内裏関係の指図をまとめた『中井家文書の研究』(6)は、禁裏の空間に関する重要な史料を多く掲載する。加えて、公家の日記等から作成された各解説や内裏造営年表もあり、参考文献としての価値も高い。以上の文献・史料は、内裏造営の経緯や建築的特徴を把握するための基礎的資料であり、本書でも適宜参照している。

一方、近年では、禁裏御所の復古様式や技術・大工集団、さらに門などの建物の機能に着目した研究が発表されている。(7) たとえば、谷直樹は、幕府大工頭の中井家が禁裏御所や京都、その近郊地域での造作を行うなかで大工支配を強めていく過程を明らかにする。(8)

なお、禁裏御所の各建物に着目した研究については、各章内で参照している。また、本書が特に注目する内侍所については、第一部第一章でまとめた。

一―二　禁裏御所周辺の空間――築地之内と公家町――

近世の禁裏御所は築地之内と呼ばれる惣門と築地によって囲まれた地区の中心にあった。そして、その築地之内には「公家町」と称される公家が集住する地区が形成されていた。これらは、都市史学の基礎的文献のひとつである『図集日本都市史』(9) でも図示されている。

建築史学の分野でこの禁裏御所周辺の空間の特性に最初に着目したのが、内藤昌である。(10) これを受けて、小沢朝江は、近世禁裏御所を取り巻く築地之内を道が中心の「聖なる」空間として位置づけた。(11) また、近年では公家の住宅や公家町の景観に注目した研究も蓄積されつつある。松井きみ子らの築地之内にある公家らの邸宅にあった物見に注目した研究(12)や、藤田勝也の公家住宅の復古に関する論考、(13) 公家町を含めた近世京都の都市景観の復元を試みる丸山俊明の一連の研究(14)などが該当する。

しかし、禁裏とその周辺の空間に着目した建築史研究の多くは、公家屋敷や町家の形態や景観の復元を目的としているにもかかわらず、その形成の背景には言及しない。(15) 復元考察は空間把握の基礎的作業として重要であるが、かかる作業の有効性や正確性を示すためにも空間・景観の形成が社会のなかでどのように位置づけられるのかを明らかにしておく必要があるだろう。

一方、近年、建築史・都市史学、特に寺社建築史や中世都市史では、日本史学・文献史学・考古学の成果を取り入れつつ、多様な史料を用いて社会全体の流れのなかで建築や都市を理解しようとする動きがある。これらは、社会を構成する様々な要素との関係性を視野に入れながら、建築や都市の特性を見いだそうとする視点を有している。たとえば、都市史研究でも登谷伸宏が公家町の形成や町に居住する公家の屋敷地取得の経緯や築地之内の空間特性などを総合的に考察するが[16]、これは右記の総合的な視点を重視した成果といえる。また、伊藤毅は、空間を人々の社会的関係の展開の場と捉えることで、三次元的な形態・構築物の特性だけでなく、社会の制度や文化や経済のありかたも解明しようとする空間史の有効性を提唱している[17]。

すなわち、禁裏御所やその周辺の空間・場の特性を解明するにあたっても、形態や景観だけを指す狭義の「建物」「空間」だけでなく、社会的背景や諸要素との関係性を含めてより広角的・包括的な視点から再検討・評価する必要がある。この研究手法・視点は、本書が最も重視するものである。

一―三　近世京都の都市空間

近世京都に関しては、秋山國三や仲村研をはじめ、膨大な研究の蓄積がある[18]。これらの研究動向はすでに多くの研究書のなかで整理されているのでここでは割愛するが、一九七〇年代以降は、惣町や町組などを中心とした都市社会構造の解明に重点が置かれる傾向が強い。近年でも牧知宏が町代や御朱印に注目して惣町の再評価を試みる[19]。

一方、近世の都市形成を禁裏との関係から解明しようとする研究もある。仁木宏[20]や横田冬彦[21]は、禁裏御所の造営を取り上げながら、豊臣政権下における近世都市京都の成立に焦点をあてる。

また、近世前期の京都の都市空間の形成ならびに形態に着目した研究として、杉森哲也の論考がある。[22] 仁木らの考察を参照しつつ、吉田伸之が提唱した分節構造論を用いて、豊臣秀吉が改造した京都を聚楽第を中心とした城下町として位置づける。

ここで重視される分節構造論は、「構築的」「帰納的」に事例検討を重視するという歴史学のスタンダードな手法を採用しつつ、社会の諸要素を構造化して捉えようとした点が画期的であり[23]、著者を含めた多くの研究者が影響を受けている。

ただし、本書の視座に即していえば、これまでの分節構造論研究のなかで天皇・禁裏の位置づけが欠如している点は、大きな問題であると考える。[24] 吉田は、分節構造論が権力構造を把握する上でも有効であることを説いた上で、「国家権力の全体像自体」を視野に入れないまま、「狭義の都市権力」を一部かつ独立して論じることの不可能さも指摘し、「日本近世でいえば、幕藩権力における都市支配権力としての側面やその特質」を取り上げる手法が重要と述べる。[25]

しかし、江戸幕府が天皇や朝廷の動向を無視しなかったことからも明白なように、近世国家において天皇の役割は決して軽視できないものであった。少なくとも、「幕藩権力における都市支配権力」のなかにある禁裏の役割を示さなければ、近世国家の権力の全体像の解明にはつながっていかないのではないだろうか。そこで、本書では、幕府とともに天皇が近世社会・国家の権力構造のなかである一定の役割を果たしたことを前提として、近世京都の都市支配の構造や特質の解明を試みたい。

二　近世天皇・朝廷研究史

次に、天皇・朝廷研究の動向を整理しておく。

一九五〇年までの天皇・朝廷研究は基礎的事実の把握や近世前期の人物像の解明が中心であった。そして、五〇年代から七〇年代にかけては、近世国家の特徴をどう捉えるのかという問題意識のもとで、幕藩体制下における天皇・朝廷の位置づけに注目が集まるようになる。そこで交わされた議論、たとえば朝尾直弘[26]、宮地正人[27]、深谷克己[28]らの論考は、現在でも天皇・朝廷研究、特に朝幕関係に関する研究の基礎的文献となっている。

また、八〇年代からは多様な視点の可能性も提示されるようになった。山口和夫は戦前の動向も含めて、これらの先行研究を「天皇・天皇家」「公家・官人・門跡」「公家社会」「朝廷の諸機能」「法規範」「朝廷機構」「通史的展望」に分類する[29]。この整理・分類は的確であり、たとえば橋本政宣の一連の研究[30]は、織豊期から近世中期までの朝廷と武家権力との関係や公家と朝廷との関係に焦点をあてた「通史的展望」を見据えた研究として位置づけることが可能である。また、信仰や公家の家職に言及する高埜利彦の研究[31]は「朝廷機構」や「通史的展望」などを見据えたものであるといえるし、後宮の動向や霊元院体制の特徴を明らかにする久保貴子[32]や山口[33]の論考なども「朝廷機構」や「朝廷の諸機能」を明らかにするものとして評価できよう。

ただし、近年では、さらに異なる視座からの研究も発表されている。そこで、本書が注目する天皇の権威、民衆、信仰、儀礼に関連する研究動向を整理しながら、本書の視座と課題を述べていきたい。

二―一　天皇権威・王権と民衆

近年の近世天皇・朝廷研究は、二十世紀と同様、近世国家をどう理解するのかという問題意識のもとで、政治史的視点からの朝幕関係の解明に重点が置かれている。近年相次いで発刊された通史や講座に所収される近世の天皇・朝廷論の多くもこの視点を重視した記述になっている。また、朝廷が持つ政治機構としての役割に着目し、職制や奥（女院）の動向、地下官人の特性を明らかにしようとする研究も多い(34)。

そのなかでも、近年最も活発に論考を発表しているのが、野村玄である。野村が政治史的方法を用いて明らかにしようとするのは、近世国家の確立過程の徳川秀忠から家綱政権期の幕府側の天皇・朝廷への対応と天皇・朝廷側からみた幕府の位置づけである(35)。神国思想や任官制度、即位・譲位・葬送といった儀礼を事例にあげ、幕府の天皇・朝廷の統制、特に幕府が持つ朝廷の理想像のありかたやその活用方法を解明することで当時の権力構造の特質を明らかにしようとする。

ところで、野村の問題意識のなかで興味深いのが、従来の研究において用いられる天皇の「権威」という言葉の使い方への危機感である(36)。朝尾直弘(37)が提示した幕府側の視点からみた幕藩体制樹立時の天皇権威の定義〈幕府に「吸収」される権威〉と、深谷克己や高埜利彦(38)、さらに藤井譲治(39)らが用いる定義〈幕府と「協調」する権威〉とが論理的に飛躍していることを指摘した上で、「権威」という言葉が便利なあまり一人歩きしている研究動向への危機感をあらわにする。そして、「権威」を用いる際にはその具体的様相を当時の政治状況から「先入観」を取り払うことが必要であると述べる(40)。

しかし、天皇の権威や権力の構造に着目した先行研究を再度見直すと、同様の指摘はほかにも存在する。政治史の立場から近世後期の朝幕関係に言及してきた藤田覚は「近年新たに提起されている王権論は、王とは何か、王権とは何か、という突き詰めた検討なしに持ち込まれている」とした上で、「近世国家論、公儀権力論との関係がよくわからない」とする。そして、これまでの王や王権の具体的内容の検討の有効性に疑問を投げかけた上で、「天皇が持った近世の国家権力・国家支配における具体的な位置と役割、及びその変化を具体的に究明することが重要」とし、近世王権論が有効となるための具体策として「これまでの国家論、権力論に何をつけ加えることができるのか、または、どこを切り開くことができるのか、を提示する」必要性を説く[41]。ここでは、近世国家のなかの天皇・禁裏権威の位置づけを明確にするために必要とされる新たな研究視座と、その有効性の再提示が求められている。よって、建築・都市史学においてもかかる問いかけにいかに答えていくことができるのかを考えていかなければならない。

そこで、本書では、天皇・禁裏の役割だけでなく影響が具体的にわかる事例として信仰や儀礼の空間・場に注目し、禁裏と民衆・町などとの関係という切り口から近世の天皇が持つ権力や役割についてを考察してみたい。

ただし、天皇・禁裏の権威と民衆との関係性は、すでに中世王権論のなかで注目されるものである。中世史では、上島享[42]や平雅行[43]、堀新[44]、池享[45]らが活発な「王権論」を展開する。そのなかで、上島は、中世社会形成の本質は権門の階層化・系列化がなされていく歴史過程にあったとし、その「系列化の頂点にたった王権の創出を明示することが重要」であることを認めた上で、中世の王権は「複数の人格が相互補完的に構成することが特徴」であり、その王権がひとつの権力体制を構成することができたのかを解明するためにも「王権論」が重要であるとする。そして、その王権論について、「王権を標榜するものの、貴族社会内部や公家・寺社など支配階層における王権の問題しか論じることのできない研究が多い。民衆一人ひとりを射程に入れることのできない権力を王権と呼ぶことはでき」ないことを指摘する。

また、近世史の分野においても、天皇と民衆とのつながりは注目されつつある課題のひとつである。最も早くそこに注目したのは深谷であろう[46]。民衆が朝廷を意識した契機として、吉凶による生活規制（鳴物停止など）、年号告知、天皇名の使用、祭礼や伊勢信仰などの信仰生活、生業保証をあげる。この論考は天皇制を考える講座での講演をもとにしているが、儒学や神国に関する観念との関連性まで示唆されている点も含めて、天皇と民衆を結びつける要素が的確に抽出されている。また、藤田覚は御所の千度参りを通じて形成される禁裏と民衆の関係性を政治的動向と絡めて論じている[47]。

さらに、近年では、清水克行が、戦国期の禁裏空間は禁裏が民衆を忌避していたにもかかわらずアジール的性格を有していたことを指摘した上で、近世のその空間は都市社会から分断されていたと評価する[48]。また、吉岡拓は、祇園祭を舞台に幕末期の町にみられる身体化された天皇への畏敬といえる感覚が存在していたことを指摘する[49]。ほかにも、鍛治宏介は民衆も享受しうる「文化」という局面に表れる天皇像＝天皇のイメージ創造に言及する[50]。

このように王権や天皇権威を論じるなかで、天皇・禁裏と民衆とのつながりに着目した研究も蓄積されつつあるが、天皇・禁裏側の行為の都市社会や民衆側への影響の具体的内容や、都市社会側の受容のありかたは十分に明らかにされておらず、検討の余地は大きい。もちろん、史料的制約もあって、受容側の様相を解明することは難しい。しかし、天皇だけでなく民衆も生活の舞台とする空間・場に着目することで、政治的・制度的関係だけでは説明できない複合的・重層的な関係性の上になりたっていた禁裏そして国家の具体的様相を解明できる可能性があることは指摘しておきたい。

二―二　禁裏と信仰・儀礼

近世の国家権力・支配における天皇の具体的な位置と役割を考える上で、天皇・禁裏が重視していた信仰・儀礼（朝儀）は重要な視点となりうる。しかも、信仰や儀礼は社会に影響を及ぼしうる行為である。深谷克己、清水克行、吉岡拓や村和明[51]が朝廷機構や朝廷と民衆との交流・影響を考察するために信仰や儀礼を取り上げるのもこのためだろう。

また、近年では、近世天皇・朝廷の信仰もしくは宗教的役割にも注目が集まっている。たとえば、井上智勝は、神職の本所であった吉田家の動向に注目し、神社が在地社会に影響を与える装置として機能したことを具体的に実証することで、その装置が天皇権威の伝達機能を果たすと指摘する(52)。また、梅田千尋は、宗教儀礼に関わる人々に着目して天皇の存在を支える社会構造を明らかにする(53)。

一方、藤田覚は、天皇が禁裏御所内で行う神事や院御所に設置された鎮守で朝廷再興が祈祷されていたことに着目し、政治史的視点からその祈願に対する幕府の認識を明らかにするとともに、朝廷再興が朝廷内で重視される過程における神祇祭祀主催者としての天皇の役割を明確にする(54)。

なお、祭祀主催者としての天皇の役割について、先行研究は大嘗会や仏事が関わる即位礼、喪葬儀礼も取り上げる(55)。各研究の概要については第二部で詳述するが、これらの研究の多くが、天皇の遺骸の管理に注目して幕府主導による天皇葬送儀礼の確立を解明した野村玄の論文に代表されるように(56)、幕府との交渉経緯にみる朝幕関係のありかたや朝廷権威の上昇を論点とする。朝儀再興を取り上げた武部敏夫(57)や高埜利彦、藤田覚の論考も(58)、禁裏が朝儀を介していかに幕府という権力と対峙し、自らの格を上昇させようとしていたのかという点を重視する。

ただし、これまでの研究では、近世の天皇が執行する神事もしくは仏事がどこでどのように行われ、いかなる目的・背景を持っていたのかなどはほとんど明らかにされていない。これは、朝儀は幕府という「現実の統治者」が必要としたもので、公儀権力の監視下で天皇の正統性の根拠とされたものであるという理解に代表されるように、朝儀をあくまで幕府を主語にした政治的な装置として捉える傾向が強かったからだろう(59)。しかし、禁裏御所内の信仰や朝儀は天皇・朝廷が主体となるものである。天皇・禁裏側の意図を明らかにした上で、その位置づけを再検討していく必要がある。さらに前節と重複するが、藤田覚が「御所での儀式や神事などの行事、さらには行幸などと民衆がどのように関わるのかなど、天皇と民衆というテーマで検討すべき問題は多い(60)」と指摘するように、天皇の儀礼や信仰が民衆、そして京都という都市に与えた影響や実効性についても明確にしていく必要もある。

なお、信仰や儀礼については、継承という側面にも着目しなければならない[61]。天皇は王として前近世から禁裏御所に居住し続けていた。天皇家（王家）は、再興されたものも含めて、様々な儀礼を継続して行っている。ゆえに、儀礼の主体、目的、影響、それに加えて変容の過程を明らかにすることで、近世の天皇の役割の属性的な側面についても解明する必要がある。

二―三　中世から近世へ、近世から近代へ――都市空間の変容の解明――

近世という時代の特性を考える上で、中世と近代をいかに理解するのかは重要な問題である。最後に、近世社会の包括的理解という点で重要な視座となるであろう、中世と近世、近世と近代、という通史的展望に関する研究動向についても少し整理をしておきたい。

近年、天皇制・社会史・身分制といった共通テーマのもとで、通史的に天皇や朝廷の動向を把握しようとする論考が多くみられる。

また、中世から近世にかけての京都を取り上げた研究には、前掲の仁木宏や横田冬彦の成果がある。特に、仁木は、中世都市からの継承という点に主眼を置いて近世都市京都を位置づけようとする。これは、吉田伸之らが古代の都城と城下町に重点が置いて都市史を論述しようとする傾向、つまり中世都市が軽視されていることへの反証が込められている。実際、禁裏と都市に目を向けたとき、高橋康夫が戦国期の禁裏六町と朝廷との関係を明らかにしたように[62]、古代以来、天皇との関係を重視して都市社会が形成・維持されてきたという経緯は軽視できない。よって、中世からのつながりを把握しながら、近世という時代の特性を理解していく必要がある。

一方、近代史からは、京都御所と都市空間というテーマで伊藤之雄が近年著書を発表した。[63]「近世において京都の人々の誇りの源泉であった禁裏御所とその周りの公家屋敷地の空間を、近代において京都の人々がどのようにとらえ、自らの誇りの再生や経済復興の手がかりとして利用しようとしたのかを明らかにしたい」とし、京都御苑にみえる都市の精神的な中心なるものを都市政策から検討しようとする。しかし、ここでは、具体的な検討がないままに禁裏・禁裏御所を「誇り」とする意識が近世から近代へ継承したと捉えられている点に大きな問題があるといわざるをえない。しかも、伊藤が前提とする近世の御所空間に対する理解は、高木博志の成果に基づいている。[64]高木が明らかにした近世後期の禁裏御所の観光名所化はそれまでの近世禁裏＝閉じた空間というイメージを覆すものであり、近世と近代を結ぶ要素を提起した重要な指摘である。ただし、本書で明らかにするように、江戸時代の禁裏空間も変容を遂げており、その性質は多様である。よって、「誇り」「イメージ」「伝統」といった言葉で表現されてしまう近世禁裏空間の評価の曖昧さを払拭するためにも、天皇・禁裏に関わる現象・行為の内容と背景、そして受容側（民衆）の反応については丁寧かつ慎重に考察していかなければならない。

三　本書の構成

以上のような論点ならびに課題を踏まえ、本書は三部で構成する。

第一部では、禁裏御所内にあらわれた信仰の場に注目する。ここで検討するのは、禁裏御所内にあった内侍所と上・下御霊社との関係である。まず、第一章では禁裏御所内にある内侍所が信仰の場としての性質を強化する過程に注目する。建築的特徴、造営過程、名称の変遷などから、その場が中世後期に信仰の場として確立していく過程を明らかにする。第二章では、その内侍所の仮殿が近世初期から町中にある上・下御霊社に継続的に下賜された事例に着目し、禁裏御所内の信仰の場が神社に下賜される意義を考察する。第三章では、近世後期の内侍所造営の経緯を確認し、幕末になって再興される神嘉殿との関係や内侍所仮殿の下賜の中止の背景や意義などを明らかにする。

第二部では、天皇・禁裏の「権威」が表出する場に注目し、天皇崩御時の内侍所のしつらいや民衆の内侍所参詣を取り上げる。まず、第一章では、中世後期の天皇崩御時に内侍所が清浄な場として確立していく経緯を確認し、触穢という視点から天皇のありかたを解明する。第二章では、近世前期の内侍所を中心とした清浄性の明確化の様相を明らかにし、近世の天皇・禁裏の役割の位置づけを試みる。また、第三章では、民衆の朝儀見学ならびに内侍所参詣の特性を明らかにし、禁裏御所内に設けられた信仰の場での禁裏と民衆との交流の意義を考察する。

補章では、信仰と儀礼に関わる事例として、戦国期の宮中での天皇遠忌法会と近世の安楽寿院での天皇遠忌法会の場の特性について考察する。

第三部は、主に禁裏御所の外、つまり都市に現れる天皇と都市社会の関係性に焦点をあてる。第一章では、内裏造営時の非蔵人の役割と非蔵人が居住する町の動向を確認する。第二章では、禁裏御所造営をめぐる禁裏と町人、特に禁裏御用をつとめた三井家の物理的・精神的な結びつきの様相について考察する。続けて、第三章では、天皇が安政度内裏に遷幸する事例に着目し、その遷幸の意義や民衆の受容のありかたを解明する。最後に、第四章として、天皇や院が上・下御霊社の祭礼行列を見物する事例に着目し、上御霊社の風流の東山天皇の上覧を通してみえてくる天皇像の演出とその受容の意義を考察する。

終章では、これらをまとめ、禁裏の存在を受容した都市社会／都市のなかで民衆等の存在を見据えつつ存在していた禁裏、その両者を包含していた近世京都の特性を整理し、そこからみえてくる近世の天皇・禁裏の位置付けや社会・国家の特性について展望を含めて包括的に述べる。

最後に、本書で用いる用語の定義をしておきたい。

まず、天皇が日常的に在所する場所は、内裏・禁裏・禁裏御所などの名称が用いられる。天皇と禁裏、内裏と禁裏の使い分けは史料上でも明確ではない。ただし、御所に関しては、中世・戦国期には「内裏」、近世以降には「内裏」「禁裏」「禁裏御所」と表現される場合が多い。よって、本書では、史料上で明記される場合を除き、近世以前の天皇の御所は「内裏」、近世以後は「禁裏御所」を用いる。

また、天皇に関しては、光格天皇が天皇号を再興する以前であっても、譲位前は「天皇」とし、譲位後は「院」もしくは「上皇」と記述する。

内侍所については、禁裏御所で神鏡を奉る場、さらにそこに祀られる神器（神鏡）を指すことがある。また、賢所などの名称も用いられる。しかし、戦国期から近世後期にかけては内侍所という名称が史料上で使われることが多い。ゆえに、場については「内侍所」という表記で統一し、神器を指す場合にはその旨を明記することとする。

最後に、空間と場の用語についても言及しておきたい。

場の定義については、これまでの都市史での多様な議論を踏まえて「特定の観念や制度や行為によって範囲を認識された空間」とする。空間については、山村亜希などの多くの研究者が指摘するように、建築史学では具体的で復元可能なものを「空間」として捉え、文献史学では特有の現象等が存在するものを「空間」として捉える傾向がある。(65) しかし、重要なのは、文献史学と建築史学のギャップを埋めることではなく、空間・場を解釈する際の立場の自覚である。本書では、前述したように、建物や敷地の形態的特性だけでなく、建物や都市をとりまく信仰や文化、政治の動向を視野に入れ、包括的かつ総合的に近世京都の空間に着目していきたい。

(1) 市古夏生・鈴木健一校訂『新訂　都名所図会』一～五、ちくま学芸文庫、筑摩書房、一九九九年。
(2) 藤田覚「思想の言葉」『思想』一〇四九、二〇一一年九月。
(3) 京都市編『京都の歴史』一～十、学芸書林、一九七二年。
(4) 藤岡通夫『京都御所』新訂版、中央公論美術出版、一九八七年。
(5) 西和夫「勧修寺書院の前身建物と障壁画」「南禅寺大方丈の建築と障壁画――前身建物平面の復原と障壁画の検討」『建築史研究の新視点』中央公論美術出版、一九九九年。
(6) 平井聖編『中井家文書の研究』一～八、中央公論美術出版、一九七六～八五年。
(7) 様式復古に関しては、前掲藤岡『京都御所』で概要がまとめられる。また、藤田覚『幕末の天皇』(講談社選書メチエ、講談社、一九九四年)は復古の動向を政治的背景から説明している。
そのほか近世の禁裏御所の建築・空間に着目した研究に、以下のものがある。飯淵康一他「近世内裏の空間的秩序：承明門、日・月華門の性格からの検討」(『日本建築学会計画系論文集』五三八、二〇〇〇年十二月)、藤田勝也「中近世天皇御所における御学問所の変容と展開」(『日本建築学会計画系論文集』五八〇、二〇〇四年六月)、岩間香他「復古様式の造営過程と中井役所棟梁の岡嶋上野掾：寛政度内裏に関する研究(2)」(『日本建築学会計画系論文集』五八八、二〇〇五年二月)など。

また、近年、久住真也「幕末政治と禁裏空間の変容」(『日本歴史』七六〇、二〇一一年九月)が発表された。政治的視点から建築・空間の変容を論じようとしており、内容も興味深い。
(8) 谷直樹『中井家大工支配の研究』思文閣出版、一九九二年。
(9) 高橋康夫他編『図集日本都市史』東京大学出版会、一九九三年。
(10) 内藤昌「『慶長公家町絵図』について――近世初頭京都公家町の研究――(その1～その7)」(『日本建築学会東海支部研究報告』、一九七〇～七二年)など。
(11) 小沢朝江「近世における内裏外郭門と築地之内について」『日本建築学会計画系論文集』五五四、二〇〇二年四月。
(12) 松井みき子『近世初期上層公家の遊興空間』中央公論美術出版、二〇一〇年。
(13) 藤田勝也「近世鷹司家の屋敷について――近世公家住宅の復古に関する研究3――」(『日本建築学会計画系論文集』

六八四、二〇一三年二月）など。同氏は近衛家や二条家についても同様の視点・手法で分析している。
(14) 丸山俊明『京都の町家と町なみ――何方を見申様に作る事、堅仕間敷事』昭和堂、二〇〇七年。
(15) 小沢は天皇葬送時の禁裏御所の門や周辺空間の使い方からその特性を抽出しようとする。しかし、葬送儀礼の実施の背景や社会的背景、さらに天皇の動向・性格には全く言及しない。つまり儀礼の性格や天皇＝聖なるものという前提を検討することなく、その行動の舞台となる空間を聖なるものとして評価している点に大きな問題があると考える。なお、この成果を文献史学側が再検討することなく、「禁裏周辺の空間」として容易に受容する傾向は危惧されることを申し添えておく。
(16) 登谷伸宏「近世における公家町の形成について」（『建築史学』五五、二〇一〇年九月）など。
(17) 伊藤毅『都市の空間史』吉川弘文館、二〇〇三年。
(18) 秋山國三・仲村研『京都「町」の研究』（法政大学出版会、一九七五年）など。
(19) 牧知宏「近世京都における都市秩序の変容――徳川将軍家に対する年頭御礼参加者選定にみる」（『日本史研究』五五四、二〇〇八年十月）、「近世前・中期京都における都市行政の展開――年寄と町代の関係をめぐって」（『史林』九三、二〇一〇年三月）。
(20) 仁木宏『空間・公・共同体』青木書店、一九九七年。
(21) 横田冬彦「近世社会の成立と京都」『日本史研究』四〇四、一九九六年四月。
(22) 杉森哲也『近世京都の都市と社会』東京大学出版会、二〇〇八年。
(23) 分節構造論の手法的特徴については、吉田伸之「城下町の構造と展開」（『新体系日本史6　都市社会史』（山川出版社、二〇〇一年）ならびに「ソシアビリテと分節構造」（吉田・伊藤毅編『伝統都市4　分節構造』東京大学出版会、二〇一〇年）などに詳しい。また、この手法を「構築的」「帰納的」とみなす点については、前掲吉田「ソシアビリテと分節構造」における吉田自身の評価でもある。
(24) 杉森の成果ならびに問題点については、岸泰子「書評　杉森哲也著『近世京都の都市と社会』」（『年報都市史研究』一七、二〇一〇年二月）を参照されたい。
(25) 前掲吉田「都市の権力とヘゲモニー」。

(26) 朝尾直弘『朝尾直弘著作集』岩波書店、二〇〇三〜〇四年。天皇・朝廷に関する論考は、同著作集三巻に所収される。
(27) 宮地正人『天皇制の政治史的研究』校倉書房、一九八一年。
(28) 深谷克己『近世の国家・社会と天皇』校倉書房、一九九一年。
(29) 山口和夫「近世天皇・朝廷研究の軌跡と課題」永原慶二編『講座・前近代の天皇』五、青木書店、一九九五年。ほかにも、一九九〇年代までの天皇・朝廷研究史の傾向は、久保貴子『近世の朝廷運営――朝幕関係の展開』(岩田書院、一九九八年)に詳しい。
(30) 橋本政宣『近世公家社会の研究』吉川弘文館、二〇〇二年。
(31) 高埜利彦『近世日本の国家権力と信仰』東京大学出版会、一九八九年。
(32) 前掲久保『近世の朝廷運営』。
(33) 山口和夫「朝廷と公家社会」『日本史講座六　近世社会論』東京大学出版会、二〇〇五年。
(34) 政治史的視点から朝廷内および奥の制度に注目した近年の成果としては以下のものがあげられる。村和明『近世の朝廷制度と朝幕関係』(東京大学出版会、二〇一三年)、田中暁龍『近世前期朝幕関係の研究』(吉川弘文館、二〇一一年)、同『近世朝廷の法制と秩序』(山川出版社、二〇一二年)、石田俊「元禄期の朝幕関係と綱吉政権――中御門資熙の「執権」を中心に――」(『日本歴史』七二五、二〇〇八年)、同「霊元天皇の奥と東福門院」(『史林』九四―三、二〇一一年五月)、長坂良宏「文化期の朝廷と幕府」(『日本史研究』五九〇、二〇一一年十一月)など。また、地下官人の動向に着目した研究では西村慎太郎『近世朝廷社会と地下官人』(吉川弘文館、二〇〇八年)がある。
(35) 野村玄『日本近世国家の確立と天皇』清文堂、二〇〇六年。
(36) 前掲野村『日本近世国家の確立と天皇』所収「序章」(初出は二〇〇四年)。
(37) 朝尾直弘「幕藩制と天皇」前掲『朝尾直弘著作集』三所収(初出は一九七五年)。
(38) 高埜利彦「江戸幕府の朝廷支配」『日本史研究』三一九、一九八九年三月。
(39) 藤井讓治「江戸幕府の成立と天皇」(永原慶二他編『講座・前近代の天皇』二、青木書店、一九九三年)ならびに『幕藩領主の権力構造』(岩波書店、二〇〇二年)。

(40) ただし、野村は「権威」の指摘は重要でなく問題はその「先」にある幕府を中心とした「権力」構造における朝廷の活用・影響・主体性などの把握が重要であるとして、「権威」の定義の内容には言及しない。

(41) 藤田覚「近世王権論と天皇」『近世天皇論――近世天皇研究の意義と課題』清文堂出版、二〇一一年（初出二〇〇六年）。

(42) 上島享『日本中世社会の形成と王権』名古屋大学出版会、二〇一〇年。

(43) 平雅行『日本中世の社会と仏教』塙書房、一九九二年。

(44) 堀新「織豊期王権論再論――公武結合王権論をめぐって」『王権を考える』史学会シンポジウム叢書、二〇〇六年。

(45) 池享「中世後期の王権をめぐって」前掲『王権を考える』所収。

(46) 深谷克己「近世の民衆と天皇・公家」前掲深谷『近世の国家・社会と天皇』所収。

(47) 藤田覚「御所千度参りと朝廷」『近世政治史と天皇』吉川弘文館、一九九九年。

(48) 清水克行「戦国期における禁裏空間と都市民衆」『日本史研究』四二六、一九九八年二月。後に『室町社会の騒擾と秩序』（吉川弘文館、二〇〇四年）所収。

(49) 吉岡拓「近世後期における京都町人と朝廷――祇園祭山鉾町を主な事例として――」『日本歴史』七〇三、二〇〇六年十二月。後に『十九世紀民衆の歴史意識・由緒と天皇』（校倉書房、二〇一一年）所収。

(50) 鍛治宏介「江戸時代教養文化のなかの天皇・公家像」『日本史研究』五七一、二〇一〇年三月。

(51) 村和明「仙洞御所の施設と行事――「田植御覧」と鎮守」前掲村『近世の朝廷制度と朝幕関係』所収。

(52) 井上智勝『近世の神社と朝廷権威』吉川弘文館、二〇〇七年。天皇と神社に着目した研究としては、ほかに間瀬久美子「神社と天皇」（前掲『講座・前近代の天皇』三所収）などがある。

(53) 梅田千尋の一連の研究は、信仰・儀礼・身分制という多角的な視点から禁裏との結びつきを重視した人々が住む都市空間のありかたを解明するものである（『近世陰陽道組織の研究』（吉川弘文館、二〇〇九年）など）。

(54) 前掲藤田「近世王権論と天皇」。

(55) 仏事と天皇の関係性に着目する研究では、鍛治宏介「江戸時代中後期天皇追悼儀礼の展開――延暦寺における桓武天皇遠忌法会を事例に――」（『仏教史学研究』五〇、二〇〇八年四月）などがある。

(56) 野村玄「近世天皇葬送儀礼確立の政治史的意義――後光明天皇葬送儀礼の検討を中心に」前掲野村『日本近世国家の確立と天皇』所収（初出二〇〇六年）。
(57) 武部敏夫「貞享度大嘗会の再興について」『書陵部紀要』四、一九五四年。
(58) 高埜利彦「一八世紀前半の日本」（『岩波講座日本通史十三　近世三』岩波書店、一九九四年）ならびに前掲藤田『幕末の天皇』。
(59) 前掲藤田「近世王権論と天皇」には以下のように記される。「天皇・朝廷に淵源する伝統的な国制や儀礼は、現実の統治者が公的な権力として立ち現れるうえで必須の資源、道具であり続け、公儀権力の掌握と編成をうけながら、政治権力の正統性の根拠を提供し続けた」。
(60) 前掲藤田「御所千度参りと朝廷」。
(61) 都市・国家と儀礼に関しては、儀礼を通じて国家が創出されることを強調する青木保の指摘が興味深い（『儀礼の象徴性』岩波書店、一九八四年）。青木は、ルイ十四世の絶対王政を例に挙げ、儀礼が位階の違いを作り出すと同時に、儀式という最も私的な行為を活用することで宮廷社会＝国家の支配・統治をなしていたことを指摘する。その上で、貴族などはそれを決して心から尊重してわけではなく重荷だと感じることもあったとした上で、「国王の周到な儀式を通しての「支配」は統治の術というよりも、すでにこの社会の属性になって、人々を呪縛していたのである」と評価する。もちろん、この指摘が、徳川幕府と古代以来「王」であった天皇が併存する日本の近世社会にそのままあてはまると考えることは拙速であるが、遷幸という朝儀が近世後期になっても人々の関心を集めていたことを考えるならば、天皇・禁裏の「属性」の内容は検討していく必要があるといえよう。
(62) 高橋康夫「町組『六町』の成立と構造」『京都中世都市史研究』思文閣出版、一九八三年。
(63) 伊藤之雄『京都の近代と天皇――御所をめぐる伝統と革新の都市空間　一八六八～一九五二』千倉書房、二〇一〇年。
(64) 高木博志『近代天皇制と古都』岩波書店、二〇〇六年。
(65) 山村亜希「問題の所在と本書の視角」『中世都市の空間構造』吉川弘文館、二〇〇九年（初出二〇〇六年）。

第一部　禁裏と信仰——内侍所・御霊社——

扉写真　現在の京都御所の賢所（内侍所）　二〇一三年十一月三日　著者撮影

第一章　室町後期・戦国期の内侍所

はじめに

内裏において神鏡を祀る場である内侍所をとりまく状況は、応仁・文明の乱以後大きく変化する。なかでも、内侍所の造営・修理時に「仮殿」が新造され、それが定着するようになること、内侍所に参る際に「参詣」と表現されるような所作をとるようになることは、禁裏御所において他に類似する事例がなく、内侍所の特徴といえよう。そこで、本章では、室町後期・戦国期に注目し、まず御神楽の実施状況から応仁・文明の乱後の内侍所の再興について検証し、次に内侍所の造営・修理の経緯を考察する。そして、貴族の「参詣」の定着過程を分析し、内侍所が信仰の場として定着する過程を明らかにする。

内侍所の概略と先行研究は後述することとし、まずは、本章で扱う時期、室町後期から戦国期の禁裏に関する先行研究を整理し、課題をまとめておきたい。

室町・戦国期の内裏空間の特徴と変遷については、川上貢が建築史学の視点から総括的にまとめている[1]。

一方、日本史学の分野では、室町後期・戦国期の禁裏研究がめざましい進展をみせている。当該期の天皇権力は弱体化していたという主張に対し、脇田晴子は、弱体化というのは一面的な理解であり、主に武家側の要求に応じるかたちで、叙位や勅願寺の指定などの面では権力を保持し、相対的な権威の上昇がみられるという考えを示す[2]。永原慶二は、天皇権威の上昇といっても室町幕府滅亡を契機にその質が変化することを指摘する[3]。さらに、池亨は、「権威の上昇」とはあくまで武家政権と比較したなかでの評価であることへの注意を促した上で、天皇・朝廷の政治・社会の「質的変化」の考察の重要性を強調する[4]。特に社会とは、文化・都市などの多様な要素を含むことを考えれば、さらに具体的に多くの事例について検討すべきであることは言うまでもなく、今後の課題は多いといえよう。

一方、酒井信彦は、応仁・文明の乱前後の公卿・武家権力者の動向に注目し、朝廷権威の象徴である朝儀の再興の意義を明らかにする。「朝廷年中行事の転換――「御祝」の成立――」[5]では、朔日を祝うことが公卿の間で「世俗」として認識されていた一方で、文明元年（一四六九）に出現した「御祝」は、①朝儀の廃絶と朝廷年中行事の空白状態、②朝幕の同居、という背景の中で成立したとする。また「応仁の乱と朝儀の再興――正月三節会を中心に――」[6]では、朝儀の再興は天皇のリーダーシップのもとに行われたこと、公卿の意識の低下のために持続が困難な朝儀もあったこと、公卿は「世俗的」な行事に熱心であったこと、を指摘する。また、清水克行は、朝儀・内裏空間の都市民衆への開放に着目し、世俗性との関連を指摘する[7]。

ところが、これらの先行研究においては朝儀が執り行われる場・空間は分析の対象とされていない。特に、内侍所は、さまざまな朝儀・神事が執行され、かつそれらが都市民衆の目に触れる機会のあった場である。内侍所を中心に、当該期の朝廷の動向を建築・空間的な視点から考察することで、「天皇権威」とは何であり、それが誰によってどこで築き支えられるのかについて明らかにできると考える。

一　内侍所の概略と先行研究

はじめに、内侍所について簡単にその概略と先行研究をまとめておく。

一―一　概略

内侍所は、天照大神の御霊代である神鏡を奉安するための場所である。賢所・尊所・恐所・畏所・威所ともいう。平安京内裏では温明殿《うんめいでん》の北半分の部屋を指していた。これは、南半分の部屋の神座・神殿と呼ばれる部屋に内侍が奉仕していたからだといわれている[8]。室町時代から宝永度内裏造営までは日華門の北にあり（図1）、寛政の内裏造営に際し、日華門の東北へ場所を移す[9]（図2）。

一方、神鏡そのものを賢所・内侍所と称する場合も多い。内裏が焼失し天皇が仮御所へ行幸する時、神鏡は必ず天皇とともに行動し、「内侍所渡御[10]」と表現される。これは、天皇が場を移る場合（移徙《いし》）も表記を同じくする。内侍所の概略やそこで行われる儀式については、『帝室制度史』五[11]に詳しい。神器総説に続き、神器の奉安、神器の崇敬の各項から構成される。内侍所・神鏡についての史料を網羅的に集成したものであり、解説も付記される。そのなかで、「第一編　天皇」「第三章　神器」には、内侍所の特徴として主に三点が挙げられており、要点は以下のとおりである。

①神鏡奉安の場所と動座

・神鏡（宝鏡）は、平安時代には温明殿に奉安することを恒例としたが、室町時代以降は春興殿に奉安するようになった。
・里内裏における賢所の御在所は一様でなく、適当な場所を定めて奉安した。
・内裏焼失などで仮御所が置かれる、あるいは内侍所が造営・修理される場合、神鏡奉安の場所は一様でなく、適当の他殿もしくは仮の場所に奉安された。
・基本的に天皇と神鏡は御在所を同じくする。
・天皇が十日以上行幸するときは、神鏡が必ず同行する。

1 御唐門
2 四脚御門
3 南御門
4 日御門
5 月華門
6 右掖門
7 日華門
8 左掖門
9 紫宸殿
10 内侍所
11 清涼殿
12 小御所

図１　宝永度内裏建物配置概略図（南側半分）

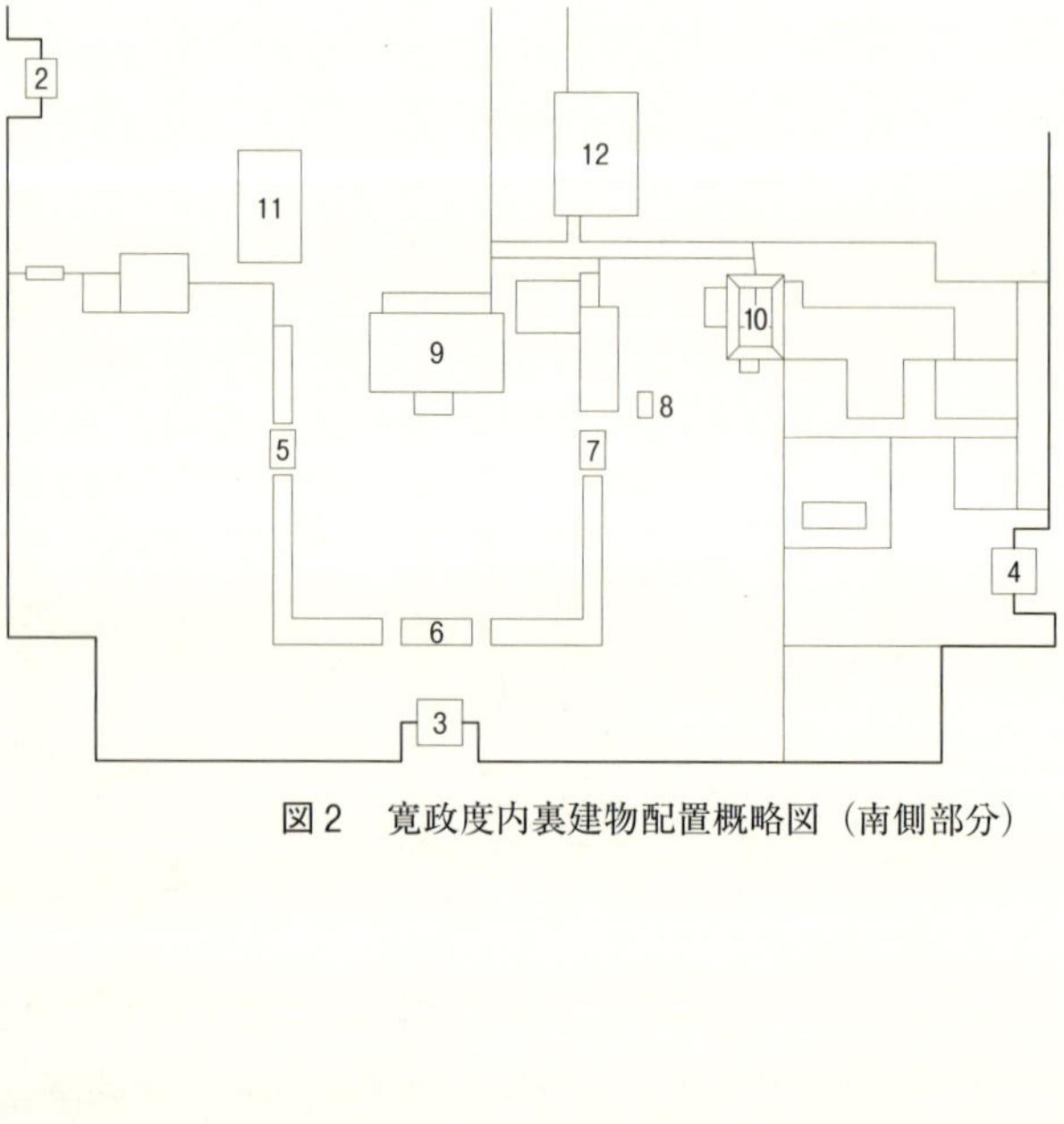

1 台所門
2 唐御門
3 南御門
4 四脚御門
5 月華門
6 承明門
7 日華門
8 御輿宿
9 紫宸殿
10 内侍所
11 清涼殿
12 小御所

図２　寛政度内裏建物配置概略図（南側部分）

②神鏡崇敬の儀式

・神器への崇敬の儀式を行うのは神鏡に対してのみである。これは宝剣や神璽は天皇の側近にあるので特に神事を行う必要がない一方で、神鏡は皇祖神霊の宿れる所であるからだとされる。

・内侍所で執り行われる儀式として主に以下のものがある。

御拝（毎日、臨時）

御供（代始、月朔）

御神楽（恒例、臨時）

御搦

祓（清祓）

法楽御楽（法楽和歌）

③内侍所の崇敬

・臣民からの御料の進献は室町時代からみられる。

・戦国期ころから公卿らの参拝がみられるようになる。また、公卿らの請願による御神楽の奏薦も室町後期から確認できる。

・元禄期ころから節分の日に一般庶民の内侍所参拝が許された。

ただし、『帝室制度史』は、戦前に編纂された史料集であるため、近年に整理が進んだ近世の史料は未収録のものが多く、その動向は十分に整理できていない。また、各事象についての詳細な分析も行われていない。

一―二　先行研究

内侍所に関する先行研究としては、以下の四点がある。

①宮地直一「内侍所神鏡考」『神道史学』一、一九二一年

②渡部真弓「神鏡奉斎考」『神道と日本仏教』ぺりかん社、一九九一年(12)

③藤田勝也「宮中祭祀施設としての内侍所」『日本古代中世住宅史論』中央公論美術出版、二〇〇二年(13)

④同「宮中内侍所の成立について（その2）」『日本建築学会学術講演梗概集（東海）』、一九八五年

まず、①宮地は、神鏡の奉安場所や祭祀を古代から近世まで概観したものであり、現在でも内侍所に関する代表的な研究として評価される。このなかで宮地は、信仰という側面からも内侍所に注目し、中世後期（戦国期）のころから内侍所が信仰の対象として「一般神社の進路に近い方向を取」ることを指摘する。これは、

・公家らが内侍所に進献・参詣すること

・元禄のころからみられる節分時に内侍所に都市民衆が「参詣」すること

を根拠とする。また、年中行事としてすでに寺社で定着していた節分時の都市民衆の内侍所参詣に着目し、「平素の接近の遮断せられた内侍所に択んだところに、通俗的信仰の対象としての性格の発露を認めしむる」と指摘する。ただし、これらの内侍所の性格がどのような過程を経て生じたものなのかは具体的に明らかにされていない。加えて、他の朝儀の際にも禁裏御所内に出入りすることができるなかで、どのような点が「通俗的」であるのかは検討を要する（詳細は本書第二部第三章参照）。

次に、②の渡部は、主に古代に焦点をあて、内侍所に神鏡が奉安される時期やその過程を考察するものである。天皇の象徴である神鏡の特性を考える上で、重要な論考である。ただし、宮地と同様に、渡部の研究も神鏡そのものに焦点をあてているため、神鏡が置かれる場や空間には言及しない。

一方、③の藤田は、建築史の視点から内侍所の建築形態に着目する。内侍所は十二世紀前半に祭祀施設として成立したことや、近世内侍所の形態が院政期の臨時・仮設的な建物を起源とすることなどを指摘する。内侍所は神鏡を奉安するだけでなく祭祀空間として重要であったことを明らかにする重要な研究である。また、藤田は、修士論文で中世・近世の内侍所に関する建築行為を分析し[14]、その成果の一部を報告（④など）する。しかし、藤田の視点はいずれも古代から中世にあるために、近世の内侍所に関する考察は不十分である。特に、近世の内侍所の空間構成や機能が検討されていないにもかかわらず、近世の内侍所はそれ以前の祭祀施設としての特徴が継続されているとする点は再検討の必要がある[15]。

二　内侍所の再興

室町後期、内裏は土御門東洞院に置かれていた。火災などによって内裏が危険にさらされると、天皇は難を逃れるため行幸し、その先に仮御所を設置した。このとき、内侍所は必ず天皇行幸とともに仮御所へ移された[16]。

応仁・文明の乱が勃発すると、その混乱を避けるため、後土御門天皇は土御門内裏を逃れて室町幕府の政治的拠点であり足利将軍の居住する室町殿に居を移す。内侍所も室町第に移された。そのなかで、ほとんどの朝儀が幕府・禁裏の混乱と幕府の経済的困窮を理由に中断される[17]。

ここで、注目したいのが、多くの朝儀が廃絶していたなかで内侍所の御神楽が比較的早い時期に再興されたことである。前掲酒井「応仁の乱と朝儀の再興」によると、四方拝が再興されたのは文明七年（一四七五）正月元日であり、三節会（元日節会・白馬節会・踏歌節会）が揃って実施されたのは文明十四年になってからだという。

一方、内侍所の御神楽が再興されたのは文明五年のことである。『親長卿記』[18]には、その様子が詳しく記述される。文明五年正月七日、武家から用脚の調達があり、御神楽の準備が進められることになる。そして、正月十八日には室町第にあった「内侍所仮御殿」の御座の広さを確認するための見分が行われた。その様子は、正月二十二日条に以下のように記され、さらに「内侍所指図」（底本は、宮内庁書陵部所蔵の葉室本（写本））（図3）が付されている[19]。

命刀自開内侍所御殿北戸見之、神前二間也、元者御殿為三間、仍中央間為御座、為二間之上者、廻北可被敷也、南方典侍・内侍等座一帖宛可設敷、其儀可然云々、

また、神前や御座は図3中に示したとおりに置かれた[20]。

なお、京都大学総合博物館に所蔵されている勧修寺家文書所収の『親長記』（写本）にも、「内侍所指図」（図4）が記録されている。この図3と図4を比較すると、図4には、南東隅の柱がない。しかし、四隅の柱がないことは不自然であり、筆写時に書き落としたものと思われる。また、神前の境が点線で示されているほか、北側の妻戸も描かれていないが、その詳細は不明である。しかし、両指図ともに儀式用に描かれたことを考えると、平面形式がほぼ一致している点が重要であろう。

また、この両指図に「刀自居所（也）下所」と記されている場所は、寛政度内裏造営の内侍所仮殿（桁行四間梁行二間）の指図（第一部第二章図1）に「外陣」と記されている。内侍所の空間構成に着目するならば、「神前」と「内陣」、「下所」と「外陣」が対応していることがわかる。

さて、この史料では、本来の内侍所とは異なる平面形式であっても御神楽が行われるのに適当と判断されている。天皇や貴族のなかでは、従来の形式の場でなくとも、内侍所御神楽を再興することが優先されたのであろう。加えて前掲酒井「応仁の乱と朝儀の再興」では、文明期の朝儀再興の背景には天皇の関与があったことが指

摘されるが、文明六年に開催された御神楽でも[21]『親長卿記』文明六年正月二十四日条に「依別勅願行幸内侍所也」とある。また、同年三月二十六日条には、「今夜内侍所臨時御神楽也、依別御願、去十六日俄被仰出、奉行蔵人弁政顕也」とある。形式が揃わなくとも天皇自ら行幸などを願い出るほど、御神楽の再興は禁裏側の強い希望だったのであろう。

さらに、前掲清水論文は十六世紀に禁裏で行われた大三毬打などが都市民衆へ開放されたことを指摘するが[22]、内侍所御神楽でも『二水記』[23]大永五年（一五二五）正月十六日条に「内侍所御神楽被行也、予依重服不参勤、秉燭之後、為見物密々裹頭、参禁闕、見物貴賤群集、狼藉云々」とある。『二水記』の記主鷲尾隆康が内侍所御神楽を見物するために身分を隠して参内したところ、見物に来た「貴賤」、つまり貴族や町の人々が雲のごとく群集し混雑していたという。

ただし、内侍所御神楽については、すでに文明期から多くの都市民衆が見物に訪れるようになっていたと考えられる。『親長卿記』文明六年正月二十五日条には以下の記述がある（以下、本書引用史料中の傍線は全て著者による）。

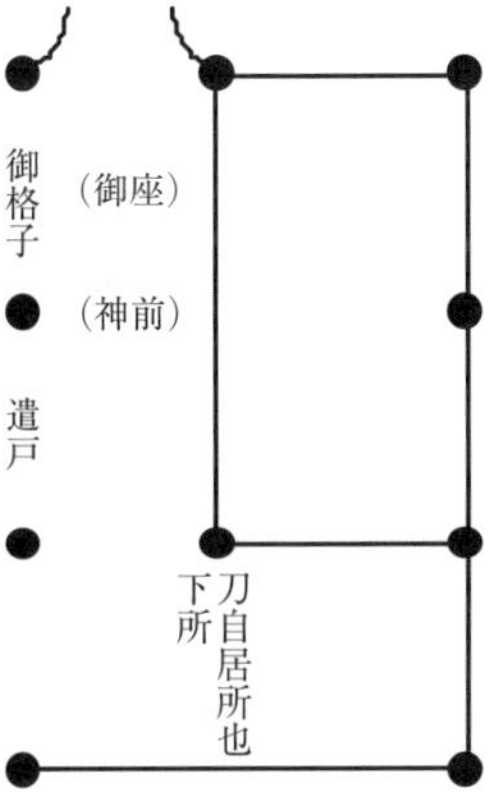

図3　「内侍所指図」
（史料纂集『親長卿記』文明5年正月24日条）

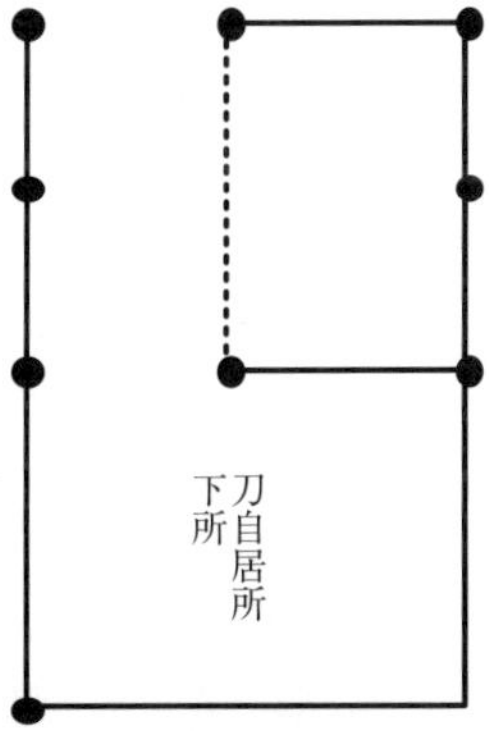

図4　「内侍所指図」
（京都大学総合博物館所蔵勧修寺家文書所収『親長記』写本）

御神楽伝奏新大納言教秀・奉行蔵人右少弁元長也、惣用伝奏下行、諸司注進、自奉行職事許遣伝奏了、今夜堂上堂下、男女令群集見物之、

傍線部から、殿上人や地下人、さらには男女民衆が群集し、御神楽を見物したことがわかる。(24)

このように御神楽が再興された内侍所は、公家社会のみならず、都市民衆の関心を集める祭祀施設となっていた。なお、前掲清水が指摘するようにかかる朝儀開放には都市民衆と接しようとする禁裏側の意図があった可能性があるが、この段階での詳細は不明である。

三　室町・戦国期の内侍所の修理と造営――「仮殿」の成立――

内侍所に関しては、先に示した指図のほかに具体的な形態がわかる史料が少ないが、修理や仮御所での造営に関する記録は比較的数多く残されている。(25)

内侍所の修理・造営については、本章第一節で述べたように藤田勝也が一部を整理する。そのなかで、内侍所は祭祀施設として確立していたため、戦国期の仮御所内では「既存の建物の一部を、仮設的・臨時的に充当して間に合わせることはせず、新たに仮内侍所とでもよぶべき独立した建物を構築しているのである」(26)とする。そして、修理時には仮の建物を設置せず奉安したことを確認した上で、「仮殿の造立」の契機として元禄度の修理に着目している。しかし、元禄度以前から仮御所内で新造された建物は内侍所「仮殿」と称されていた。また、文明期の修理時に設けられた「仮屋」と「仮殿」の違いも明確にされていない。そこで、内侍所の造営・修理の過程を再整理した上で、内侍所「仮殿」の成立時期とその意義を考察してみたい。

三―一　内侍所の修理

『師守記』暦応三年（一三四〇）三月三日条には、鎌倉・室町前期の内侍所修理の先例が記述されている。

> 三日
> 内侍所渡御別殿例、仁治三年八月七日、今夜内侍所渡御西中門廊、依内侍所可有修理也、正応四年十二月十八日寅刻、内侍所渡御東小御所、依可有修理也、此外正安四年八月・延慶二年七月・同三年八月等、為修理渡御別殿候歟、恐々謹言、
> 　　三月三日　　　　師（右）―状

仁治三年（一二四二）の修理時は「別殿」＝西中門廊に渡御し、正応四年（一二九一）には東小御所、正安四年（一三〇二）以下四回の修理時には「別殿」に渡御したという。そして、この暦応三年の修理時には、先例にならい東小御所に渡御している（『師守記』同年同月四日条）。

修理にともない別殿に渡御する方式は、室町後期・戦国期になっても変化はない。文明十一年（一四七九）には、度重なる火災によって北小路殿に仮御所を構えていた後土御門天皇が、応仁・文明の乱以後廃墟と化していた土御門内裏に遷幸することになり、土御門内裏の修理が計画される[27]。内侍所は当初、新たに造営されることも提案されたようであるが、結局、修理となる[28]。『長興宿禰記』文明十一年七月八日条には、別に「仮屋」を造ることは大変なので、内侍所は宣陽殿内に仮垣等を構え、進物所等は仮屋とすることが示される[29]。

> 内侍所修造之間、別仮屋為大営者、宣陽殿内構仮垣等、可有御座歟之由申之、進物所御輿宿等、可為仮屋云々、両卿・奉行等、談合之後被退出、予奉行人同道退出了、

このとき、土御門内裏内の建物は破損が著しく、紫宸殿および清涼殿以外の建物の修理はなされないまま遷幸を迎えるという状況であった[30]。ゆえに遷座する建物にも事欠いていたため、一度は仮屋を立てて遷座することが

提起されたのではないだろうか。

次に、修理の記録が確認できるのは、『二水記』永正十七年（一五二〇）八月八日条である。

春興殿御修理了、有帰座云々、先例御殿之上御修理之時、必奉移別殿云々、雖然公人下行等当時不事行之上、又不苦歟之由各有議定、仍奉寄移同間之傍云々、

先例では必ず「別殿」に奉遷するところを、経済的理由から「同間之傍」に奉安するという処置がとられたという。応仁・文明の乱以後の混乱のなかでも、修理時には「別殿」に奉遷する先例が守られていたことが確認できる。(31)

また、『お湯殿の上の日記』によると、天文十年（一五四一）、同二十四年（弘治元年＝一五五五）、永禄元年（一五五八）、同二年にも内侍所の修理が行われている。これらの修理時にも仮設の建物を設置した記録はない。

永禄十二年には、織田信長による内裏修理が行われた。このときも、内侍所は「にしのかた」に遷座しており、(32)先例と同じ方式で修理が行われたと考えられる。

三―二　内侍所の造営

次に、内侍所の造営について考えてみたい。中世以降、内侍所の造営は内裏造営の一環として行われることが多く、内裏のなかで内侍所だけが造営される事例はほとんど確認できない。

そのなかで注目されるのが、文明七年（一四七五）、室町第にある内侍所が大風雨で破損し造替した時の記録である。(33)『親長卿記』文明七年八月六日条から「有遷座中門廊」、つまり中門廊に遷座したことがわかる。造営の場合でも、「別殿」が存在しそこが内侍所として機能するならば、一時的に別殿に遷座するという、極めて合理的な方式がとられている。

三―三　仮御所における内侍所「仮屋」「仮殿」の造営

では、内裏のように「別殿」をしつらえることができる場合はよいが、そのような施設が十分揃っていないと考えられる場合にはどのような対処がなされていたのだろうか。室町後期・戦国期には、戦乱・火災により仮御所へ内侍所が遷幸する事例が確認できる。このような非常事態下においては、遷幸先で神鏡を奉安するための場がとりあえず確保され、速やかに「新造御殿」「仮屋」等が設置されることになる。

嘉吉三年（一四四三）九月二十三日、土御門内裏が焼失し、後花園天皇は伏見殿へ行幸した(34)。『康富記』同月二十四日条には、伏見殿に設けられた内侍所が以下のように記される。

　内侍所自夜半奉納此御在所之間、諸奉行到警固、依之人々被参申之、（中略）召寄番匠等、可奉安置内侍所御在所、墻・板敷等仮被造之云々、

神鏡を安置すべく墻などが仮に造られている。ここでいう内侍所は「安置」などと表現されていることから神鏡そのものを指していると考えられる。なお、天皇は翌二十四日午後に近衛殿へ移るが、同月二十六日には再び伏見殿に仮御所を置いた。そして、同年十一月二十七日、改めて伏見殿で内侍所の立柱が行われ(35)、同年十二月八日にはその内侍所に神鏡が移される。その様子は『康富記』同年十二月八日条に以下のように記される。

　内侍所今夜有渡御于新造御殿、其儀、自中門廊去九月奉安此御在所、経南庭階前也、敷筵道、奉移之、

内侍所は、伏見殿に仮御所が置かれた九月から十二月まで仮御所内の中門廊にあり、そこから造営された「新造御殿」に移ったことがわかる。短期間で本来の内侍所に渡御することのできる修理の場合とは異なり、長期間にわたり内侍所が不在であることは都合が悪いため、仮御所内に内侍所のための建物が新たに設けられたのであろう。

一方、文明・応仁の乱勃発後に仮御所となっていた室町第において内侍所木造始が確認できるのは、文明四年

（一四七二）二月五日である。『宗賢卿記』[36]同月二十一日条に、「内侍所渡御御新造、則室町殿内南庭巽角也」とあり、内侍所は室町第の南庭巽角に新造された。

次に、文明八年十一月十三日に室町第が焼失した際には後土御門天皇は足利義政とともに小川第へ赴く。その後、後土御門天皇は北小路第に行幸し、北小路殿に内侍所を構える。その様子は、『長興宿禰記』文明八年十一月十三日条に以下のように記される。

今夜子刻焼亡、室町第西半町計在家土倉酒屋放火、無程東西南北焼廻、即至于室町第風吹付、自西面四足門火付始、御殿以下不残一宇払地炎上、（中略）御所火付之間、主上（後土御門）駕御車御出、有行幸於小河新造御所、内侍所同渡御、（中略）自中門下御、於常御所有入御、若宮以下同之、其間内侍所奉案中門廊、（中略）翌朝辰剋、主上自小河御所、行幸于北小路殿、室町殿御台御母儀（藤原苗子）三位禅尼御所也、（中略）至于北小路殿室町西頬入御、東面棟門寄御車、自東西妻戸入御、内侍所御車之御後、駕輿丁等、不及着烏帽子、奉昇之入御、暫庭上乍昇御逗留、臨東庭構仮屋、修理職沙汰也、奉案之、主上御車内侍一人同車、神璽・宝剣等被入御車歟、

内侍所の「仮屋」が北小路殿の東庭に構えられたという。そして、同日記十一月二十九日条には、この「仮屋」の具体的なしつらえが記される。

北小路殿仮皇居内侍所有御遷座、去十三日臨被構仮屋於東庭奉安之、今日東庭南方別構仮屋被奉遷之、陣座床子座等如形仮被構之、

先の「仮屋」は臨時のものであり、改めて北小路殿仮皇居の東庭の南方に別に「仮屋」を構え神鏡を奉安し、陣座・床子座等を「形の如く」仮にしつらえたことがわかる。これまでの事例と異なり、「仮」屋と表現されていることは注目しておきたい。これは、単に仮にしつらえられた建物を指している場合も想定できるが、「正式（本来）」と対応する意味で「仮」の名称が用いられている可能性も考えられるからである。

そこで、この改めて置かれた「仮屋」について、ほかの史料を確認してみたい。『実隆公記』文明八年十一月二十九日条では、「内侍所仮殿造畢、今夜遷座」と表記される。『親長卿記』同年十一月二十九日条でも、「内侍所遷座仮殿、此間構仮屋御座、如形此間造営」と記される。『長興宿禰記』の記述とあわせると、改めて造営された内侍所「仮殿」には陣座・床子が「形の如く」しつらえられたと理解することができる。さらにここでいう「形の如く」とは、仮に造られた内侍所ではなく、内裏の内侍所と同じ平面形式で建てられたことを示すと考えられる。以上から、「仮殿」とは、内裏にある内侍所と同じ形式の建物を指している可能性が高い。これまで仮御所に設けられた内侍所の名称は、「御殿」もしくは「仮屋」であったのに対し、仮「殿」へと名称が移行するのは、仮の内侍所がより尊称すべき建物・施設となっていたことを示唆する重要な変化といえよう(37)。

ただし、仮殿が確認できる文明度の事例は、内侍所が仮御所に置かれる場合である。土御門内裏にある内侍所が機能しないという非常事態である点は注意が必要であろう。

三—四　造営・修理方式と名称の統一

天正十七年（一五八九）からはじまった豊臣秀吉の内裏修理（造営）では、紫宸殿以下ほとんどの内裏の建物が新造された。『お湯殿の上の日記』天正十七年正月十八日条には「御てんの御しゆり候はんとて」とある。天皇が在所したままの工事であったため、内裏全体というよりは個々の建物の修理・造営と理解した方がよいのであろう。そのなかで、内侍所の仮殿は、紫宸殿などの他の内裏建物の取り壊しよりも三か月ほど早く造営された。他の内裏の建物が残っていた状況を考えれば、それらの建物を「別殿」として代用するという選択もあったのではないだろうか(38)。しかし、『晴豊記』(39)天正十八年二月十九日条には内侍所「仮との」のことで相談したとの記述があり、さらに『お湯殿の上の日記』同年四月十日条に「ないしところのかりや。しいしてん（紫宸殿）ときろく所とのあいにたつ。めでたし」とある。仮御所内に建てられた仮屋とは異なり、本来の内侍所に近い場所に「かりや」が設置されている。これは後の「仮殿」の設置場所と類似する点で注目される。また、『お湯殿の上の日記』同年四月十三日条に「ないし所ふるき御てんたゝまるゝ」とあるように、この新造された「仮殿」（「かりや」）は、本来の内侍所の機能を果たす建物であったことがわかる。

その後、慶長十八年（一六一三）からは、他の内裏建物と同様、幕府のもとで内侍所の修理・造営も行われる。このとき、内裏北隅の仮御所に内侍所「仮殿」が新造される。『考亮宿禰日次記』慶長十八年十二月十三日条[40]には、「内侍所、自仮殿鎮座本殿也」とある。これが、内侍所に関して「仮殿」「本殿」という表記が併用される初見の記録である。以後、多くの史料で内侍所「仮殿」「本殿」という名称が用いられる。内裏においてこのような名称が恒常的に用いられる建物は他にない。

続いて、寛永十八年（一六四一）にも内裏が造営される。仮御所は内裏の北、東福門院御殿に置かれた。対面所・常御殿などは東福門院御殿にあった建物を修理して用いられるなかで、内侍所「仮殿」が新造されている。

承応二年（一六五三）、寛文二年（一六六二）、延宝元年（一六七三）には内裏が焼失し、仙洞御所や近衛邸などに仮御所が置かれた[41]。そこでは、仮御所にある建物に神鏡が奉安されたあと、「仮殿」が新造されている。たとえば、『基量卿記』延宝元年七月十二日条[42]には、内侍所仮殿が以下のとおり説明される。

今宵内侍所仮殿渡御也、去五月回禄之後、先渡御于右大臣基熙公、亭、主上（霊元）同行幸、以寝殿為清涼殿代、以中央間暫為神殿、其後即仮殿造営、至昨日造畢、

「神殿」が「中央間」に設けられ、その後すぐに「仮殿」の造営がなされたという。

以上から、近世前期には「本殿」は内裏にある内侍所のことを指し、それと対応して「仮殿」は本来の内侍所「本殿」の機能を担うために新造された建物を指すことが定着していたことが確認できた。

ところで、近世になって初めての内侍所修理は、元禄九年（一六九六）に行われた。延宝期に造営された内侍所本殿が破損したため、前年の元禄八年から計画が持ち上がっていた。その過程において、仮殿を新造するか否かが議論された（『資廉卿記』[43]元禄八年七月一日条）。

内侍所御修理之事申候故、仮殿ノ義、零落之節紫宸殿等被用候事も有之候へとも、兎角不可然思召候、軽クトモ新敷立ラレ候様にと思召候、扨彼是用脚も余程多入可申候、

わざわざ「零落」のときの事例を引き合いに出し、今回の修理は軽くても新造することがよいとされている。「別殿」を使用するのは、戦国期という零落の時代の方式であるとみなされるようになっていたのであろう。さらに『定基卿記』元禄九年二月五日条[44]には、当時の朝廷の事情が記される。

今日恐所仮殿木造始也、（中略）、仍可有御修理処、旧例渡御于清涼殿、然中殿先年仙院御在位間、度々法会為道場、仍可為南殿歟之由沙汰出来、然後七日法用道場又雑用、又可為小御所（上古無此号、近来有此殿、）之処、是又先代後水尾院崩時、被用倚廬、彼是凡無可用之殿、仍更新被設別殿者也、

雨漏りがするので修理をすることになり、先例のごとく清涼殿や南殿、小御所などを別殿として用いることが検討されたが、法会などで使用することを理由に、新たに「別殿」すなわち「仮殿」が設置されることになったという。実際、清涼殿が道場となる天皇・皇后の回忌法会・御八講と懺法講の実施回数を調べてみると、「先年仙院御在位間」、つまり霊元天皇在位期間中は、その回数が多いことが判明する（表1）。また、後水尾天皇も在位時、そして院政期に回忌法会を多く開催している。両天皇は、朝廷権威上昇を目指し、朝儀再興・実施に積極的であったとされる。加えて、回忌法会は公卿や公家が多数参加し、都市民衆も拝見できる行事であった[45]。ゆえに、内侍所と法会の場が重なることは、運営的にも、そして神器の安全確保という点でも問題があると判断されたのではないだろうか。

表1　後水尾天皇～霊元天皇在位時に開催された宮中回忌法会（御八講・懺法講）

天皇	在位	在位年数	宮中回忌法会回数	御八講	懺法講	院	院御所回忌法会回数	御八講	懺法講
後水尾	慶長一六～寛永六年（一六一一～二九）	18	3	1	1				
明　正	寛永六～二〇年（一六二九～四三）	14	4	0	0	後水尾	3	0	1
後光明	寛永二〇～承応三年（一六四三～五四）	11	0	0	0	後水尾 明正	3 0	0 0	1 0
後　西	承応三～寛文三年（一六五四～六三）	8	2	1	1	後水尾 明正	3 0	0 0	0 0
霊　元	寛文三～貞享四年（一六六三～八七）	24	5	1	3	後水尾 明正	8 0	0 0	2 0

（回数は、天皇・院が願主となった法会の回数を示す。典拠：『続史愚抄』）

とまれ、元禄八年の内侍所修理を契機に、造営・修理時ともに「仮殿」を舗設するという方式が定着していくことになる。

四　内侍所への「参詣」

ところで、祭祀施設であり女官が奉仕している内侍所には、天皇が神事のために度々渡御する。また、鎌倉後期からは公卿も御神楽に参仕する。そして、応仁・文明の乱後には、新たに朝儀への奉仕以外に個人的に内侍所に参じるようになる。たとえば、『泰重卿記』元和七年（一六二一）正月元日条[46]からは、寺社への参詣と同じような行為が確認できる。

予着衣冠先参内侍所、御はつほ鳥目二十疋用意、笏而二拝、御鈴三段之内、六根清浄祓中臣祓誦畢祈念、御殿御盃御供米頂戴如恒例、

前述したように、前掲宮地は、一般神社とは異なる「超越的な存在」にあった内侍所に一部の公卿が参じるようになることで、同所は「一般の神社の進路に近い方向」をとると指摘するが(47)、この具体的様相や経緯は不明である。そこで、貴族の内侍所への対応の変化を再検討し、同所の場の特徴を検討してみたい。

四―一　応仁・文明の乱以前の参仕

前掲『帝室制度史』五によると、内侍所に貴族が参仕するのは他所（仮御所）へ遷御する時や神宮奏事始や内侍所御神楽の朝儀時であった。

また、『師守記』には暦応四年（一三四一）正月二日条に「今朝参御前、勤盃如昨日、今日御参内内侍所、其後御参二条殿」、貞和三年（一三四七）正月二日条に「今日申斜、家君令着束帯給、王帯、僮僕如昨日、御参内侍所、当日行水大麻」とあり、天皇が内侍所に参っていることがわかる。「行水大麻」とあることから、かなり正式な「御参」であったと考えられるが、朝儀との関係は記されておらず、その目的や内侍所での行為（所作）ははっきりしない(48)。

四―二　応仁・文明の乱以後の「参詣」

しかし、応仁・文明の乱以後、貴族が朝儀とは関係なく内侍所へ「参」「詣」「参詣」し、祈念等を行うようになる。特にこれらの記述が多い『実隆公記』『二水記』『言継卿記』を中心に、その内容を一覧としたのが表2である。

表2　三条西実隆(『実隆公記』)・鷲尾隆康(『二水記』)・山科言継(『言継卿記』)の参詣

年・月・日	典拠	記述	祈念・看経・心経	御最花	御初尾	折紙	御鈴	神盃	備考
文明七年(一四七五)一一・一一	実隆公記	詣							
八年(一四七六)一・一	実隆公記	参							
一五年(一四八三)一・五	実隆公記	詣	○						
明応七年(一四九八)一・一四	実隆公記	詣	○						神宮奏事始
八年(一四九九)二・一一	実隆公記	参詣	○						
永正元年(一五〇四)二・一一	実隆公記	詣	○						神宮奏事始
二年(一五〇五)一・二一	実隆公記	詣	○						神宮奏事始
三年(一五〇六)一・二四	実隆公記	詣							
永正一〇年(一五一三)一・一	実隆公記	詣							
一一年(一五一四)一・一	実隆公記	詣							
大永元年(一五二一)五・二八	二水記	詣							
六・二八	二水記	詣							
二年(一五二二)一・一九	二水記	詣							御神楽
三年(一五二三)一・一六	二水記	参							御神楽
八・五	二水記	詣							同伴二人
五年(一五二五)七・二八	二水記	詣							
六年(一五二六)一・一	実隆公記	詣		二〇疋					
七年(一五二七)五・二八	二水記	詣							同伴二人
八・一	二水記	詣							同伴二人
享禄元年(一五二八)一・一	実隆公記	詣	○	一〇疋					

	二・三	二水記	詣					×「不及御鈴」		同伴二人
	五・一六	二水記	詣							同伴二人
	一二・一五	二水記	詣					×「不及御鈴」		
二年（一五二九）	一・一	言継卿記	参詣							
三年（一五三〇）	一・二〇	二水記	参							御神楽
四年（一五三一）	一・一	実隆公記	詣							師（公條）が詣
	二・二七	二水記	詣							同伴二人
	五・四	二水記	詣							同伴二人
天文　元年（一五三二）	一・一	実隆公記	詣							師（公條）・相公（実世）が詣
	一・二一	二水記	参					○	○	
天文　二年（一五三三）	一・一	実隆公記	詣							師（公條）・相公（実世）が詣
	一・二一	二水記	詣							
	一・二三	言継卿記	参詣							神事
	一一・二一	言継卿記	参詣		一〇疋				○	御神楽
三年（一五三四）	一・一	実隆公記	詣							師（公條）・相公（実世）が詣
五年（一五三六）	一・一	実隆公記	詣							
	一・三	実隆公記	詣	○						
八年（一五三九）	一・一	言継卿記	参詣						○	
一一年（一五四二）	一・一	言継卿記	参詣							
一三年（一五四四）	一・一	言継卿記	参詣		一〇疋				○	
	二・一六	言継卿記	参詣	○	一〇疋			○		御神楽
一四年（一五四五）	三・五	言継卿記	参	○	一〇疋			○		御神楽
一五年（一五四六）	一・一	言継卿記	参	○		一〇疋			○	

	三・四	言継卿記	参詣	○	一〇疋				○	御神楽
一六年（一五四七）	一・一	言継卿記	参	○	一〇疋			○	○	
一七年（一五四八）	一・一	言継卿記	参	○	一〇疋			○	○	
	二・一三	言継卿記	参		一〇疋					御神楽
	二・二八	言継卿記	参		一〇疋				○	御神楽
一九年（一五五〇）	一・一	言継卿記	参詣		一〇疋				○	
	一二・二六	言継卿記	参			一〇疋				御神楽
天文二〇年（一五五一）	一・一	言継卿記	参		一〇疋				○	
二一年（一五五二）	一・一一	言継卿記	参詣		一〇疋				○	
二二年（一五五三）	一・一	言継卿記	参詣	○	一〇疋				○	
二三年（一五五四）	一・一	言継卿記	参詣	○	一〇疋			○	○	
弘治　元年（一五五五）	一・一	言継卿記	罷向						○	
二年（一五五六）	一・一	言継卿記	参				一〇疋	○	○	「参神殿」
永禄　元年（一五五八）	一・一	言継卿記	参	○			一〇疋		○	
二年（一五五九）	一・一	言継卿記	参				一〇疋	○	○	
三年（一五六〇）	一・一	言継卿記	参詣	○			一〇疋		○	
	二・四	言継卿記	参詣			一〇疋				御神楽
六年（一五六三）	一・一	言継卿記	参				一〇疋	○	○	
	三・二九	言継卿記	参詣	○				○	○	「一〇疋進」、御神楽
七年（一五六四）	一・一	言継卿記	参	○			一〇疋		○	
八年（一五六五）	一・一	言継卿記	参				一〇疋	○	○	
九年（一五六六）	一・一	言継卿記	参	○			一〇疋	○	○	

	一・二八	言継卿記	立寄						○	
一〇年（一五六七）	一・一	言継卿記	参				一〇疋	○	○	
一一年（一五六八）	一・一	言継卿記	参		一〇疋			○	○	
一二年（一五六九）	一・一	言継卿記	参			一〇疋		○	○	
元亀　元年（一五七〇）	一・一	言継卿記	参	○	一〇疋			○	○	
二年（一五七一）	一・一	言継卿記	参	○		二〇疋		○	○	御供米
天正　四年（一五六六）	一・一	言継卿記	参			一斗			○	「金吾分弐十匹随身」

まず、『実隆公記』文明七年（一四七五）十一月十一日条をみてみたい[49]。

自今日当番也、仍不退出祇候、□暁天行水、詣内侍所、於長橋局、大典侍、新|||源大納言等朝食相伴、

三条西実隆は、当番の日に内侍所に詣でたという。目的は定かではないが、「詣」という表記は注目に値しよう。「詣」とは、(a)貴人のもとへ赴く、(b)神仏にお参りする、という二通りの定義があるが（前掲『日本国語大辞典』）、ここでさらに『実隆公記』明応七年（一四九八）正月十四日条の「今日可候奏事始之間、早朝行水、（中略）参内、（中略）少時先詣内侍所祈念了、謁勾当内侍」という記述にも注目したい。実隆は神宮奏事始に参仕する前に、内侍所に詣でて祈念している。祈念をともなうことから、「詣」という記述は、神仏にお参りする、という定義に近い意味で用いられていると想定できる。

そこで、この想定を補うため、内侍所に赴いた際の所作に注目してみたい。『実隆公記』大永六年（一五二六）正月元日条には、「早朝師父子（公條・実世）詣内侍所、最花二十疋」とある。師（三条西公條は実隆の息子）父子が詣でた際、「最花」を二十疋供えたという。なお、同日には神宮奏事始や御神楽は確認できない[50]。

さらに、『二水記』天文元年（一五三二）正月十一日条には、以下の記述がある。

早旦参内侍所、依為直垂不参御殿、於紫宸殿南縁之傍密々奉拝了、御鈴了於御殿内令頂戴神盃、珍重々々、亜相（四辻公音）・少将（四辻季遠）等同道也、

記主の鷲尾隆康は直垂であったために「御殿」には参じず、紫宸殿のほうからひそかに奉拝し、御鈴の後、神盃を頂戴している。また、『言継卿記』弘治二年（一五五六）正月元日条にも内侍所での作法が記される。

自去夜禁中に祗候、先寅刻於内侍所令行水、次着衣衣冠参神殿、折紙十疋、進之、御鈴之間看経了、次餅にて神盃頂戴了、

山科言継は内侍所に「折紙」十疋をそなえ、御鈴の間は看経し、餅と神盃を頂戴したという。

ほかにも、内侍所に参じた際に「最花」や「折紙」を進《まい》る例が多数確認できる。「最花」の具体的内容は定かではないが、「綵花《さいか》」は造花を表す（前掲『日本国語大辞典』）。また、時代を下ると同じ状況で「御初尾」を供えたという記述もみられるようになる。

加えて、『二水記』大永元年（一五二一）五月二十八日条に「早朝詣内侍所・吉田斎場所・五（御）霊等」とあるように、内侍所に続き諸社に参詣する公卿の事例が確認できる[51]。天皇の側近の女官である長橋が諸社へ「御まいり」に行く際、まず内侍所に「御まいり」することも多い[52]。

以上から、内侍所へ「詣」「参詣」「御まいる」とは、ただ赴く、もしくは参じるのではなく、信仰の場としての内侍所へ参詣することを意味していると考えられる。もちろん、応仁・文明の乱以前も、同所は祭祀施設であって神事が行われていたので、信仰の場としての性格を持っていた。しかし、公卿が頻繁に出入りし、祈念し神盃をもらう行為をとることは、明らかにその場としての質が変化した、具体的にいうならばより多くの人々が寺社に準じうる信仰の場として認識する状況となっていたということなのであろう。

四―三　「参詣」の特徴

次に、内侍所への「参詣」の特徴を明らかにするために、参詣した人物に注目してみたい。参詣者すべてを把握することは不可能であるが、最も参詣の記述が多い『言継卿記』に示される言継と同伴した参詣者の一覧を表3に示す(53)。これらの参詣者の特徴として、禁裏小番衆、なかでも内々衆に属する家柄のものが多いことが挙げられる。禁裏小番衆を具体的に示す史料は限られるが、たとえば『言継卿記』天文十七年（一五四八）五月一日条に示された小番衆のリストと照らし合わすと(54)、五辻為仲は小番衆のなかでも内々衆（小番内々）に属することがわかる。なお、禁裏小番衆の編成には家柄が影響する。一度小番衆にあてられた家のものは、代々小番衆に属することが多い。

表3　『言継卿記』にみる内侍所参詣同伴者

年号	山科言継の同伴者
天文14年(1545)	薄
15年(1546)	広橋父子、薄、庭田、滋野井
16年(1547)	薄、同阿茶
17年(1548)	五辻
19年(1550)	五辻
20年(1551)	中山中納言、源(五辻)為仲
22年(1553)	庭田、甘露寺
永禄3年(1560)	右衛門督(飛鳥井)、甘露寺
6年(1563)	倉部
7年(1564)	倉部、薄
8年(1565)	倉部
9年(1566)	倉部、源中納言・重通父子(庭田父子)
10年(1567)	倉部
11年(1568)	内蔵頭(言経)
12年(1569)	倉部、薄
13年(1570)	倉部、薄
元亀2年(1569)	右兵衛督(言経)、中山父子、四辻父子、五辻父子、伯(白川)
天正4年(1576)	10人余

(名前表記は日記より抜粋。ゴチック体は「内々小番」に属する公卿を示す)

また、『二水記』大永三年八月五日条にも、以下の同伴者が示されている。

早旦詣内侍所、黄門(四辻公音)・少納言(高倉範久)等誘引也、為下姿之間、毎度於白洲拝之、今日甚雨風烈也、仍参御殿之縁、太以斟酌也、雖然刀自不苦之由免之、了令頂戴御酒帰家、

文亀二年（一五〇二）正月当時、記主の鷲尾隆康ならびに同伴したとされる四辻公音は、後に内々衆に属する家の「近臣番」であり、高倉範久は内々小番に属する家柄である。(55)

また、管見の限り、参詣の記述がある日記の記主はいずれも禁裏小番衆である点も重要であろう。

ところで、禁裏小番衆については、前掲池「戦国・織豊期の朝廷政治」のなかで、その役割や特徴が検討されている。(56)それによると、小番衆は、輪番で内裏の当直に出仕する公家集団であり、内裏の内部、特に内侍所の警護を担当し、取次などを勤め、「朝廷政治の制度的手続きには欠かせない存在」（二四三頁）であったという。その編成は天皇の近臣と出身の家柄によって決められたものであり、十六世紀中葉に定着したとされる。そして、特に天皇の近臣のものが内々衆とされた。

では、彼らは何のために参詣したのであろうか。その理由を直接示す史料はないが、参詣した日付に着目すると、当初は正月や二月に分散しているが、大永六年以後は正月元日に集中するようになっていることがわかる。しかも正月元日の参詣では、節会または四方拝への出席の前、もしくは合間に内侍所に赴いている事例が多い。なお、同時期、正月元日には内侍所で千度祓が行われることが多かったが、公卿が参仕したという記録は確認できない。さらに、『二水記』『言継卿記』には、内侍所御神楽開催の前に内侍所に赴き、「神盃」などを頂戴する事例もあるが、御神楽に参仕した公卿が必ず内侍所に参詣しなければならないという記録もみられない。以上から、内侍所に参ることとは、公的な行事ではなく、個人的な正月元日の参詣であった可能性が高い。

またなぜ、禁裏小番衆らは、個人で内侍所に参詣するようになったのだろうか。これも史料はないが、内侍所が仮殿を構え始めるように神社と同じ機能を持つ場としてみなされるようになっていたことを考慮すれば、神社への参拝と同じく、年のはじまりに際し天皇の祖霊を拝み、そのご利益に預かることが目的にあったのであろう。さらに、その参詣者が禁裏小番衆らが中心であったことに着目するならば、同時期の彼らが公私の諸行事に出仕し天皇らと酒食などを共有して「心理的一体感を醸成していた」（前掲池論文、二四五頁）、天皇との個人的なつながりを重視していたことも重要である。すなわち禁裏小番衆の役目と深いつながりがある場である内侍所は[57]、天皇の祖霊を祀る場への信仰（参詣）という行為を介した朝廷内の組織の一体感を涵養する場として機能していたとみることも可能であろう。

そして、表3をみると、山科言継に同伴する貴族が元亀二年・天正四年は増加している。ゆえに、時代を下るにつれて、内侍所へ参詣する貴族は増加していたことが推測される。実際、本節の最初に示したように、江戸幕府成立後も「参詣」の習慣は続いている（『泰重卿記』の記主である土御門泰重は後水尾天皇の近臣であり、禁裏小番衆に属した[58]）。ほかにも、慶長九年（一六〇四）正月元日の様子は『慶長日件録』[59]に次のように記される。

寅下刻、内侍所へ参、為散銭鵝目二十疋奉之、先於庭上護身法・中臣祓・三元神呪等読之、次昇外陣、令引鈴、此間三元神呪呪之、御供米令頂戴、次神盃令頂戴、為佳例有盃酌、其後退出、

内侍所に参じ、「散銭」＝賽銭をそなえ、庭で神呪等を行い、外陣にあがり、鈴の間に「神呪」をとなえ、御供米や神盃を頂戴し、酌盃をするという。記主の舟橋秀賢は禁裏小番衆に属さないが[60]、後水尾天皇の近臣であった[61]。また、霊元天皇の近臣であった東園基量や中院通茂、関白を勤めた近衛基煕の日記からも、正月元日の内侍所参詣が確認できる。このように、十七世紀には内侍所参詣の習慣は天皇近臣のなかで確実に定着していくことになる。

おわりに

内侍所の造営・修理の経緯と「仮殿」の成立過程をまとめたものが表4である。内侍所「仮殿」は文明期から確認でき、本来内裏にある内侍所と同じ機能を果たす建物として「仮屋」等とは性格の異なるものであった。ま

表4　内裏・仮御所における内侍所本殿の造営・修理と仮殿

	事例	天皇の在所	内侍所造営	内侍所修理
禁裏御所（内裏）	～戦国期	内裏内		「別殿」渡御
	文明11年	内裏内 仮御所（日野亭）滞在 新造の「仮屋」あり		①内裏に「仮屋」新造の案 ②「修造」では「仮屋」は不要→「別殿」渡御
	永正17年	内裏内		経済的事情から「同間之傍」に奉安
	永禄12年	内裏内		「にしのかた」に遷座
	天正度内裏造営	内裏内	異例の「仮屋」新造	
	慶長度内裏造営	内裏内に設置された仮御所	仮御所に「仮殿」新造	
	元禄度内侍所修理	内裏内		「仮殿」新造←「別殿」渡御への否定
仮御所	嘉吉	仮御所（伏見殿）に遷幸	中門廊に奉安→「新造御殿」に渡御	
	文明4年	仮御所（室町殿）	「内侍所渡御新造」	
	文明7年	仮御所（室町殿）		内侍所「造替」→中門廊に遷座
	文明8年	仮御所（北小路殿）に遷幸	「仮屋」を構え奉安→「仮屋」「仮殿」新造、「形の如き」仮殿	
	文明11年	仮御所（日野亭）に遷幸	「仮構」に奉安→「仮屋」に遷座	
	承応度・寛文度・延宝度の内裏火災時	仮御所（院御所等）	「別殿」（「仮殿」）に奉安→「仮殿」新造	

た、「仮殿」は内裏にある「本殿」と対応して用いられるようになる。そして、その性質が近世に踏襲され、元禄度の修理を契機に本殿造営・修理両時に「仮殿」を設置するという方式がとられるようになる。

また、使い方に目を向ければ、応仁・文明の乱以後、内侍所の御神楽は比較的早く再興されている。そして、文明期には、貴族だけでなく多くの都市民衆が内侍所での御神楽見物に訪れていた。加えて応仁・文明の乱以後からは貴族が個人的に内侍所に「参詣」するようになる。この「参詣」は、天皇に近い近臣、たとえば禁裏小番衆のなかでも内々小番等が中心となって、正月元日や御神楽の前に天皇の祖神に敬意を表し、さらに天皇家の祖神への信仰を介して結束を高めるために行った行為であったと考えられる。

なお、内侍所への参詣という行為は、近臣のみならず禁裏全体に拡大し、さらには都市民衆へもひろがっていくことになるのだが、この変化については第二部第三章で詳述したい。

（1）　川上貢『日本中世住宅の研究』新訂版、中央公論美術出版、二〇〇二年。

（2）　近年の研究として主要なものは以下のとおりである。脇田晴子「戦国期における天皇権威の浮上　上・下」『日本史研究』三四〇・三四一、一九九〇年十二月・一九九一年一月（後に『天皇と中世文化』（吉川弘文館、二〇〇三年）所収）。今谷明『戦国大名と天皇』福武書店、一九九二年。

（3）　永原慶二「応仁・戦国期の天皇」永原慶二他編『講座・前近代の天皇』二、青木書店、一九九三年。

（4）　池亨「戦国・織豊期の朝廷政治」『一橋大学研究年報・経済学研究』三三、一九九二年。後に『戦国・織豊期の武家と天皇』（校倉書房、二〇〇三年）所収。

（5）　酒井信彦「朝廷年中行事の転換――「御祝」の成立――」『東京大学史料編纂所報』一八、一九八三年。

（6）　酒井信彦「応仁の乱と朝儀の再興――正月三節会を中心に――」『東京大学史料編纂所研究紀要』五、一九九五年。

（7）　清水克行「戦国期における禁裏空間と都市民衆」『日本史研究』四二六、一九九八年二月。後に『室町社会の騒擾と秩序』（吉川弘文館、二〇〇四年）所収。
（8）「賢所」『国史大辞典』一九八五年、吉川弘文館。
（9）藤岡通夫『京都御所』新訂版、中央公論美術出版、一九八七年。本章図1・2は同書を典拠とする。
（10）「渡御」天皇・皇后が出かけること。出御と同じ。また、近世には神輿が進む（神社を出て氏子中を廻る）ことを指す（『日本国語大辞典』、小学館）。内侍所の場合、神鏡が移ることを指すが、神鏡は天皇の存在そのものとみなされているために、同語が使用されているものと考えられる。
（11）帝国学士院編『帝室制度史』五、吉川弘文館、一九七九年。
（12）本論文は、以下の論文をひとつにまとめたものである。渡辺真弓「神道奉斎考」（『神道史研究』三八―二、一九八九年）ならびに「内侍所神鏡奉斎考」（『国学院雑誌』九二―三、一九九〇年）。
（13）初出「宮中内侍所の建築的展開」『日本建築学会計画系論文報告集』三九七、一九八八年。
（14）藤田勝也「古代・中世における宮中祭祀施設に関する研究」京都大学修士論文、一九八四年。
（15）藤田の一連の研究は、建築史的視点から内侍所に着目した唯一の成果であり、本章で取り上げる事象と重複する部分が若干ある。ただし、本章の目的は内侍所が内裏の信仰の場となっていく経緯とその背景を明らかにすることにあり、藤田とは問題意識が異なる点は強調しておきたい。
（16）たとえば、『長興宿禰記』（史料纂集）文明八年（一四七六）十一月十三日条には、室町第が焼失した際の天皇の小河殿への行幸は「御所火付之間、主上《後土御門》駕御車御出、有行幸於小河新造御所、内侍所同渡御」と記される。内侍所は神器である神鏡を奉安するので、天皇とともに移るのは当然であった。また、天皇譲位の際も、譲位する天皇・即位する天皇と内侍所は行動をともにしている（『師守記』（史料纂集）応安四年（一三七一）三月二十一日条など）。
（17）奥野高広『皇室御経済史の研究　正・続』畝傍書房、一九四二・四四年。内侍所での朝儀（神事）に関する用脚は、幕府が負担することとなっていた。内侍所の御料や御供物に関しては、前掲『帝室制度史』五に詳しい。
　また、十六世紀になり、幕府の疲弊が進むと、武家からの用脚が滞るなかで、公卿や各地の大名・武士からの進献がみられるようになる（天文十年（一五四一）、麻生兵部大輔から内侍所修理料として三万疋が進献（『お湯殿の上の日記』（続群書類従完成会、一九八〇年）同年八月十七日条、『大舘常興日記』（続史料大成）同日条）。これら大名や武士からの進献は朝儀の運営上、重要であったことはいうまでもない。同時に、武家にとって、内侍所への進献は自らの政治・経済力をアピールする意味があったと考えられる。

一方、文亀元年（一五〇一）には、武家からの御神楽の用脚が届かず、公卿らが自ら費用を調達している。これは、内侍所の御神楽が世俗的な一面を持つからであるという（前掲酒井「応仁の乱と朝儀の再興」）。ただし、文亀元年の場合、すべての節会や朝儀・叙位の用脚を公卿が負担することは無理であり、御神楽の用脚が節会の用脚に比べて比較的小額であるため、御神楽の用脚を公卿が調達したとも考えられる。『宣胤卿記』（増補史料大成）によると、明応二年（一四九三）の御神楽は、三〇三〇疋が使われたが、そのほかの朝儀や節会には一万疋＋三千疋が必要であるとされた。よって、内侍所御神楽が「世俗的」であるかどうかは、さらなる検討を要するといえる。

（18）史料纂集。
（19）掲載の指図は、『親長卿記』（史料纂集）に掲載されているものである。
（20）本指図の括弧内の表記は著者が加筆したものである。
（21）文明五年（一四七三）十一月二十六日には、元長が御神楽申沙汰を仰せつかり、再度御神楽の開催が計画されている。十二月十八日には御神楽の日次を足利義政参内と重ならないように調整し二十九日に予定しているが、二十九日には再び用脚不足のため延引された（『親長卿記』同年十二月二十九日条「今日、内侍所御神楽、依無用脚延引了」）。
（22）前掲清水「戦国期における禁裏空間と都市民衆」。
（23）大日本古記録。
（24）文明六年、内侍所は室町第に置かれていた。よって、その開放については、室町第で行われたほかの朝儀の事例とあわせて考察する必要がある。
（25）前掲奥野『皇室御経済史の研究』において、正月五日に行われる御手斧始の儀（禁裏大工が内侍所前庭において作事始を行う儀式）は、禁裏建物の修造のなかでも内侍所の修理が重んじられていたからであることが指摘されている。
（26）前掲藤田「宮中内侍所の成立について（その２）」（六六六頁左段十一〜十四行目）参照。
（27）応仁・文明の乱以後、留守になっていた土御門殿は荒廃しており、紫宸殿・清涼殿・殿上・長橋局・黒戸・春興殿（内侍所）・宣陽殿・西対屋・カナヘ殿だけが存在する状況であった（前掲川上『日本中世住宅の研究』）。

（28）『長興宿禰記』文明十一年四月二十六日条。内侍所の修理は文明十二年になって始められていることが、『お湯殿の上の日記』同年八月二十九日条や『実隆公記』（三条西実善編、一九三一年）同日条からわかる。

（29）『長興宿禰記』文明十一年七月八日条。

（30）『長興宿禰記』文明十一年十二月七日条。

（31）朝儀の費用は、さらに不足する事態に陥っていた場面もみうけられる。たとえば『宣胤卿記』明応二年（一四九三）十二月二十三日条には、

今度御神楽用脚申御沙汰、御忠節之由、及度々被仰候、兼者三節会用脚万疋可被進之条、誠以珍重々々、仍節折、追儺、四方拝、淵酔、叙位等、此間被行之、万疋不可事足候、可被如何候哉、殊叙位不被行事不吉候、万疋之外三千疋候者可被行事、愍可申之由、昨夕被召仰候、又女房奉書如此候、真実可為御忠節之由被仰下候也、

とあり、叙位の実行を前面に出し、幕府に朝儀の用脚を要求している。同時期、幕府・武家にとって位階を授かることが優先されていたことは、前掲永原「応仁・戦国期の天皇」でも指摘されている。

（32）『お湯殿の上の日記』永禄十二年（一五六九）十月九日条。

（33）『実隆公記』同年八月十三日条に「今日内侍所造替」とある。

（34）『康富記』（増補史料大成）同月二十四日条。

（35）『看聞御記』（続群書類従）嘉吉三年（一四四三）十一月二十七日条。

（36）『大日本史料』八—五所収。

（37）仮屋から仮殿への表現の変化に注目するならば、「殿」とは、「身分の高い人の住む邸宅。また、宮殿、社殿あるいは役所など公の建物」（『日本国語大辞典』、小学館）であり、家屋や単に建造物を示す「屋」とは異なる表記である点も重要だと考える。また、後述するように、「御殿」は他の内裏建物にも使用される名称であるが、「仮殿」は内裏内では内侍所特有の名称であることも重要であろう。

なお、『長興宿禰記』には、文明十一年に造営された内侍所「仮屋」の事例が詳しい。文明十一年七月一日には北小路殿も焼失し、安禅寺に遷幸するが、このときは南庭東方に仮屋が設置された（同日条）。続いて、同月十一日には、日野政資亭に遷幸し、「東庭屏中門内南方庭上」に内侍所が奉安された。そして、二十四日、日野亭に改めて「仮屋」

が設けられている。修理職の沙汰で先に「仮屋」があったが、「御訪」（見舞い）として用脚もあり、北面する「仮屋」が東庭南方に造り直され、遷座したという。この「仮屋」は「仮殿」とは記述されてはいないが、用脚が届いたことから、相応の建物であった可能性がある。

(38) 天正度内裏以後の造営・修理の様子は前掲藤岡『京都御所』に詳しい。以下、本章での天正度以降の内裏造営・修理の経過概要は、本書を参考にした。

(39) 増補続史料大成。

(40) 前掲『帝室制度史』五所収。

(41) 当該期の仮御所の位置・建物等は、平井聖『中井家文書の研究』（二・三、中央公論美術出版、一九七八年）に詳しい。

(42) 前掲『帝室制度史』五所収。

(43) 東京大学史料編纂所所蔵写本。

(44) 前掲『帝室制度史』五所収。

(45) 本書第二部第三章参照。

(46) 史料纂集。

(47) 前掲宮地「内侍所神鏡考」。

(48) 特に『師守記』の記述が正月の特定の日に限られていることに注目すべきであろう。ただし、筆者が調べた限り、『看聞御記』『薩戒記』『二水記』等に同様の記述はみられない。

(49) 一方、当時、仮御所とされた室町第ならびに安禅寺関係の女性が、内侍所に「御まいり」する現象もみられる。文明十一年七月十一日、安禅寺から日野政資亭に仮御所が移った後（『長興宿禰記』同日条）、安禅寺観心尼が内侍所へ赴いている（『お湯殿の上の日記』同月十九日条）。翌文明十二年三月九日には、日野富子が内侍所へ「御まいり」し、進献する（『お湯殿の上の日記』同年正月二十日条）。

(50) 『公卿補任』三、吉川弘文館、一九六五年。

(51) 『言継卿記』天文二年（一五三三）正月二十三日条に、

早旦着朝衣参詣、内侍所へ太刀〈糸巻〉、進候、退出後、応而予地之上春日、下御霊、上御霊、同御旅所、北野等へ参詣候了、吉田、祇園等へ可参詣之処、深雪之間無其儀、無念々々、

とあるように、諸社への参詣時に内侍所へも参詣することもあるが、必ずしも諸社に赴く前に内侍所に赴くわけではない。

(52) 『お湯殿の上の日記』には、長橋が内侍所へ「御まいる」記録が多数ある。長橋の代参は、天文期ごろさらに多くなり、内侍所とともに吉田社（斎場）・御霊社・北野社等へ参詣に赴いている。

(53) 山科言継は、内侍所の斎らと交流があり、頻繁に「内侍所」に出入りする。ただし、薬を持参することもあれば、酒の振る舞いなどを受けている場合もあることから、「内侍所」とは内侍のところを指す意味で用いられている可能性もある。

(54) 天文十七年（一五四八）と永禄七年（一五六四）の禁裏小番衆は付表1・2のとおりである。なお、禁裏小番衆のリストの存在やその内容は、前掲池論文に詳しい。

(55) 前掲池「戦国・織豊期の朝廷政治」参照。

(56) 禁裏小番衆の役目については、明石治郎「室町禁裏小番――内々小番の成立に関して――」（『歴史』七六、一九九一年）に詳しい。

(57) 本書序章参照。また、天皇の先祖崇拝に関しては、伊勢神宮や内侍所、諸社に向かっての毎日の御拝に着目した橋本政宣「天皇の毎朝御拝と臨時御拝」（『近世公家社会の研究』、吉川弘文館、二〇〇二年、初出二〇〇一年）がある。

付表1　天文十七年禁裏小番衆

輪番			
1	甘露寺伊長	山科言継	高倉鶴寿丸
2	三条西実澄	四辻季遠	庭田重保
3	勧修寺尹豊	万里小路惟房	薄以緒
4	広橋兼秀	雅業王	滋野井公古
5	正親町公叙	五条為康	五辻為仲

（『言継卿記』天文十七年五月一日条）

付表2　永禄七年禁裏小番衆

輪番				
1	勧修寺尹豊	広橋国光	滋野井公古	松木宗房
2	三条西実澄	中院通為	持明院基孝	白川雅英
3	中山孝親	山科言継	甘露寺経元	薄以継
4	四辻季遠	庭田重保	五辻為仲	季長
5	万里小路惟房	正親町三条実福	正親町実彦	

（『言継卿記』永禄七年三月二十一日条）

(58) 後水尾天皇（院）時の禁裏小番衆については、母利美和「禁裏小番内々衆の再編――後水尾天皇側近衆の動向――」（『日本史研究』二七七、一九八五年九月）に詳しい。
(59) 史料纂集。
(60) 『言経卿記』（大日本古記録）慶長四年七月十三日条。
(61) 前掲母利「禁裏小番内々衆の再編」参照。

第二章　近世の内侍所仮殿下賜と上・下御霊社の社殿拝領について

はじめに

近世の禁裏（朝廷）研究は、朝幕関係や朝廷権力の構図の解明を中心に、近年著しい進展をみせている。久保貴子は、霊元天皇（院）の朝廷運営手段や側近登用の経緯から、院政体制の強化を指摘する。[1]藤田覚は、寛政度の内裏造営や朝儀復興を例に、光格天皇期の朝廷権力の変容を明らかにする。[2]一方、高埜利彦は、朝廷の宗教的機能に焦点をあて、朝幕関係の安定上、将軍の病気平癒などを朝廷が祈願することが重要であったことを論じる。[3]さらに、梅田千尋は近世の陰陽道の組織に着目するなかで、祈願や祈祷が朝廷権威を示す手段と捉えた上で、その行使の必然性の解明の重要性を説く。[4]このように、祈祷等の儀礼を介して示される天皇の権威解明の重要性は認知されつつあるが、儀礼等は多様であるがために明らかにすべき課題も多く残されている。

その課題のひとつに、権威が示される場の特性の解明がある。これまでの、禁裏御所やその周辺の空間や場に着目した建築史学分野の研究は、いずれも建物の様式・変遷の考証や下賜の事実の確認に重点を置いている。[5]たとえば、内侍所については、『京都府の近世社寺建築』[6]や藤岡通夫『京都御所』[7]のなかで、その造営・修理の概要や下賜の実態は整理される。しかし、内侍所の仮殿の下賜の経緯や理由は明らかにされていない。内裏の建物の造営や下賜は、幕府へうかがいをたてるとはいえ禁裏の意志が反映される行為である。ゆえに今後は、天皇権威の解明を視野に入れつつ、内裏の建物の形態や様式だけでなく、造営・維持・下賜などの背景と目的にまで言及していかなければならないだろう。

そこで、本章では、元禄九年（一六九六）以降に内侍所仮殿が相次いで上・下御霊社へ下賜された事例に着目し、その経緯を確認した上で、仮殿下賜に対する禁裏側の目的ならびに上・下御霊社が仮殿を拝領した目的を明らかにする。あわせて、建築・都市史的観点から、内侍所と上・下御霊社の存在の意義についても考察してみたい。

なお、史料上は上御霊神社（京都市上京区）と下御霊神社（京都市中京区）は共に御霊社と表記されることがある。判別できる場合は上御霊社もしくは下御霊社と表記し、できない場合は御霊社とする。

一　近世の内侍所

一―一　内侍所と儀式

『続史愚抄』[8]には、十七世紀以降の内侍所で行われた儀式として、御溺清祓、菖蒲興、御法楽、千反楽、御拝および祈祷（病気平癒、安産祈祷や災害時の祈祷）、御神楽、節分など[9]が記される。節分を除き、これらの朝儀は近世以前から続くものである。各儀式についての詳細は省略するが、ここで、内侍所で行われる武家の祈祷と公家らの参詣について若干の説明を加えておく。

祈祷は、古来より同所において行われている。天皇・朝廷を対象とするものが多いが、豊臣秀吉の平癒祈願（『続史愚抄』慶長三年（一五九八）七月八日条）や徳川秀忠の平癒祈願（『考亮宿禰日次記』寛永七年（一六三〇）七月二十二日条）なども行われている[10]。

また、第一章で述べたように、公家らの内侍所参詣も頻繁に確認できる。たとえば、元和九年（一六二三）より武家伝奏を勤めた中院通村の日記『中院通村日記』（東京大学史料編纂所所蔵謄写本）には、その参詣の様子が詳細に記される。

有四方拝、（中略）此以前参内侍所、神物之、最要祓之中臣祓誦之、（慶長二十年正月一日条）

有四方拝、（中略）先之予永慶亜孫輿令同道、参内侍所、先予廣橋（兼勝）亜相・中御（中御門資胤）亜相・□成（水無瀬氏成か）亜相等在也、神盃頂戴時分之御末衆女嬬等参内侍所御殿ニ時分也、雖参相済先予神拝、修中臣祓、次永慶（高倉）朝臣、次神拝頂戴采女マツ丹後等各内侍所女官ニ　勧盃各盃領也、（元和二年正月一日条）

先参内侍所五六輩先予在彼所奉述年始之祝詞拝了、居餅盃頂戴之此間、人々多以参集、中御（中御門資胤）亜相・秀俊（正親町）朝臣・永慶（高倉）朝臣等、（寛永二年正月一日条）

至内侍神拝是例年之儀、限今日一夜神事之是依隔年之儀也、先是月相雲客十四輩神拝了云々、息男通純朝臣召具之於内侍所上段拝也、是又近年之儀ニて、先考御記於庭上奉拝之由有所見而、到于今三西（三条西実條）亜相お庭上被奉拝之拝了、頂戴神拝飲之後、得選一釆女才賀茂丹後夷中、等拾予盃、予又飲彼盃、是又随身之儀也、其後参御所、（寛永四年正月一日条）

慶長期から寛永期にかけて、通村は正月元日の四方拝の前に内侍所に参り、神盃などを頂戴している。さらに、通村が参詣した時には、他の公家らも同行している。そして、慶長期には参詣者の神拝の場は庭上であったのが、寛永期には内侍所の上段に上がる所作をとるようになっていることもわかる。

一―二　内侍所本殿と仮殿

内侍所は、神鏡を奉安する重要な場であったが、檜皮葺で破損が激しく、元禄九年（一六九六）以後、約二十年ごと計八回の修理が行われた[11]。また、内裏が焼失した場合には新たに造営された。

第一章で考察したように、元禄度の本殿修理以後、内侍所の造営・修理両時においては仮殿とよばれる建物を仮御所内または本殿脇に設置する方式が採用される。図1は寛政度内裏造営の際に造営された本殿と仮殿である。本殿は、桁行五間梁間二間の入母屋造、妻入、檜皮葺の建物である。[12]仮殿は、本殿より小規模だが、構造・平面構成は本殿と共通する。[13]本殿・仮殿の名称の使用、造営・修理時の仮殿の用意、さらには本殿・仮殿ともにその内部を「外陣」「内陣」「内々陣」と呼称する建物は、内裏において他に例をみない。そして、このような特徴が神社と共通することはいうまでもない。

実際、十七世紀末には内侍所が神社本殿と同じ形式を持つ建物であると認識する公卿の記録が確認できる。『基熙公記』[14]元禄八年九月五日条には、内侍所の修理に際し、修理の先例（文明、永正等）がわからないために今回の修理は「新儀」とするとある。しかし、費用がかかるので省略もやむをえないとしつつも、「賢所一殿可為箱棟条如何之由強申所存、於箱棟限神社旨存之歟」と記す。結局、内侍所に箱棟が採用されたかどうかは不明であるが、「箱棟」が神社の形式であり、内侍所はその形式を備えるものであるとの認識を関白である近衛基熙が有していた点は興味深い。

二　上御霊社への内侍所仮殿下賜の経緯

古代より、造替や主人不在により不要になった内裏や院御所の建物は、門跡寺院や禁裏とゆかりのある寺院へ下賜される。禁裏といえども古材や建物をそのまま廃棄することはほとんどなかった。そして近世においても、内裏建物は禁裏とのゆかりの深い寺社に下賜されている（表1参照）。たとえば、朝幕関係に変化の兆しがみえはじめたとされる後水尾天皇（院）の時代には、門跡寺院の復興策の一環として伽藍整備が行われた勧修寺に二棟が下賜された。その建物は今も残っている。[15]

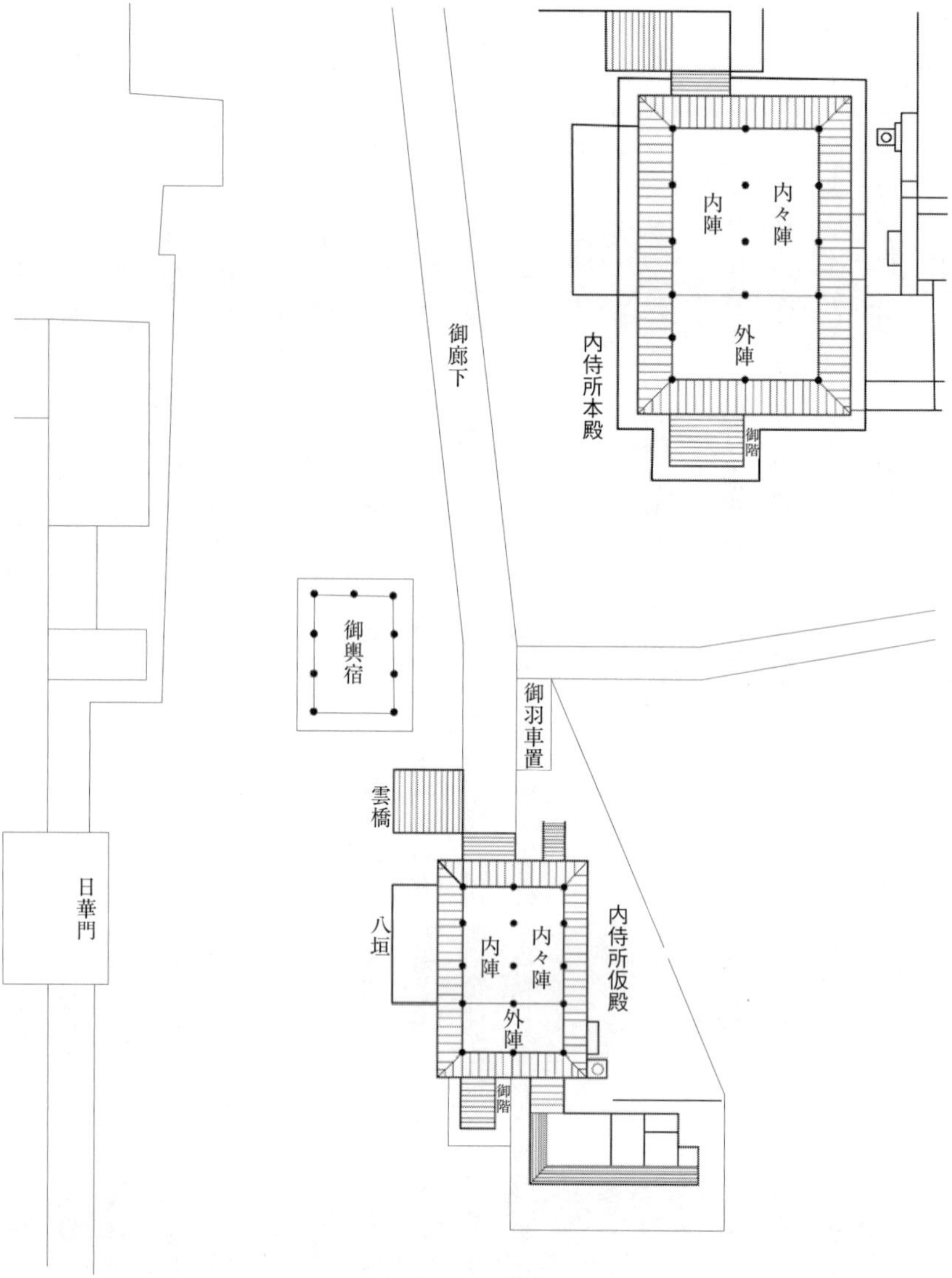

図１　内侍所本殿・仮殿（寛政度内裏）
（参考：「内裏（寛政度）内侍所仮殿指図」（木036-4-15）東京都立中央図書館木子文庫所蔵）

表1　内裏・院御所の殿舎下賜の事例

慶長度造営内裏建物が寛永度内裏造営（寛永18年＝1641）時に下賜された事例

建物名	下賜先
紫宸殿	仁和寺金堂
清涼殿	仁和寺御影堂
御学問所	法常寺本堂
御唐門	大徳寺勅使門
日御門	南禅寺勅使門
左掖門と御輿宿	大和氷室神社表門
台所門	仁和寺表門
右掖門	稲荷神社弘法堂（焼失）
内裏古材	長講堂本堂（焼失）
殿舎	相国寺方丈（焼失）
東福門院御入内時（元和5年造営）宸殿	寛永度内裏造営時の仮内裏の常御所→大覚寺宸殿
東福門院御入内時（元和5年造営）大書院・玄関・式台等	寛永度内裏造営時の仮内裏奏者所・御対面所→古材が妙法院へ

※寛永度内裏造営に際し、仁和寺は紫宸殿・清涼殿・常御殿・殿上舎・唐門・四脚門を拝領したと伝えられる（『仁和寺門跡略誌』）。

院御所の建物が下賜された事例

建物名	下賜先
正親町院御所	良仁親王御所→新上東門院御所対面所→慶長16年（1611）南禅寺大方丈
明正院御所	勧修寺→宝永2年（1705）大善寺本堂
（延宝年間造営）後西院御所御殿	元禄10年（1697）勧修寺書院
承秋門院御殿	享保6年（1721）実相院客殿（本殿）

（前掲藤岡『京都御所』、西「南禅寺大方丈の建築と障壁画」・『京都府の近世社寺建築』、ならびに京都市文化市民局文化部文化財保護課編『古建築の装飾—京都の近世社寺細見—』（2004年）をもとに、遺構が現存するものを中心に作成）

そして、内侍所本殿造営・修理時に新造される内侍所仮殿も度々下賜の対象とされた。前掲藤岡『京都御所』は、禁裏の産土神であった上御霊社に、永保三年（一〇八三）、永禄九年（一五六六）、天正十三年（一五八五）、内侍所が下賜されたと指摘する。しかしこれらの事例については他の史料から確認できない。内侍所仮殿の下賜が同時代史料で最初に確認できるのは、元禄九年（一六九六）の上御霊社への事例である。

元禄八年、禁裏は破損を理由に内侍所本殿の修理を計画する。武家伝奏柳原資廉の日記『資廉卿記』（東京大学史料編纂所所蔵謄写本）同年十一月十七日条によると、延宝度に造営された仮殿を先例とし、仮殿の御廊下の位置や刀自の休息所など附属施設の配置が計画された。元禄九年二月五日に仮殿の木造始となり、三月二十七日には上棟し神鏡は仮殿に移された。そして六月十一日に本殿の修理が終わると、神鏡が本殿に戻される。一方、その約一か月後、上・下御霊社の寺社伝奏を勤めた勧修寺勧慶の日記『勧慶日記』（京都大学総合博物館所蔵）元禄九年七月十一日条に「祐玄《（上御霊別当）》来、内侍所仮殿願被済、此正親町大納言云渡申候」とあることから、上御霊社からの内侍所拝領の請願があったことがわかる。この請願はすぐに受け入れられたようで、同月十九日に上御霊別当が内侍所仮殿拝領のお礼に来ている[16]。

以後、宝永六年（一七〇九）には、下御霊社に仮殿が下賜される。このときは「内侍所仮御殿拝領書」[17]が残されており、仮殿引渡の日付（十一月七日）もわかる。また、享保度以後の下賜先も同時代史料で確認ができる[18]。なお、嘉永四年（一八五一）に土御門家に仮殿が下賜された際の記録である土御門晴雄『内侍所仮殿御寄付之記』（宮内庁書陵部所蔵）には、翌嘉永五年までの仮殿下賜先の一覧がある。

以上の経緯を表2にまとめた。なお、内侍所仮殿は、数か所に分けて下賜されているが、本表中の下賜先は、柱や縁まわり等の主要部分の下賜先を示す。

そのなかで、本節では、下賜の経緯が最もよくわかる事例として、宝暦五年（一七五五）の上御霊社の事例に

表2　18世紀（元禄～寛政度）の内侍所の造営・修理と仮殿下賜先

内侍所造営・修理年	下賜年	下賜先	典拠
元禄9年（1696）修理	元禄9年（1696）	上御霊社	『勧慶日記』
宝永6年（1709）造営	宝永6年（1709）	下御霊社	「内侍所仮御殿拝領書」
享保18年（1733）修理	享保18年（1733）	上御霊社	『広橋兼胤公武御用日記』
宝暦4年（1754）修理	宝暦5年（1755）	上御霊社	『広橋兼胤公武御用日記』
安永3年（1774）修理	安永3年（1774）	土御門家	『兼胤記』
天明8年（1788）造営	寛政3年（1791）	下御霊社	『経逸卿記』、下御霊社擬宝殊名

注目したい。

ここで、上・下御霊社の沿革について記しておく[19]。

上御霊社は、現在の鞍馬口通の南、寺町通の西に位置する。祭神は八所御霊である。出雲氏の氏寺として平安京以前からあった上出雲寺の鎮守とされ、平安遷都以後大和国から遷座したという。延暦二十四年（八〇五）に御霊早良親王（崇道天皇）が祭神に加えられた。近世の氏子圏は、賀茂川より西、堀川より東、出水通より北の地域であり（『京都御役所向大概覚書』[20]）、京都の町の多くが氏子であった。

下御霊社は、一条の北、京極の東にあった下出雲寺の鎮守として創建され、後に新町近衛に移された。祭神は八所御霊である。京都御所の産土神ともいわれていた。また、応永三十四年（一四二七）には足利義持から社殿が寄進されるなど、武家とのつながりも深い。天正十七年（一五八九）豊臣秀吉の都市改造に際し、現在の地に遷座した（両社の位置、氏子圏ならびに祭礼順路は本書第三部第四章二六五頁の図2参照）。また、両社ともに、観光名所としても有名であり、多くの地誌に取り上げられている。さらに、上・下御霊社の祭礼（御霊会ならびに神輿巡行）も、祇園祭と並んで有名であった。

二―一　上御霊社への下賜の経緯

宝暦五年の上御霊社への下賜の経緯は『広橋兼胤公武御用日記』[21]に詳しい（以下、特記なき本節の史料引用は同日記による）。

宝暦度の仮殿の新造は、本殿の修理にともなうものであった。本殿の損傷が激しくなってきた宝暦四年三月二十一日、本殿の造営と修理は隔番にあるはずなので今度は造営すべきであるとの意見が刀自や長橋局から出される。しかし、先例では内裏焼失時以外に内侍所だけを新造したことはないとの理由で、造営ではなく修理を行うことになる。

そして、同年四月二十六日、京都所司代酒井忠用から、先の享保十八年（一七三三）の内侍所修理と同様、幕府の許可がなかなか下りないという事態が予測されるので、今回は「仮膳」とするならば迅速な修理が可能である旨が示された[22]。

これを受けて同年十二月二十一日に仮殿の造営が始められ、翌五年六月三日には本殿修理が「関東相済」となり、六月六日に本殿が引き渡された。八月四日には、幕府から内侍所修理に関して「先格之通取計之由」という返答を得て、本殿の修理が始まる。そして九月十七日に本殿修理が終わり、渡御・遷座が実行された。

仮殿の下賜に関する記述が最初に確認できるのは、本殿修理中の宝暦五年八月十三日である。内侍所に仕える女官である刀自のなかでも御用を取り締まる役をつとめる斎[23]から仮殿廊下拝領の願いが出された。そして、八月十五日には、平野社と上御霊社・行事官からは仮殿のどの部分でもよいのでいずれか、藤森社からは廊下、御厨子所預（高橋宗直）・同小預（大隈恒易）からは本殿檜皮古木、斎からは仮殿刀自之休所・通廊下、の拝領願が出されたため、先例が吟味されることとなった。先例として参考にされたのは享保度の下賜であり、その扱いについては次のように記されている。

享保度

御仮殿惣立具・畳・雲階・八垣清走

右、上御霊社へ被下之

仮廊下・御羽車置所立具共
　右、御厨子所預(高橋宗直)被下之
仮殿廻り板囲
　右、修理職へ被下之
御本殿古檜皮・古木、仮殿付刀自休所・通廊下
　右、斎江被下之

如先格被下候様、御内儀へ可申入、惣体之願、御内儀江申ニハ及間敷由被命了、

「内儀」には先例のとおりとだけ伝えられるが、いずれにせよ今回（宝暦度）も享保度と同様「御仮殿立具・畳・雲階・八垣清走」は上御霊社へ、廊下や御羽車置所は御厨司所預へ、仮殿廻りの板は修理職へ、本殿の檜皮や古木、刀自の廊下等は斎へ下賜する計画が示されている。

しかし、翌十七日には、社殿が大破していたという平野社からの拝領の申し出が再度評議される。

大御乳人被申、昨日申入　女御々殿書綴筆者、書付之通可申付候、内侍所仮殿被下　候所々、先格之通拝領申付可然候、併其中御仮殿、平野社家拝領相願、西洞院(時名)より小督へ、小督御内儀被申入候、殊外及大破候間、少々ニ而領致度由ニ候、且又　内侍所之斎も、行事官方々　両宮加修復度候へ共不及力候間、御仮殿之中少々成共拝領致度由達而相願候、是も　後陽成院被仰ニ而致請度候社ニ候間、由緒も有之候間、何とそ御仮殿狭少之御殿ニ候へ共三ツ割致、上御霊も度々拝領致候間、右三个所へ被下候様ニ宜取計之由、長橋被申之由也、

由緒（先例）も大事であるが、上御霊社は何度も拝領を受けているので、上御霊社と平野社と行事官の三か所に分けて下賜してもらいたいという女御御殿側からの願いが長橋局を通して出されている。

しかし、先例では一か所にのみに下賜していたことを理由に、関白一条道香がこれに難色を示す。結局、三か所へ下賜するという案は却下され、同月二十日、上御霊社への下賜が先例として定着しているのを理由に、これまで拝領を受けていないものには下賜せず上御霊社へのみ下賜することが決定された。

二―二　内侍所仮殿下賜の決定

以上の上御霊社への内侍所仮殿の下賜の経緯からは、神社側の請願を受け仮殿が下賜されること、下賜の根拠としては先例が最も重視されたこと、御霊信仰を持つ京都の神社が競って内侍所仮殿拝領を願い出たこと、などを特徴として指摘できる。

特に先例については、禁裏は何事においても重視する。よって、仮殿下賜においても、この方針が優先されるのは当然のことであったのであろう。

ただし、宝永六年（一七〇九）の下御霊社への下賜と安永三年（一七七四）の土御門家への下賜は、上御霊社への下賜という先例に背いたものかのようにみえる。実際、宝永六年の下賜の際には高野保春（武家伝奏）の雑掌が、先例にはない拝領であることを、下御霊社に対してわざわざ告げている。[24]

しかし、これらの下賜も、先例が勘案された事例として評価することも可能である。まず、下御霊社は、同じ八所御霊を祭神に持つ上御霊社と同じ「御霊社」であり、区別はないという認識にあった。[25]そこで、元禄九年（一六九六）に上御霊社が仮殿を拝領していたのを受けて、禁裏側が、上御霊社の例を下御霊社の先例と評価したのではないかと推測できる。また、安永三年の土御門家への下賜については、禁裏側は「毎度之例ニハ不相成候段可申渡候由也」[26]とし、今回の下賜は特例であり先例とはしないとの認識を示しており、十八世紀中では御霊社への下賜という先例が重視されていたことには変わりがないことが分かる。

また、仮殿拝領の請願の時期を比較すると、元禄度は本殿修理終了後に神社から請願があったのに対し、宝暦度には本殿修理中から拝領願が出されるなど、拝領を願う動きが強くなっていた傾向も指摘できる。

なお、下賜された内侍所仮殿のうち、寛政度造営のものが下御霊社本殿として現存する[27]（図2）。一方、藤森社本殿は、宝暦五年（一七五五）造営の内侍所本殿を明和四年（一七六七）に拝領したものであると伝えられ

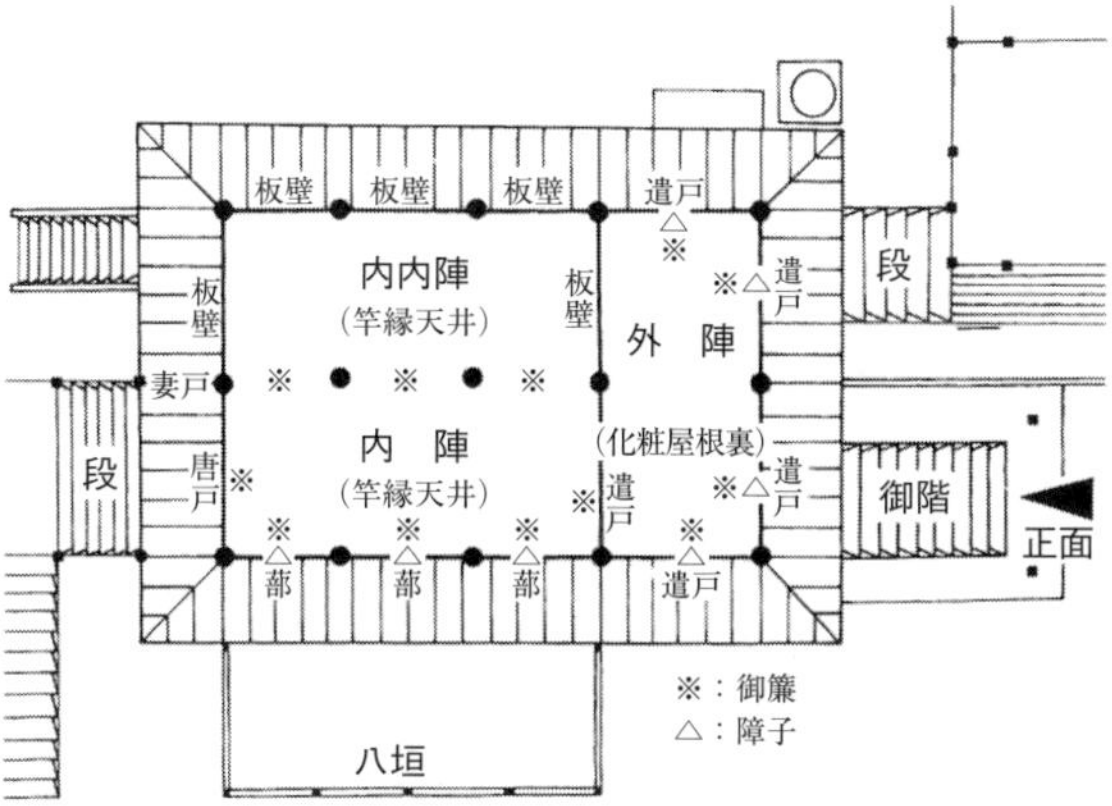

内侍所仮殿（1788年造営）

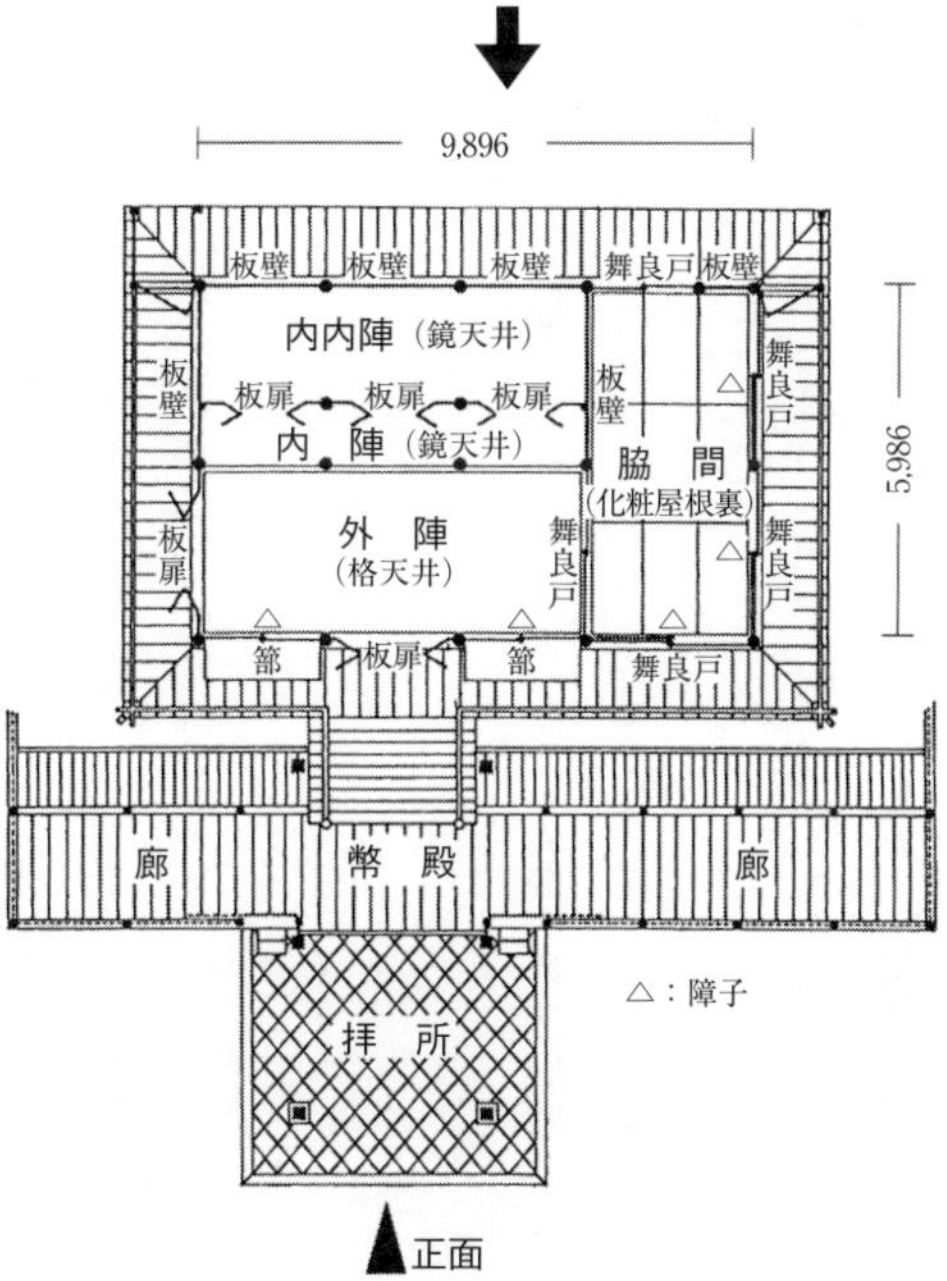

現在の下御霊神社本殿（1791年移築）

図2　内侍所仮殿および下御霊社本殿

（京都市文化市民局文化部文化財保護課編『古建築の装飾―京都の近世社寺細見―』（2004年）より転載。内侍所仮殿については、東京都立中央図書館木子文庫所蔵「内裏（寛政度）内侍所仮殿指図」（木036-4-15）を参照して著者が作成した図をもとに作成されている）

る[28]。しかし、藤森社の場合、公家の日記等の同時代史料から裏付けられない。本章で明らかにしたように先例にない本殿の下賜についてはその経緯等を十分考慮しなければならず、今後さらなる検討を要するといえよう。

また、川上貢は前掲『京都府の近世社寺建築』の総論のなかで、上・下御霊社を中心に御霊信仰を持つ神社には「御霊造」がみられるとするが、近世京都の御霊信仰の神社建築の特性についてはかかる内侍所仮殿下賜の経緯をあわせて再検討する必要がある。

三　内侍所仮殿下賜の意義

仮殿の下賜では先例が重視されていた。では、元禄九年（一六九六）に禁裏が内侍所仮殿を上御霊社に下賜した契機や目的は何であったのだろうか。元禄度の事例については、管見の限りそれを示す史料がない。そこで、元禄九年前後の禁裏・神社側の動きから確認してみたい。

まず、第一章で確認したように、内侍所仮殿が本殿修理時に新造・設置される方式がとられるようになったのは、元禄度である。内裏が焼失し本殿を造営せざるをえない状況において仮殿が造営されていた場合と異なり、元禄期以降の仮殿の修理は屋根（檜皮葺）の傷みにあわせて約二十年ごとに行われることが定例となった。したがって、結果的にではあるが、修理毎に新材で造営されるようになることが、内侍所仮殿の他所への継続的な下賜を可能とした。

一方、同時期の上御霊社の動向のなかで注目されるのが、元禄六年の上御霊社臨時会式の催行である。『基熙公記』（京都大学文学部所蔵謄写本）元禄六年五月十日条によると、同社は鎮座九百年の勅使を迎えた臨時会式を申し出たとある。同月二十八日には盛大な会式が催されており、これを契機に、禁裏の産土神であるとされていた御霊社への注目が集まったことは間違いないであろう。

また、上・下御霊社は、特に霊元天皇（院）の崇敬を受けていた。同天皇（院）は上御霊社に延宝元年（一六七三）の内裏火災の折に加え、享保八年（一七二三）、同十四年、に行幸祈願している。約四百年間にわたり行幸が途絶えていたという下御霊社にも、享保八年に行幸している[29]。このような同院の上・下御霊社への加護を考慮するならば、元禄六年の院政体制廃止以降の霊元院の政治的権力は弱体化していたという指摘があるものの[30]、仮殿の下賜に関しても霊元院が積極的に関与した可能性は高いといえよう。

さらに、下御霊社は、宝永六年（一七〇九）七月十日付で仮殿を拝領し社殿としたい旨を記した「内侍所仮御殿下御霊本殿ニ拝領仕申儀[31]」という口上書を武家伝奏に提出している[32]。そのなかの傍線部に注目すると、同社の特徴が明らかになる（以下、次の引用史料を「口上書」と略す）。

内侍所仮御殿下御霊本殿ニ拝領仕申儀

宝永五年子三月八日大火之節、当社も類焼ニ付、翌年丑ノ七月十日伝　奏高野前大納言様え口上書を以テ御願申上候ハ、今度御　内侍所御焼失ニ付、御仮御殿ヲ当社本殿ニ拝領仕、御神体安鎮仕度奉願上候、其上当禁裏様ハ下御霊敷地ニ而御誕生被遊、其以後恒臨時之御祈祷相勤申候段、古来御祈祷相勤申候、御慈悲を以テ今度願之通被為仰付被下候ハ難有可奉存候、以上、

宝永六年七月十日　下御霊神主　出雲路摂津守

高野前大納言様　御雑掌（略）

庭田前大納言様　御雑掌（略）

ここでは、拝領の根拠、つまり禁裏が下賜を実行する理由として、当禁裏様（東山天皇）が下御霊社敷地にて誕生したという縁故と「恒臨時祈祷」を勤めていることが強調される。

実際、下御霊社「禁裏院中御祈祷奉書留[33]」に記録された延享三年（一七四六）から宝暦七年（一七五七）の同

表3　下御霊社における朝廷の祈祷の回数

年号	天皇（禁裏御所）	仙洞	計	備考
延享3年(1746)	4	0	4	
4年(1747)	10	7	17	5月2日桜町天皇譲位、桃園天皇即位
寛延元年(1748)	4	4	8	
2年(1749)	7	8	15	
3年(1750)	8	1	9	4月23日桜町院崩御
宝暦元年(1751)	6	0	6	
2年(1752)	4	0	4	
3年(1753)	5	0	5	
4年(1754)	4	0	4	
5年(1755)	3	0	3	
6年(1756)	5	0	5	

（典拠：「禁裏院御祈祷奉書留」）

社の祈祷回数は表3のとおりである。さらにその祈願の内容に着目すると（表4）、病気平癒などの臨時の祈祷のほかに、天下泰平の祈祷もある。したがって、東山天皇誕生[34]を契機に、霊元院は下御霊社で恒常・臨時的に天皇・禁裏の安全・安泰を祈祷させようとしたのではないだろうか。

そして、これは換言すると、内侍所仮殿を下賜することで、朝廷のための恒例・臨時の祈祷を行うための建物・空間が、ほぼ内裏内と同様の形態を保ったまま都市のなかに確保されたことを意味する。この点に、内侍所仮殿下賜の意義が見出せよう。

なお、表1からわかるように他の内裏の建物の下賜では、下賜前・拝領後の建物の用途に特定の意図はみられない。したがって、内侍所は禁裏御所内と同じく祈祷ならびに信仰の場としての機能を継続したまま下賜された点に、他の内裏の建物の下賜の事例とは異なる特徴を指摘できる。

ところで、上・下御霊社での祈祷の内容や独自性が問題となってくるが[35]、特に上御霊社の祈祷の内容については不明な点が多く、今後の課題としたい。下御霊社の祈祷もいつごろから行われていたかは定かではない。ただし、宝永七年（一七一〇）、霊元院が下御霊社に幕府の朝廷運営介入を批判する「朝廷復古之儀」

表4　下御霊社祈祷内容

年月日	祈祷対象	理由	祈祷期間	御初穂
延享三年（一七四六）一〇月二九日	禁裏御所（上様親王様）	御昇位	一一月二日より一七日間	
同日	親王様	御受ゼン		金二〇〇疋
一一月一五日	上様	天下泰平	翌一六日より一七日間	白銀一枚
一一月二三日	上様	頭痛	今日より一七日間	白銀一壱枚
四年（一七四七）三月六日	禁裏御所	元服	三月一〇日より一七日間	白銀三枚
四月一五日	禁裏御所	御昇位、御受セン	今日より一七日間	白銀五枚
同日	禁裏御所（春宮様）	御昇段、御受セン	今日より一七日間	白銀二枚
同日	上様	御移徙	今日より一七日間	白銀三枚
五月一二日	仙洞様	天下泰平	五月一五日より一七日間	金子二〇〇疋
五月一四日	上様	厄年	翌一五日より一七日間	白銀一枚
六月一三日	上様	天下泰平	六月一五日より一七日間	白銀一枚
六月一四日	禁裏御所（緋宮様）	腹痛	今日より一七日間	白銀一枚
六月一八日	仙洞様	御寿命御長久	翌九日より一七日間	金二〇〇疋
八月二一日	仙洞様	御即位（九月二一日）	八月二三日より一七日間	白銀一枚
九月二日	禁裏御所	御即位の日の天候と成功	九月一四日より一七日間	白銀三枚
九月二五日	仙洞様	御寿命御長久	九月二八日より一七日間	金子二〇〇疋
一〇月二五日	仙洞様	腰に腫物、御寿命御長久	翌二六日より一七日間	金子二〇〇疋
一一月一一日	上様	御寿命御長久、天下泰平	翌一二日より一七日間	白銀一枚
一一月二三日	仙洞様	腰に腫物	翌二四日より一七日間	白銀一枚
一二月二日	上様	天下泰平	翌三日より一七日間	白銀一枚
一二月一四日	仙洞様	腫物治癒御礼、御寿命御長久	一二月一六日より一七日間	金子二〇〇疋
五年（一七四六）（寛延元年）正月六日	仙洞様	節分		金子二〇〇疋
同日	仙洞様	御寿命御長久（当月の祈祷）	翌七日より一七日間	金子二〇〇疋
二月七日	仙洞様	厄年	二月九日より一七日間	金子二〇〇疋
二月二三日	禁裏御所	有掛、御寿命御長久	二月二五日より一七日間	白銀一枚
一〇月八日	仙洞御所	九月分御祈祷	九月に一七日間	金二〇〇疋
一〇月一五日	禁裏御所	天下泰平	翌一六日より一七日間	白銀一枚
閏一〇月二八日		大嘗会	閏一〇月二九日より一七日間	白銀一枚

	一一月二二日	上様	寒気と吹出物	今日より一七日間	白銀一枚
寛延二年（一七四九）	正月二四日	禁裏御所	厄年	正月二六日より一七日間	白銀一枚
	二月　八日	禁裏御所（籌宮様）	御移徙		金子一〇〇疋
	三月　七日	上様	天下泰平	翌八日より一七日間	白銀一枚
	四月　晦日	仙洞様	御寿命御長久	朔日より一七日間	金子二〇〇疋
	五月　八日	上様	天下泰平	翌九日より一七日間	白銀一枚
	六月　二日	仙洞様	腹痛	今日より一七日間	金二〇〇疋
	七月二二日	仙洞様	輪王宮様関東下向の無事	七月二四日より一七日間	金子二〇〇疋
	九月一六日	仙洞様	御寿命御長久	九月一八日より一七日間	金子二〇〇疋
	一一月一八日	上様	天下泰平、御寿命御長久	翌一九日より一七日間	白銀一枚
	一一月二二日	仙洞様	風邪	今日より一七日間	金子二〇〇疋
	同日	仙洞様（上様）	遷宮、御寿命御長久	今日より一七日間	金子一〇〇疋
	一二月一〇日	禁裏御所	内々のこと	今日より一七日間	白銀二枚
	一二月一九日	上様	寒気	今日より一七日間	白銀一枚
	一二月二五日	仙洞様	寒気	翌二六日より一七日間	白銀一枚
	一二月二八日	仙洞様	寒気快復	なし	金一〇〇疋
三年（一七五〇）	正月二九日	禁裏御所	地震	朔日より一七日間	白銀一枚
	四月一五日	上様	天下泰平	翌一六日より一七日間	白銀一枚
	四月二一日	仙洞様	胸が痛い	今日より三日間	金子二〇〇疋
	同日	（禁裏御所）	仙洞様の快復	今日より一七日間	白銀一枚
	七月　朔日	上様	御寿命御長久、災難祓い	翌二日より一七日間	白銀一枚
	七月一八日	上様	水無瀬宮への御供、御寿命御長久、天下泰平	翌一九日より一七日間	白銀一枚
	八月二六日	禁裏御所（喜久宮様）	痢病	今日より一七日間	白銀一枚
	九月一五日	上様	御寿命御長久、天下泰平	今日より一七日間	白銀一枚
	一一月　朔日	上様	御寿命御長久、天下泰平	翌二日より一七日間	白銀一枚
四年（一七五一）（宝暦元年）	正月二五日	上様	御寿命御長久、天下泰平	翌二六日より一七日間	白銀一枚
	三月一三日	上様	地震	翌一四日より一七日間	白銀一枚
	五月二一日	上様	御寿命御長久、天下泰平	五月二二日より一七日間	白銀一枚
	六月一一日	上様	御寿命御長久、天下泰平	翌一二日より一七日間	白銀一枚

	一〇月二七日	上様	御寿命御長久、天下泰平	二一日より一七日間	白銀一枚
	一二月　二日	上様	御寿命御長久、天下泰平	今日より一七日間	白銀一枚
宝暦二年（一七五二）	二月一三日	上様	御寿命御長久、天下泰平	今日より一七日間	白銀一枚
	七月一五日	上様	夏バテ	今日より一七日間	白銀一枚
	一一月　二日	上様	御寿命御長久、天下泰平	翌三日より一七日間	白銀一枚
	一二月　三日	上様	御寿命御長久、天下泰平	翌四日より一七日間	白銀一枚
三年（一七五三）	二月一一日	上様	御寿命御長久、天下泰平	翌一二日より一七日間	白銀一枚
	七月一三日	上様	御寿命御長久、天下泰平	翌一四日より一七日間	白銀一枚
	八月　九日	上様	御寿命御長久、天下泰平	翌一〇日より一七日間	白銀一枚
	八月二六日	禁裏御所	御有掛		金子一〇〇疋
	一一月一〇日	上様	御寿命御長久、天下泰平	翌一一日より一七日間	白銀一枚
四年（一七五四）	二月一一日	上様	御寿命御長久、天下泰平	翌一二日より一七日間	白銀一枚
	四月　四日	上様	時気	今日より一七日間	白銀一枚
	一〇月　三日	上様	御寿命御長久、天下泰平	翌四日より一七日間	白銀一枚
	一二月　八日	上様	御寿命御長久、天下泰平	翌九日より一七日間	白銀一枚
五年（一七五五）	七月一一日	上様	御寿命御長久、天下泰平	翌一二日より一七日間	白銀一枚
	霜月　朔日	上様	御寿命御長久、天下泰平	翌二日より一七日間	白銀一枚
	霜月一七日	禁裏御所、上様	女御御入内の天候、御寿命御長久、天下泰平	霜月一九日より一七日間	白銀一枚
六年（一七五六）	二月二四日	上様	御寿命御長久、天下泰平	翌二五日より一七日間	白銀一枚
	六月一一日	上様	御寿命御長久、天下泰平	六月一三日より一七日間	白銀一枚
	九月　六日	上様	御寿命御長久、天下泰平	九月一〇日より一七日間	白銀一枚
	（？年）七月中	禁裏御所（緋宮様）	時気	明二日より一七日間	白銀一枚
	一一月一〇日	上様	御寿命御長久、天下泰平	翌一一日より一七日間	白銀一枚
七年（一七五七）	正月　晦日	上様	御寿命御長久、天下泰平	朔日より一七日間	白銀一枚

（典拠：「禁裏院御祈祷奉書留」）

の願文を奉納した事実などは留意しておく必要があろう(36)。

四　上・下御霊社の内侍所仮殿拝領の目的

元禄九年（一六九六）以後、上・下御霊社は、仮殿拝領を慣例とした。第二節で下賜の経緯を考察した宝暦度以後にも安永度、寛政度ともに両御霊社は仮殿の拝領を願い出ている。光格天皇のもと、意図的に復古が目指された寛政度内裏造営でも、仮殿が造営された後、本殿が造営され、本殿渡御の後、仮殿が下賜されるという過程に変化はない。『経逸公記』（京都大学総合博物館所蔵）によると、寛政二年（一七九〇）には、仮殿の柱・縁まわり・八垣・雲階など二十四坪が下御霊社へ、刀自休息所など四十六坪分は刀自へ、廊下等二十四坪は厨子所預番衆へ、与力番所三坪を除く残りは修理職へ、そして御羽車置所二坪余りが上御霊社へ、下賜されたという。

上・下御霊社の仮殿拝領の請願は、幕末まで続く。

このような姿勢を神社側がみせる背景として、まず、十八世紀中ごろまで、両社の社殿造営は仮殿拝領に大きく依存せざるを得ない状況にあったことが挙げられる。たとえば、元禄九年の上御霊社拝領の場合、前年の元禄八年十月十四日に上御霊社別当が勧修寺家に社殿の修理を願い出ていることから(37)、社殿の修理・造営を前提として拝領を願い出たと考えるのが妥当であろう。また、宝永度の下御霊社の拝領についても、同社が宝永の大火によって社殿が類焼したために社殿造営の必要があったことは先の口上書からも明らかである。近世京都の町は度重なる大火に見舞われ、両社も社殿の造営・修理の必要性に迫られていた。他寺社と同様、度々の造営事業が経済的な負担となったのではないだろうか。両社の社殿維持にとって、仮殿を拝領することは、物理的（材料の調達や社殿の確保）・経済的に有効であったものと考えられる。

なお、上・下御霊社の社殿造営・修理は、室町期には幕府、戦国期から江戸初期には大名や有力町人からの寄附でまかなわれていた(38)。永禄三年（一五六〇）、室町幕府が上御霊社の修造を命じ、下京および上京中に奉加を求めている。天正十三年（一五八五）には、上御霊社社殿の造営のために洛中から助縁が募られているほか、慶長十年（一六〇五）には越中細川忠頼が上御霊社拝殿を再建したという記録がある(39)。また、前掲『下御霊神社記録』によると、下御霊社では、慶長十二年に中川瀬兵衛の伏見屋敷門を移築して門としたほか、寛永十五年（一六三八）には氏子寺本七郎右衛門などが鳥居を寄進している。

では、なぜ両社はわざわざ禁裏に内侍所仮殿の拝領を願い出るに至ったのだろうか。

それは禁裏とのつながりを重視していた上・下御霊社にとって、仮殿の拝領は、物理的・財政的だけでなく、そのつながりの強さや神社の格を示すための重要な手段のひとつであったからだと考えられる。

実際、両御霊社は、仮殿拝領だけでなく、他でも禁裏とのつながりを主張している。たとえば、下御霊社は霊元院崩御を受けて祭礼時の築地之内への神輿巡行の中断を余儀なくされるが、三年後の享保二十年（一七三五）に再興を願い出る(40)。宝暦四年（一七五四）には、下御霊社の新造の中門に「菊桐之紋」の使用を願い出ている(41)。

そして、時代は下るが、幕末の上御霊社では、社殿修理の寄附を募る氏子への口上書のなかで、自社の社殿は朝廷から拝領したものであることが強調されている(42)。

このように内裏のなかでも重要であった内侍所の仮殿を拝領することは、禁裏とのつながりや他社との違いを表す重要な要素であったことになる。

一方、上・下御霊社が仮殿拝領の請願や朝廷との関係を明確にしようとする動きをみせる十八世紀前半は、三位以上の神職数が増加傾向をみせ始める時期であり(43)、非蔵人となる社家数も増加している(44)。特に、上御霊社の場合、禁裏の産土神である上、非蔵人を輩出しており、「朝廷勢力としての神社」と位置づけてよいであろう(45)。しかし、非蔵人の数は大社には及ぶものではなかった。そこで、大社に次ぐ地位を確保するためにも、仮殿を拝領することで禁裏とのつながりをさらに明示する必要があったのではないだろうか。

おわりに

近世の内侍所は、禁裏において神社本殿と類似する機能を持つ建物であり、節分時には多くの都市民衆が参詣する場となっていた。

そのなかで元禄期以降、内侍所仮殿は、先例を根拠に上・下御霊社に継続的に下賜される。そして下賜された仮殿＝両社本殿では、朝廷のための恒例・臨時の祈祷が行われた。祈祷・参詣という機能が維持されたまま他へ移築される点は、他の内裏の建物下賜と異なる特徴であるといえる。

一方、上・下御霊社は、社殿の造営・維持だけでなく禁裏とのつながりを深めるために仮殿の拝領を願い出ていた。禁裏との関係を強調し、他社との差異化を図る必要があったのであろう。

ところで、なぜ本殿ではなく仮殿が下賜されたのかという問題が浮上するが、仮殿は新材で造営されるものの短期間で不要となるため、物理的に下賜建物として適していた。一方、拝領側にとっては、内侍所本殿の機能を果たす建物は仮殿だけであるとの認識が近世中・後期には定着していたことも重要であったと推定されるが、その詳細は次章で確認したい。

この内侍所の下賜は、近世後期まで継続する。ただし、第三章で詳しく述べるように、上・下御霊社からは拝領請願が仮殿造営毎に出されるにもかかわらず、寛政度を最後に下賜がされることはなかった。上・下御霊社は、仮殿の拝領が不可能となった後、禁裏から拝領した建物であることを強調しながら主に町からの寄附でこの本殿を維持していくことになる。

とまれ、禁裏御所のなかの信仰の場であった内侍所仮殿という建物を本殿とする上・下御霊社の存在は、近世京都において都市社会と禁裏御所をつなげる装置となっていたことは間違いない。

（1）久保貴子『近世の朝廷運営』（岩田書院、一九九八年）ならびに「近世天皇と後宮・側近」（『岩波講座　天皇と王権を考える』二、岩波書店、二〇〇二年）。
（2）藤田覚『近世政治史と天皇』吉川弘文館、一九九九年。
（3）高埜利彦「江戸時代の朝廷支配」『日本史研究』三一九、一九八九年。
（4）梅田千尋「近世宮中行事と陰陽師大黒松大夫」『日本史研究』四八一、二〇〇二年九月。
（5）院御所・女院御所建物の下賜を考察した研究には以下のものがある。西和夫「勧修寺書院の前身建物と障壁画」・「南禅寺大方丈の建築と障壁画――前身建物平面の復原と障壁画の検討」『建築史研究の新視点』、中央公論美術出版、一九九九年。
なお、院・女院ともに朝廷の一員であることには変わりなく、著者が指摘する内裏の建物の下賜に関する先行・事例研究の問題点は、院御所等の事例にもあてはまるものと考えられる。
（6）京都府教育委員会『京都府の近世社寺建築』、一九八三年。
（7）藤岡通夫『京都御所』新訂版、中央公論美術出版、一九八七年。
（8）『国史大系』一三―一五、吉川弘文館、一九六六年。
（9）本書第三部第四章参照。
（10）帝国学士院編『帝室制度史』五（一九四二年）に内侍所に関する多くの史料が集積されており、本章でも適宜参考とした。
（11）前掲藤岡『京都御所』。
（12）延宝度以後に造営された内侍所は、「本殿」と表記される神鏡を奉安する建物の他、刀自の休息所や他の内裏の建物につながる廊下などから構成される。
また、近世の内侍所本殿は、寛政度造営のものは多少規模が大きくなっているが、構造、様式に大きな変化はみられないことが、指図等から確認できる。

比較した指図は以下の通りである。宮内庁書陵部編『中井家文書の研究』三（中央公論美術出版、一九七七年）掲載「一七三　延宝度内侍所仮殿（元禄）指図」ならびに「一七四　延宝度内侍所仮殿（元禄）指図」。前掲『中井家文書の研究』七掲載「六六四　寛政度内裏内侍所仮殿（文化）指図」。同、九掲載「七六六　宝永度仮内裏内侍所仮殿他小指図三枚」。東京都立中央図書館木子文庫所蔵「内裏（寛政度）内侍所仮殿指図」（木36―4―15）。

(13) 前掲藤岡『京都御所』ならびに前掲『中井家文書の研究』四・七。

(14) 京都大学文学部所蔵謄写本。

(15) 後水尾天皇が行なった門跡寺院の復興策の一環としての伽藍の整備については、藤田勝也「勧修寺の元禄復興とその建築」（『日本建築学会近畿支部研究報告書』、一九八五年五月）に詳しい。また、寛文期の内侍所は勧修寺に下賜されたとの社伝がある（前掲『京都府の近世社寺建築』）。

これについて、藤田から、昭和五十八年度に京都市の指定調査の際に発見された棟札から内侍所が下賜されたことが判明するので根拠とすべきはその調査結果ではないかとの指摘があったが、藤田が指摘するような調査の内容は公表されていないため、詳細は不明といわざるをえない（勧修寺の本堂の京都市文化財指定の概要は、『京都市の文化財』（京都市文化観光局文化財保護課編、一九九二年）にある）。

なお、これらの下賜先は社伝が根拠となっているものもある。どの建物がいつ下賜されたのかについては、今後、藤岡や西が用いる下賜前、つまり内裏にあった建物の様式や構造と遺構を比定する方法と著者が用いた文献史料や同時代史料から確認する方法を併用して、改めて判断・考察する必要がある。

(16) 『兼輝公記』（東京大学史料編纂所所蔵謄写本）元禄九年同年七月十九日条。

(17) 『下御霊社神社記録』（東京大学史料編纂所所蔵写真帳）。

(18) 安永度造営の仮殿については、『兼胤記』（東京大学史料編纂所所蔵）を参照した。

(19) 上・下御霊社の沿革は、『京都市の地名』（平凡社、一九七九年）による。

(20) 『京都御役所向大概覚書』清文堂出版、一九七三年。

(21) 『広橋兼胤公武御用日記』（大日本近世史料）。

(22) 宝暦五年八月一日条には、幕府からの本殿修復に対する返答が遅れているので、内侍所本殿の修理にいまだ取り掛かれていない状況が記される。
また、修理職からは内侍所十五帖の修理（畳替が主）が必要であるとの見分が示されるが、同月十一日には常御殿等の修理ができていないことを理由に内侍所の畳替も却下されている。したがって、宝暦度の修理は大規模なものではなかったことになる。

(23) 古来より内侍所、特にその内陣には刀自と呼ばれる女官が仕えていた。刀自は、内侍所の守護、女孺の指導、祭祀時の神物の供え、祝詞、御拝時の鈴、などを担当した。
また、『内侍所刀自采女兼帯之事』（『神道体系　論説編十一　伯家神道』（神道体系編纂会編、一九八九年）所収）からは「斎義は、内侍所御用頭取候事」「内侍所刀自座次之事、第一斎、第二藤江、第三采女」とあり、斎が刀自のなかの御用取締をつとめる役目で座次も高かったことがわかる。

(24) 前掲『下御霊社神社記録』所収。

(25) 『下御霊神社誌』（一九〇七年）による。これは、近代にまとめられたものであるが、江戸時代にまとめられた地誌（『都名所図会』等）にも同様の記述がある。よって、近世の上御霊社と下御霊社は、ほぼ同じ格式を持つことが広く認識されていたと考えられる。

(26) 『兼胤記』安永三年（一七七四）九月二十日条。

(27) 上御霊社絵馬舎も内侍所の廃材を使用し宝暦五年に建立したものとされる。ただし、形式（四方吹放）や天井（化粧屋根裏）が内侍所本殿と大幅に異なる（前掲『京都府の近世社寺建築』、前掲藤岡『京都御所』）。内侍所仮殿の遺構であることを示す痕跡が少なく、この由緒についてはさらなる考察を要する。

(28) 藤田勝也他「京都市近世神社建築に関する研究(一)―内侍所仮殿より転用された神社本殿について―」（『日本建築学界大会学術講演梗概集(北陸)』、一九八三年九月）。このなかで、藤田は、社伝では「内侍所（仮殿ではなく）」が下賜されたと伝えられるとした上で、調査において棟札等が発見されたものの「問題の全面解決には至らなかった」（二六五〇頁）と記す。

(29) 『月堂見聞集』巻之五十、享保八年（一七二三）四月六日条。

(30) 前掲久保『近世の朝廷運営』。
(31) 前掲『下御霊社神社記録』所収。この請願は、同年十一月晦日に許諾された。
(32) 宝永度の下賜については、宝永六年十二月七日に下御霊社が内裏の門の鍵を近衛家から借りて、氏子の協力のもと仮殿は同社へ引き渡されている。
(33) 前掲『下御霊神社記録』所収。
(34) 東山天皇（霊元天皇の第四皇子）は、延宝三年（一六七五）九月三日生まれである。
(35) 深谷克己は、近世の寺社の任務として、徳川家に関する祈祷の実行を挙げている（深谷克己『近世の国家・社会と天皇』校倉書房、一九九一年）。
加えて、間瀬久美子は、朝廷が石清水社などで行う祈祷が、朝廷権力の上昇・朝幕関係の安定において重要な意味をもっていたことを指摘している他、天皇や院の病気平癒や天下安泰のための祈祷の多くは、七社七寺等で行われていることにも触れている（間瀬久美子「神社と天皇」永原慶二他編『講座・前近代の天皇』三、青木書店、一九九三年）。
(36) 『京都の歴史』六、学芸書林、一九七三年。
(37) 上御霊社では、前掲『続史愚抄』貞享三年（一六八六）六月三日条に「上御霊社東梁無故墜」とあり、続いて同年十二月十八日に正遷宮が行われている。
(38) 元禄五年（一六九二）「神社覚書」（前掲『下御霊社神社記録』所収）には、本殿の記述がなく、十七世紀後半にも本殿がなかった可能性がある。
(39) 『史料　京都の歴史』七、平凡社、一九八〇年。
(40) 前掲『下御霊神社記録』参照。同社の祭礼行列については、本書第三部第四章を参照。
(41) 前掲『広橋兼胤公武御用日記』宝暦四年閏二月二十六日条。この願いに対しては、下御霊社を許可してしまうと他にも多数の社が願い出てくるものと思われるので許可できないとの沙汰があった。
(42) 『上御霊神社文書』（京都市歴史資料館所蔵）に詳しい。
(43) 前掲高埜「江戸時代の朝廷支配」。

(44) 前掲間瀬「神社と天皇」。
(45) 前掲間瀬「神社と天皇」。

第三章　寛政度内裏以降の内侍所仮殿の造営・下賜と神嘉殿

はじめに

内侍所仮殿（以下、仮殿と略す）は、上・下御霊社へ継続的に下賜される。これにより、内侍所と同じ建物を本殿とする信仰・祈祷の場が都市のなかで確保されていた。しかし、寛政三年（一七九一）を最後に、仮殿が上・下御霊社へ下賜されることはない。元禄度から寛政度までの内侍所仮殿の下賜・拝領の経緯や意義を考えるならば、文化度以降に上・下御霊社へ仮殿が下賜されなくなる要因について明らかにする必要があろう。

内侍所仮殿下賜に関しては、京都府の近世社寺調査報告や藤岡通夫の京都御所の研究のなかで概要が述べられている。[1]また、藤田勝也も修士論文で仮殿の下賜について触れる。[2]藤田は近世の内侍所仮殿下賜事例として嘉永五年（一八五二）に土御門家へ下賜された際の記録である『内侍所仮殿御寄附之記』（宮内庁書陵部所蔵。以下、『御寄付之記』と略す）に着目する。本史料は、当時の土御門家当主土御門晴雄が記したものであり、嘉永四年十一月二日に土御門家が提出したという「拝領之願書」や、嘉永五年正月に宮中より下賜決定の知らせが来た前後の同家の動向の記録などが含まれる。拝領側の史料が少ないなかで、このような重要な史料に注目し、仮殿下賜の経緯を確認しようとした点は評価できよう。ただし、藤田の研究は古代から中世に重点が置かれているために、嘉永度造営の仮殿の土御門家への下賜については、その経緯の整理にとどまっている。

たとえば、藤田は、仮殿の下賜の年代や下賜先をまとめたものとして、『御寄付之記』の以下の記述に着目する。

広橋ヨリ借用写置
切紙ニ
天保二年　水無瀬家
文化七年　神嘉殿御修覆ニ御用立
寛政二年　下御霊江
六坪分土御門家江拝領之処
安永三年　主殿司其外江
宝暦五年
享保十八年　上御霊江
　右内侍所御造営之度ニ御仮殿拝領、

ただし本記述は、広橋家より借用したものを書き写したものである点は注意すべきであろう。他の史料から下賜の事実や経緯を裏付けた上で、下賜先が多様化する背景やその影響などを明らかにしなければならない。

そこで、本章では、これらの課題をふまえて、まず文化度以降の内侍所仮殿造営ならびにその後の処遇（下賜・転用・常設）の経緯を確認する。ついで、寛政度内裏造営以降の内侍所仮殿の造営・下賜が神嘉殿造営と深くかかわることを明らかにし、内侍所本殿造営・修理以後の仮殿処遇の意義を背景を考察する。(3)

表1　内侍所仮殿の下賜先

年号	内侍所	仮殿下賜年	仮殿下賜先
寛政2年(1790)	造営	寛政3年(1791)	下御霊社
文化7年(1810)	修理	(文化8・12年)	神嘉殿転用が計画
文政13年(1830)	修理	天保2年(1831)か	水無瀬家(宮)か
嘉永4年(1852)	修理	嘉永5年(1853)	土御門家
安政2年(1855)	造営	安政3年(1856)	霊光殿天満宮か
慶応元年(1865)	修理		そのまま残す

一　文化七年造営の内侍所仮殿と神嘉殿への転用

一―一　仮殿造営・転用の経緯

表1は、寛政度造営以降の内侍所本殿の造営・修理と仮殿の下賜先・転用先を一覧にしたものである。

文化七年（一八一〇）、内侍所本殿の修理が行われることとなり、先例通り仮殿が造営された。仮殿は、同年六月十八日に立柱、七月三日に上棟される。そして、神鏡が仮殿に移された後、本殿の修理が行われ、同年十二月七日の神鏡の本殿への渡御をもって修理終了となった(4)。

仮殿の処遇については、武家伝奏を勤めていた広橋伊光の日記『伊光記』（東京大学史料編纂所所蔵謄写本）に詳しい(5)。以下、本節において特記なき記述は、本日記を根拠とする。

文化七年七月三十日に上御霊社より、同年八月四日に下御霊社より、それぞれ仮殿の拝領願いが提出された。仮殿上棟から比較的早い時期に両御霊社から仮殿拝領の願いが出されていることがわかる。

しかし、翌年の文化八年正月二十五日には、仮殿は「此度ハ有思食、何レへも不賜候」、つまり下賜されないことが示される。そして、武家へも以下のとおり通達された。

内侍所御仮殿、此度ハ他江不賜不損様宜計置之由御沙汰之事

右之外雑舍廊下等を以斎行事殿・御厨子所之輩へ願之通可被下候、

修理職奉行・修理職へ可被下候、右之趣意可取計、

その後、雑舎等は斎行事殿、御厨子預小番衆、修理職等へ下賜された。仮殿以外は願い出の通り下賜されたことになる。(6) そして、同年二月二十八日条には以下のように記される。

一、内侍所仮殿被用神嘉殿事内談、以武家所司代江申遣如左、
内侍所仮殿此度者依有　思食他江不賜之旨、先達御沙汰之由申入候、右子細者神嘉殿此後御修復之節、彼仮殿被引直神嘉殿御修復ニ相成候得者、殊御木材も宜永久御保方ニも相及、甚御趣合意候、

仮殿を神嘉殿の修復に用いることは木材の「永久御保方」という「御趣」（ここでは天皇の意向であろう）に合うので、他所へは下賜せず神嘉殿に転用することが京都所司代酒井忠進に伝えられる。(7) そして、同年四月八日条にはその決定が記される。

一、仮殿今度ハ御用ニ付不被下之旨、上下御霊之輩申渡事、殿下へ申入候、可申渡被命、聖護院宮ハ御神事後申入旨、殿下伺定候

今回は下賜しない旨が上・下御霊社へも正式に伝えられる。

ただし、この正式な伝達以前から神嘉殿への転用計画は着々と進められていた。文化八年閏二月二十日には神嘉殿修復について内々の相談がされている。そして、同年七月三日にも転用の相談がなされたが、八月十二日になって、神嘉殿の修復は「御勘考」があるという理由で見合わすことになる。しかし、四年後の文化十二年（一八一五）の神嘉殿の修理計画で、内侍所仮殿の材の転用が再度検討される。

なお、神嘉殿は新嘗祭を行う場所である。宮中での新嘗祭は、寛正四年（一四六三）に中断し、元文五年（一七四〇）に再興された。そして寛政三年（一七九一）、禁裏に神嘉殿の再興・造営を強行する。(8) 文化期に修理の対象となった神嘉殿は寛政度に造営されたものである。

一―二　神嘉殿修理の取り止め

しかし、文化八年・十二年ともに、神嘉殿の修理が行われたという史料は確認できず、行われなかった可能性が高い。その理由については、『山科忠言卿伝奏記』（宮内庁書陵部所蔵。以下、『伝奏記』と略す）に詳しい。

文化十二年八月一日、神嘉殿の破損が報告され、修理を含めた相談がなされた。同月二十一日には京都所司代酒井忠進に対し、檜皮葺の仮殿を転用することで、当時柿葺であった神嘉殿も檜皮葺にするという報告があった。それを受けて、同月二十七日、酒井は、古木材を用いたとしても朝廷の費用負担での修理となることを確認した上で、自身が噂として聞いた話として、以下のように記す。

> 右御仮殿木材を以神嘉殿御造替之儀ハ全下より申上候之事有之、先達而御沙汰も有之候得共、一体神嘉殿者重キ御神祭之御殿ニ而候得者、内侍所も清浄之御殿ニ候といへとも、右御仮殿古木材を以重キ御神祭之仮御造替之儀ハ篤とも被為思食、且者右木材ハ例解賜之儀相願候事有之、被下ニ不相成候品ニ有之所、右被下之儀を被停候而、右御仮殿之木材を以御本殿之木材ニ被相用、木材之善悪甲乙之故を以正理ニもとり候儀者叡慮不易、且神嘉殿之儀者表向之御場所柄衆人見聞仕候儀ニ付、古木材殊御仮殿を申御外聞ニも相抱リ如何敷儀ニ思食候段風ニ承候趣申聞候付、誠驚入叡慮之趣、乍恐至極御尤之御儀道理之至当と奉存候付、

仮殿の転用はあくまで関白や伝奏ら朝廷を運営する公卿らが言い出したことであったという。一方、光格天皇は、内侍所は「清浄之御殿」、神嘉殿は「御神祭之御殿」であり、内侍所仮殿を神嘉殿に造替することはよいが、①仮殿はこれまで下賜してきた先例があるにもかかわらずそれを退けること、②内侍所仮殿の材であったとしても「衆人」が見聞する場である神嘉殿に古木材を用いること、という二点に対しての懸念を示したという。そして、この天皇の見解に対し、酒井も尤もだと述べている。ただし、酒井の回答は、天皇と関白らの意向が異なることへの確認を求めるものであり、転用の是非を判断するものではない点は注意しておきたい。なお、その後、

関白らは、所司代の問いに対して、仮殿を転用し神嘉殿を檜皮葺にするという判断は適当であることを再度主張している。

このように『伝奏記』からは、関白らの内侍所仮殿を転用した神嘉殿修理に対する強い主張がうかがえるが、結局、この修理は実行されなかった。「神嘉殿代以後御修復心得方之儀ニ付書付」（内閣文庫所蔵『御造営手留』所収）は、安政元年（一八五四）の禁裏造営に際し川路左衛門尉・浅野中務少輔・立田岩太郎から江戸表に提出された届けであるが、そのなかでこの神嘉殿修理は以下のとおり記される。

既ニ文化十二亥年、内侍所御仮殿神嘉殿ニ被引直度、御屋根を檜皮葺反屋根之方ニ相成候様被致度、差支無之上者表立可被申立旨、伝　奏衆御内談有之、其節御好之通檜皮葺反屋根出来候得者、御引直御入用者勿論、此後御修復其御手沙汰ニ而者出来兼可申由を以、伝　奏衆江御示談之趣茂有之候付、於勘考評議仕候処、

禁裏の費用負担では檜皮葺の管理や修理が難しいことが問題となり、仮殿を転用して神嘉殿を檜皮葺にする修理は実行されなかったという。つまり、文化度造営の内侍所仮殿は、御所内にストックされていた可能性が高いということになる。

ところで、仮殿の神嘉殿への転用の具体的な計画がわかる図面として「内裏(寛政度)神嘉殿平面図」（東京都立中央図書館木子文庫所蔵）に注目しておきたい。内裏造営に関わっていた大工木子家に伝わる指図の一枚である。平面と天井が記された指図の上に、破風の仕様、さらに屋根の仕様が描かれた紙が重ね貼りされている（図1①～③）。まず、図1①には「神座」の部分が朱引されている。ここは「御仮殿引直」とあることから、前述までの議論を踏まえて内侍所仮殿の転用を示しているとみるのが妥当であろう。さらに、屋根の仕様（図1②）には「檜皮葺」の指示があるが、前掲「神嘉殿代以後御修復心得方之儀ニ付書付」にある文化十二年の修理時の檜皮葺への変更計画の記述と一致する。また、図1③には、「朱引破風　御仮殿之侭ニ而此所御見付如図出来之積

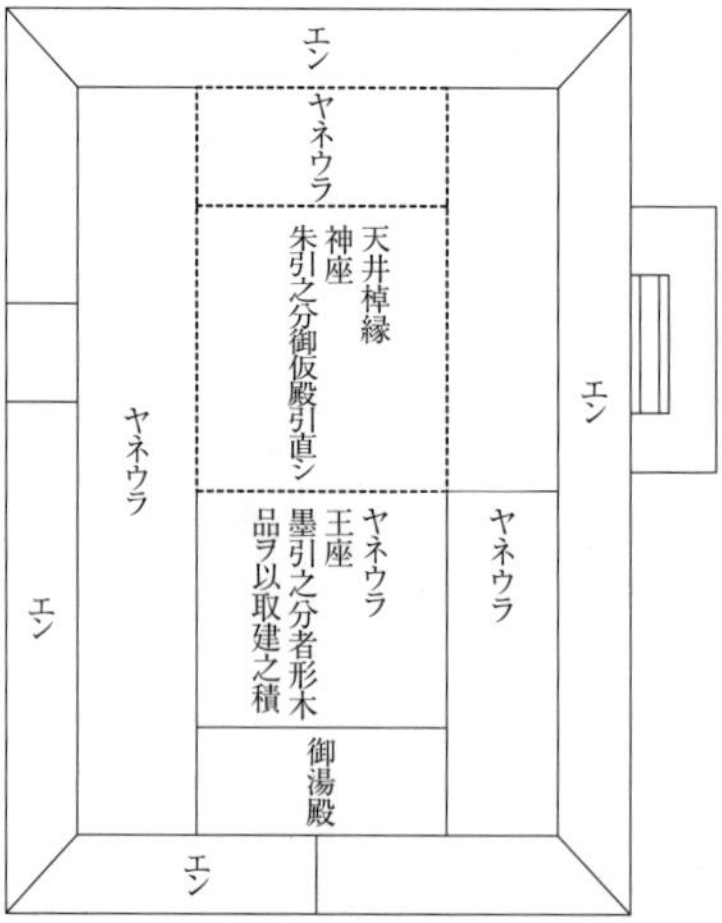

図1①　（文化期に作成ヵ）内侍所本殿平面図

平面形式と天井の仕様が記される。

（以下①～③は東京都立中央図書館木子文庫「内裏（寛政度）神嘉殿平面図」（木37-3-02）をもとに著者作成）

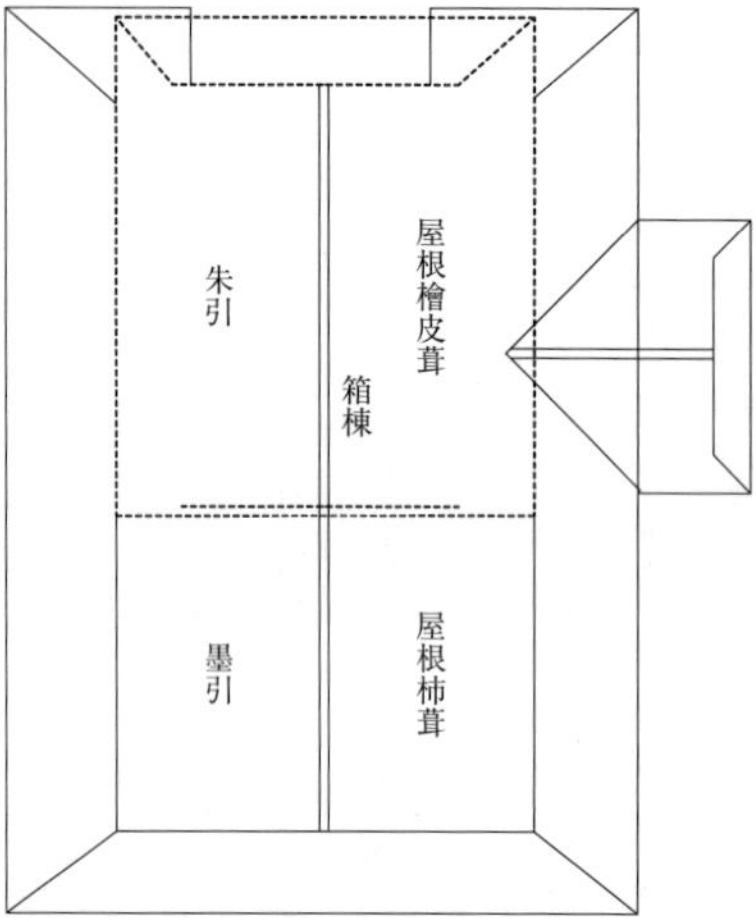

図1②　図1①の上の貼紙

屋根の仕様が記される。

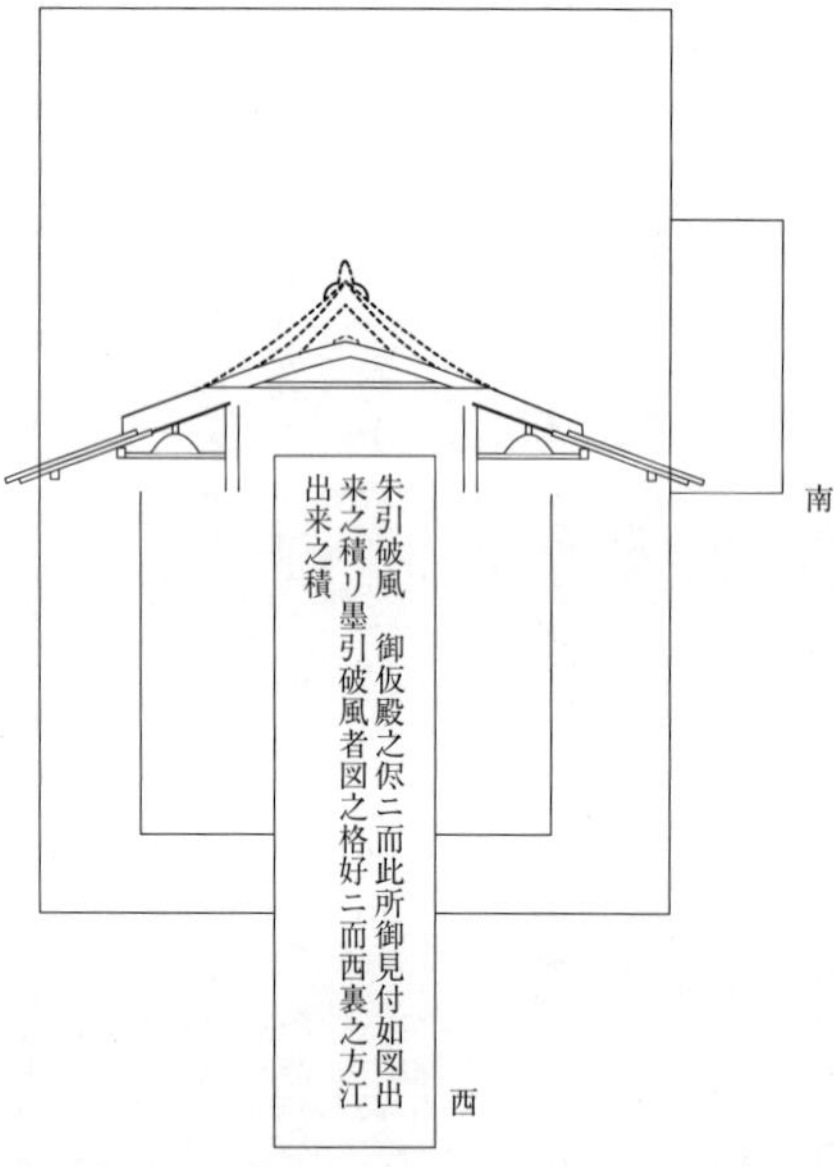

図1③　図1②の上の貼紙

破風の仕様が記され、さらに押紙がある。

朱引は点線で示す。

リ」とあることから、内侍所の檜皮葺の屋根と破風もそのまま用いられる計画であったことがうかがえる。よって、この図は文化期ごろ、すなわち神嘉殿への転用計画がかなり進んでいた段階で作成された可能性が高い。

二　天保二年の水無瀬家（宮）への下賜

文政十三年（一八三〇）、内侍所本殿の修理が行われた（九月十八日仮殿上棟、十月一六日仮殿渡御）。この時造営された仮殿は、『御寄附之記』に「天保二年　水無瀬家」に下賜されたと記録されている。

水無瀬家は、現在の大阪府島本町にある水無瀬宮（現在は水無瀬神宮）を守護する公家である。水無瀬宮は、後鳥羽天皇・順徳天皇・土御門天皇を祭神としており、天皇家からの保護が厚い。現在の本殿は、明正天皇在位時の寛永十六年（一六三九）から一九年ごろに内侍所を下賜されたものと伝えられる。(9)

一方、文政度の仮殿の下賜については、『御所々御入用筋書抜』四（東京大学史料編纂所所蔵）に京都西町奉行松平定朝宛の「内侍所御仮殿水無瀬宮江御寄附之儀」という書簡が残る（天保四年（一八三三）八月十一日京都所司代太田資始へ渡されている）。そこには、「水無瀬宮江御寄附被為在候御沙汰之上者、思召之通御寄附被為在候様、尤御寄附ニ付諸入用相拭之儀ニ候」とあることから、(10)水無瀬宮（家）へ仮殿の寄附・下賜の沙汰があった可能性は推察できるが、水無瀬宮（家）側にも史料がなく、(11)どの部分が下賜されたのかなど、詳細はよくわからない。

三　嘉永五年の土御門家への下賜

三―一　仮殿造営・下賜の経緯

次に、嘉永五年（一八五二）の土御門家への内侍所仮殿下賜の経緯を確認してみたい。本事例については、武家伝奏を勤めていた三条実万の『公武御用日記』[12]にその経緯が詳しく記録されている。

嘉永四年五月七日、文政年間に行われた内侍所本殿の修理において「背割無」で取り替えられなかった柱に破損があることが三条実万へ報告され、翌日十日には「武士用人」へ「文政度取調乾割之絵図」が差し出された。同月二七日には、禁裏附から書状が届き、六月八日もしくは九日には仮殿上棟ができるよう先例に基づいて取り計らうことになる[13]。そして七月一日には仮殿渡御、同月二十二日からは本殿の修理が行われ、十一月十二日には本殿の修理が終了し本殿への渡御が行われた。

仮殿の拝領願は、下御霊社神主より六月中に武家伝奏三条実万らに届けられていた[14]。しかし、同年十一月二日、土御門家から内侍所仮殿の拝領願が出され[15]、翌日三日には土御門家への下賜が検討される[16]。そして、翌年の嘉永五年一月二十日、土御門家へ仮殿下賜の御内意が申し渡され、翌二十一日には先例の如く修理職奉行に「内侍所仮殿雑舍」、斎に「前廊下」が下賜されることが示された。

三―二　土御門家に残る史料

次に、拝領側（土御門家）の記録である『御寄附之記』に着目してみたい。本史料には、嘉永四年十一月に提出された拝領願の写しが収められている。

内侍所御修覆無御滞被為済、来十二月　本殿渡御被　仰出恐悦存候、右渡御被為済候後、御仮殿土御門家江御寄附願候儀相成間敷哉、社頭修覆も近年ニ者仕度存居候間、若右　御仮殿御寄付相成候ハヽ、深畏入存候、元来亡父晴親兼而之懇願臨時御祈祷之節も手狭ニ而行届兼、又者長用御祈祷ニも都合宜儀有之候間、権殿一宇致造立度旨、平日申居兼而之念願候間、寛文年中幷安永三年九月等拝領之例も有之候ニ付、此度之内侍所仮殿拝領之儀相願候事相成申間敷候哉、願之通被　仰付候者、誠以深畏入存候、右御憐察給宜御取成御沙汰

願入存候也、

十一月二日　　　　　　　　　晴雄

三條大納言殿

坊城前大納言殿

仮殿の拝領は先代晴親から切望していたことであり、内侍所仮殿を臨時と「長用」（おそらく重用か）の祈祷の場として拝領したい旨が記される[17]。これは、上・下御霊社への下賜の理由と共通する[18]。また、寛文年間や安永三年（一七七四）の同家への下賜の先例が強調されている点もこれまでの事例と共通する。

ところで、安政二年（一八五五）の土御門家の邸宅図（京都府立総合資料館所蔵『若杉家文書』所収「還幸御謝祭之図」）には、敷地内の祈祷のための建物が描かれる[19]（図2）。そのなかで敷地左上に描かれる建物「権殿」の平面形式は拝領前の仮殿とほぼ等しく、嘉永四年に拝領した仮殿を用いたものと推定される。しかもこの権殿は妻入で、仮殿と同じ形式が採用されている点は興味深い。

四　安政三年の内侍所仮殿の下賜

安政三年（一八五六）の下賜については、東京大学史料編纂所編『大日本維新史料稿本』安政元年十一月二十七日条「自今桂殿ヲ桂御所ト称ス」項に、安政三年の仮御所建物ならびに内侍所仮殿下賜に関する史料が網羅的に集成されている。以下、本稿本の内容を原本で確認しつつ、安政三年の内侍所仮殿下賜の経緯を整理してみたい。

嘉永七年（安政元年）四月六日、敏宮御殿から出た火災によって内裏が焼失し、孝明天皇は聖護院に移る[20]。その後、天皇は四月十五日に桂宮邸に移り、同所を仮御所とした。そこに内侍所が設けられ、七月十八日には仮殿

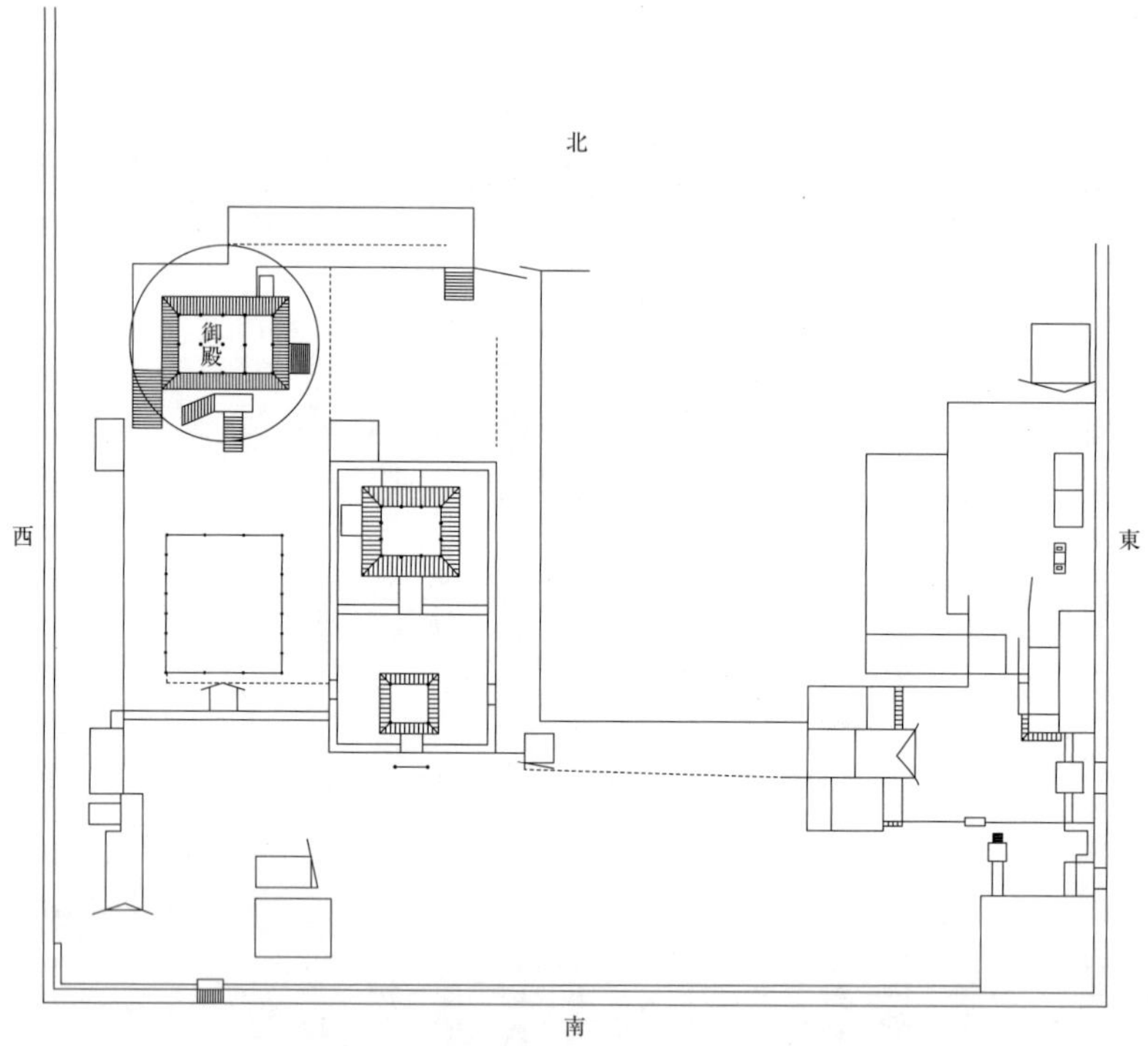

図２　土御門家邸宅（安政２年(1855)ごろ）
（京都府立総合資料館所蔵『若杉家文書』所収「還幸御謝祭之図」をもとに著者書き起こし）

上棟、翌日（十九日）に仮殿渡御が行われた。その後、安政二年に内裏造営が終了する（十一月三日引渡）。そして同月二十三日には天皇が仮御所から内裏へ遷幸し、内侍所も同日渡御した。

一方、武家伝奏をつとめていた東坊城聡長の日記『東坊城聡長公武御用日記』（宮内庁書陵部所蔵）安政二年九月四日条には、「内侍所仮殿以下被下方」については寛政度の事例の如く扱うことが記される。[21] そして同月十日、斎・修理職奉行・修理職・御厨子所預からの拝領願四通を議奏らが確認している。さらに、同月十二日条には以下のとおり記される。

内侍所仮殿　霊光殿天満宮東照宮相殿社若江修理大夫（量長）被下候而、武辺差支無之候哉、可取調大隈守へ申含、

霊光殿天満宮は、現在の京都市上京区徳大寺殿町にある神社で、祭神は菅原道真と徳川家康である。[22] 寛仁二年（一〇一八）に菅原道真を祀るために河内国若江郡に創建された。応仁・文明の乱以後は東寺観智院に御神璽が奉遷されていたが（神官若江家断絶以後は祭祀も東寺が行った）、寛永十一年（一六三四）に神官若江家（理長）の再興が認められたため、理長の邸宅（上京区塔ノ段藪ノ下）に奉遷され、その後宝暦十一年（一七六一）に現在の地に移ったという。その若江修理大夫（量長）[23] への下賜の取調べが指示される。

そして、同じく東坊城聡長が記した『聡長卿公武御用日記』（宮内庁書陵部所蔵）安政三年正月七日条には、仮御所となっていた桂宮に造営されたすべての建物について、以下のような記述がある。

一、謁関白殿申次俊璹朝臣、桂　皇居仮建物総如寛政例可賜桂家之事、
遣水皇居之儘可被残之事、鷲尾家敷地被取建候地震御用意御建物鷲尾家へ可賜之事、内侍所仮殿已下去年
本ノママ之通可賜関東済来候旨、淡路守（脇坂安宅）御附書取入覧可附于議奏被令属当番広橋（光成）、

桂皇居の仮建物は桂（桂宮）家に引き渡されるが、内侍所仮殿は下賜されることになっている。[24]

その後、『桂宮日記』（宮内庁書陵部所蔵）安政三年正月十四日条に仮殿の下賜の詳細が次のように記される。

一、桂　皇居総而仮建物寛政度之通桂家江被下候事

（中略）

一、内侍所御仮殿惣建具畳御掾廻リ八垣雲階清走リ弐拾四坪

霊光殿天満宮　東照宮　相殿社

若江修理大夫

右御寄付

内侍所仮殿は霊光殿天満宮東照宮相殿社と若江修理大夫へ寄附されたとある。(25)

ただし、本事例の場合、拝領側、つまり霊光殿天満宮側の記録が確認できない。『庚午十月改　社寺録　上京之部弐』（京都府立総合資料館所蔵）には明治元年（一八六八）十一月に霊光殿天満宮から京都府に宛てた書類が残される。そのなかで「一、嘉永七年仮社類焼ニ付　天朝ヨリ内侍所御仮殿御寄附ニ相成候事」とあるが、付された図面には「嘉永七年本社類焼後右之仮社」として桁行一間梁間四尺の「仮社」が描かれるのみである。また、現在の社殿は明治五年に九条家からの寄附によって再建されたものであり、安政期の社殿の造営は確認できない。よって、霊光殿天満宮の修理材として一部のみが使用された可能性、若江修理大夫が御所内の建物の造営・修理に使用した可能性なども否定できない。(26)

さらに、本事例に関しては、禁裏の祈祷を行う上・下御霊社もしくは土御門家への下賜とは異なり、徳川家康を祀る幕府との関係が深い神社への下賜である点は留意しなければならないと思われる。幕末の朝幕関係を考える上で重要な事例となる可能性もあり、幕府側の動向を確認できる史料を用いて、慎重に検討していく必要がある。

五　慶応元年造営の内侍所仮殿

元治二年（慶応元年＝一八六五）には、内侍所本殿の修復が計画された。『野宮定功公武御用日記』（宮内庁書陵部所蔵）元治二年三月二十日条には、野宮が仮殿新造の御用掛を申し付けられたことが記されている。ところが、同日記の四月十二日条には、「仮殿以後置居」することになったとある。この計画については、「（内侍所御仮殿従今度御平生居置可相成候儀ニ付）伝奏衆被差越候書付写」（内閣文庫所蔵『江戸城多聞櫓文書』[27]所収）にもその詳細が記される。

内侍所御仮殿、従今度御平生居置可相成候ニ付而者、御場所是迄トハ被改別紙図面之通可然候、且御　仮殿付刀自詰所仮屋是又従今度居置ニ付図面之通可出来、是迄与者坪数相増候得共、今後刀自通廊下者聊茂取建ニ不及候間、右用途直用を以可然取斗有之度、且右仮屋先例甚々麁末物ニテ済来候得共、以来居置之事故木材細工等入念出来相成候様、関白殿御命ニ候間可被相心得候、出御仮御廊下ハ御平生御邪魔ニ相成候故、如先例御修復出来　本殿還御被為済候得者取払可相成候事、

内侍所仮殿と刀自詰所・廊下を常設とすることが示される。しかも、刀自詰所等も上等に作られるということは、附属建物も常設することが前提となっていたのであろう。

そして、この案は実行される。「安政度内裏（慶応度）内侍所・仮内侍所指図」[28]（図3）には、桁行四間梁間二間の仮殿が本殿の東南に描かれている。これまで本殿修理時に置かれた本殿の西南の位置とは異なる場所に仮殿が常設されていたことがわかる。

なお、仮殿の造営は、慶応元年閏五月七日に上棟、六月九日に仮殿への渡御が行われ、本殿修理終了後の同年一一月二二日には本殿への渡御が無事行われている。[29]

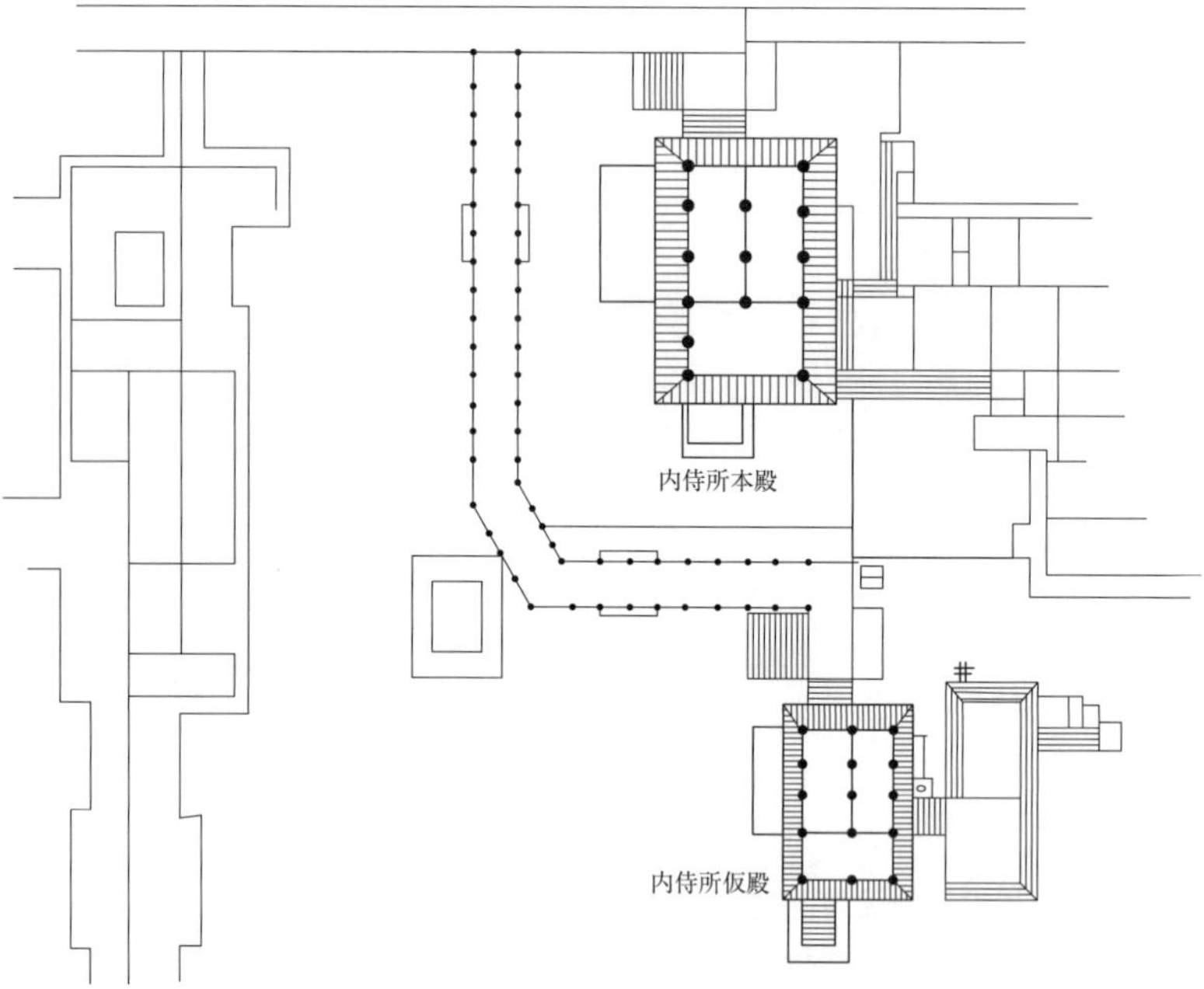

図3　慶応度造営の内侍所本殿と仮殿
（「安政度内裏（慶応度）内侍所・仮内侍所指図」をもとに著者書き起こし）

六　神嘉殿の造営と内侍所仮殿

最後に、仮殿の処遇（下賜、転用、常設）の背景を考えてみたい。

六―一　経済・社会状況の悪化と古材の転用

前述のように、藤田勝也は、内侍所仮殿は共通して祭祀施設として下賜もしくは転用されていると指摘する。確かに、神嘉殿は新嘗祭を行う場所であり、神事・祭祀を行う場所としての共通点はある。さらに文化度以降も、朝廷のための祈祷を家職とする公家や神社へ下賜されている。

ただし、祭祀や神事を行う家・場所であることが禁裏側の下賜先決定の根拠であったにせよ、上・下御霊社への下賜が中止される理由は説明できない。

ここで、内侍所仮殿下賜先の変化と神嘉殿造営の背景としてまず留意しておかなければならないのが、近世後期の禁裏・幕府の経済状況である。これはすでに奥野高広の研究[30]のなかで詳しく分析されているが、両者ともに経済状況が悪化していたことは間違いない。内裏の修理や造営に関しても、その費用負担が度々問題となっていた。たとえば、「神嘉殿以後御修復之心得」（東京大学史料編纂所所蔵『安政度内裏造営志』二所収）には、これまで禁裏御賄金銀のうち三分の一が建物の修理に使われていることに孝明天皇が憂慮していたことが示される[31]。

またこのような経済的状況は、天明の大火後に造営された寛政度内裏造営時の禁裏・幕府の対応からも確認できる。寛政度の内裏造営については、藤田覚の研究に詳しい[32]。それによると、天明八年（一七八八）の大火で焼失した内裏の造営に際し、朝廷は裏松光世の「大内裏図考証」に基づく古儀を採用することとし、幕府にその旨を伝えた。しかし、幕府は、民力衰微から仮普請とし、宝永度内裏と同規模の内裏を造営するよう返答した。結局、朝廷が古儀を用いることを押し切る形となるが、寛政元年（一七八九）六月、老中松平定信から京都所司代へ、内侍所や紫宸殿・清涼殿などは「不軽御場所」であるために要求通り古儀を用いてもよいが、人民の困窮を救うために、内裏造営に用いる木材の種類や仕様を変更するように申し入れがあった[33]。

一方、前章で確認したように内侍所仮殿が重要な場所であることは禁裏内で十分に認識されていた。しかし、仮殿は本殿の造営・修理が終われば解体するものである。とすれば、禁裏側としても、仮殿の格を保ちつつ経済面にも配慮していることを示すために、仮殿の木材を内裏内の適した（同格の）建物に転用することを提示するほかなかったのではないだろうか。

六―二　神嘉殿造営と仮殿造営の関係

加えて確認しておきたいのが、内侍所仮殿の造営と、朝儀再興を強くすすめる光格天皇のもとで寛政三年に再興・造営された神嘉殿との関係である。神嘉殿造営の過程で、『執次所日記』（寛政三年下、宮内庁書陵部所蔵）十一月三日条には以下の通りの通達が出されている。

一、御附衆ゟ被相渡書付左如、

神嘉殿代御造立之儀、奥向ゟ金三百両被差出、其除之分者御定高内ヲ以如何様御差《ママ》略いたし事、軽如形ニ御取建有之候様ニ被　遊度旨、右御出来之上者永ク御用ニ相成、天明度被　仰出候趣者更ニ不被及御沙汰、且　内侍所御仮殿之御用有之節者、御手軽之御建物ニ者候得共、清浄ニ出来候御殿を　御仮殿ニ被用候得者、万端御都合可宜御沙汰ニ候由、伝奏衆ゟ書取を以被申聞候ニ付、先達而各江申談候処、御定高之内ニ而手軽出来可致旨被申聞候、其後表立　神嘉殿御造立之儀被　仰出候段、伝奏衆ゟ事付被差出候間、則関東江申達候処、（中略）右　神嘉殿代御造立ニ而以来者伝奏衆被申立候通、弥御建直等之儀者勿論御手沙汰等ニ而も往々御修覆所之廉茂相増候儀ニ有之候間、旁以新殿御造立之儀者不容易儀ニ付、伝奏衆ヲ始向々掛リ之面々ニ茂其旨相心得被取斗候様、御相達各其外右江拘リ候向々江茂申渡候様、年寄衆ゟ申来候間、則伝奏衆江相達候間可取其意候、

右之通太　備中守殿ニ被仰渡候間、為心得此段相達候、

禁裏は、自らの費用負担で神嘉殿を造営したいという意志を示していた。しかも神嘉殿は「清浄」、つまり神事を行う聖域とされる御殿であるため、内侍所仮殿とすることは都合がよいという[34]。すなわち、禁裏側は内侍所仮殿を新造せず新新嘉殿を内侍所仮殿とする（代替とする）案を造営当初から提示していたのである。

一方、幕府は、御手沙汰（朝廷の費用）を用いるといってもその造営は不容易であることを示していた。さらに、安政度内裏造営に際し幕府側が作成した前掲「神嘉殿代以後御修復心得方之儀ニ付書付」には以下のように記される。

其後文化六巳年、内侍所御修復之節者可被用御仮殿御治定之処夫是御差支之儀も有之由を以猶又被申立、御仮殿御新造相成者以来茂度々被申立同様之儀ニ者候得共、今般御屋根も檜皮葺ニ出来、御手重ニ茂相成御手沙汰ニ而之御修復等出来兼候得者、幸南之方江被寄御屋根も檜皮葺ニ茂被成進候上者、如何様ニも被宥候テ元来之御所向御沙汰ニ被復、以後内侍所御仮殿ニ被用候積、其節高サ五尺五寸之都合ニ相成候置床相整、御仮殿御新造者被相止メ候様、

幕府は、文化六年の内侍所修理では無理だったが、安政度に造営した神嘉殿の屋根は檜皮葺であり、置床などの工夫をすれば仮殿として用いることができるので、以後は仮殿の新造を行わない方針を再確認している。

しかし、内侍所仮殿はその後も建設された。その理由等については、慶応元年二月に禁裏附小栗政寧他二名から幕府に差し出された「内侍所御修復並御仮殿御造立之儀取調候趣申上候書付写」（内閣文庫所蔵『多聞櫓文書』所収）に詳しい。要旨をまとめると以下のようになる[35]。

①御所向（禁裏）は、寛政三年に神嘉殿代を造営したときに内侍所仮殿として用いることを計画していた。仮殿は檜皮葺であり神嘉殿は檜皮葺でないので不都合であるが、仮殿とするまでは薄柿葺でよいとした。また、仮殿の床高五尺五寸であるので、神嘉殿（床高は三尺五寸）に置床をすることで仮殿として代用できるとした。

②文化度の内侍所本殿修理時には内侍所仮殿として神嘉殿代を用いることが計画されたが、「所々御差支有之」という禁裏の意見から、「省略」＝費用の節約を考慮しつつ仮殿を新造することとなった。

③その後、文政十二年と嘉永二年にも「寛政度之御趣意」で神嘉殿を仮殿とすることも計画されたが、関白・伝奏から「内侍所之儀は格別御崇敬之御場所」で差支えがあるので、仮殿を新造するように再三の申し立てがあった。

④安政度内裏造営時に新造された神嘉殿の屋根は檜皮葺となったので、幕府は、神嘉殿を仮殿として用いることは可能であり今後仮殿は新造しないとする方針を示していた。

⑤慶応度は安政度造営から年数がたっていないが（文化・文政・嘉永度は二十一年余間隔）、雨漏り等が懸念される。

⑥しかし、禁裏が内侍所仮殿は必要であると主張し続けたので、慶応度も仮殿を造営することとなった。すなわち、禁裏は、寛政三年の神嘉殿造営にあたり、神嘉殿は内侍所仮殿として用いる、つまり内侍所仮殿は新造しない、との認識を示していた。しかし一方で、神嘉殿を内侍所仮殿として用いるための条件のなかでも特に檜皮葺でないことを問題とし、文政十二年と嘉永二年の内侍所本殿修理時に神嘉殿を仮殿として用いることはなかった。

ところが、安政度造営の神嘉殿には檜皮葺が採用され、神嘉殿をもって内侍所とする（代替の）条件が整った。ゆえに幕府は仮殿新造の中止を提示する。しかし、禁裏は、内侍所は崇高な場所であると同時に、内侍所本殿の機能は本殿と同じ形式をもった仮殿でしか果たすことができないとし、仮殿の新造の必要性を強く主張する。幕府にとっては禁裏側の主張は矛盾したものであったが、結局、慶応度になっても幕府は仮殿の新造を認めざるをえなかったと考えられる。

六―三　仮殿下賜・転用等決定の背景

最後に、これらの状況を考慮した上で、各節でとりあげた内侍所仮殿の処遇の背景をまとめてみたい。

文化七年の内侍所本殿修理に際し、上・下御霊社から仮殿の拝領願が出されたが、禁裏は仮殿を神嘉殿に転用することを計画する。そして、文化十二年にも再度仮殿を神嘉殿に転用することを計画している。これは、寛政度内裏造営を契機に幕府から内裏建物の造営・修理費用の節約を求められていたことに加え、檜皮葺の仮殿を転用することで神嘉殿をより格の高い建物にし、寛政度神嘉殿造営時に自らが示していた仮殿を神嘉殿で代替する案を実行するための条件を整えることを禁裏が志向したからだと考えられる。

しかし、幕府、光格天皇、禁裏内部の意向は必ずしも一致していなかった。光格天皇は仮殿を下賜することが慣例でありなおかつ神嘉殿に古材を用いることは不適切であるとの意見を示していた。一方、幕府は神嘉殿を檜皮葺にすることで維持費がかかることを問題としていた。結局、このような状況においては禁裏側も仮殿の転用を強行できず、神嘉殿を檜皮葺にすることもできなかった。ゆえに以後の内侍所本殿造営・修理時には仮殿を新造し、天皇の意向通り前例のごとく内侍所仮殿は下賜することになる。

嘉永度造営の仮殿は、下賜の先例がある土御門家へ下賜される。『御寄付之記』嘉永五年二月二十一日条に以下の記述がある。

下霊（ママ）者昨年辛亥六月頃ヨリ願書差出置候趣、晴雄者十一月二日ニ願書差出候而願相叶、誠以深有難次第也、全家神
之　御高徳深恐入次第也、

これまで何度も下賜先となっていた下御霊社が先に拝領願を出していたにもかかわらず、その願いは却下された。下御霊社よりも土御門家への下賜が優先された理由について、土御門家側は有難いとするのみで明確に記していない。

ただし、土御門家の拝領には、広橋光成が関与している点は重要であろう。実際、『御寄付之記』には光成の関与が度々記される。たとえば、嘉永五年一月に仮殿の下賜が決定した後、同じく土御門家へ仮殿が下賜された安永三年の事例に倣って「八垣」を一緒に拝領してはどうかという意見が光成から出され、同年二月二十一日に土御門家は仮殿と八垣をあわせて拝領することになった。また、前述した仮殿下賜先の記述（『御寄付之記』）は

広橋家より借用して書き写したものである。光成は議奏として朝廷政治に大きな影響力を持っており、禁裏内での仮殿下賜に関する合意形成にも関与していたと考えられる。今後同時期の土御門家の役割をより詳しく考察する必要があるが、土御門家側は仮殿の拝領が先代からの念願であっただけでなく、祈祷・信仰の場である内侍所を拝領して同じく祈祷の場とするために、同家と縁戚関係にあった広橋光成を介してより積極的に朝廷内部に拝領を働きかけたのではないだろうか[36]。

さらに、内裏焼失にともない仮御所に新造された安政度の仮殿の場合も、下賜先決定に関する史料は確認できない[37]。ただし、安政度に造営された神嘉殿には朝廷の念願であった檜皮葺が採用され、内侍所仮殿とする条件が整いつつあった。にもかかわらず、続く慶応度には朝廷は仮殿の重要性を強調し新造を要求している。このような状況を考慮するならば、朝幕関係の安定を図るとともに、仮殿の存在・重要性を幕府側に強調するために、あえて霊光殿天満宮へ下賜した可能性も考えられよう。

とまれ、神嘉殿が内侍所仮殿として用いることができる条件が整うなかでは、禁裏側も仮殿新造継続を主張しづらい状況となっていたのは間違いない。しかし、内侍所としての機能を果たす唯一の建物である仮殿は確保する必要があるとの認識を示していた以上、内侍所仮殿を設置しないわけにもいかない。

そこで、慶応度の仮殿造営に際しては、以後の本殿修理時には仮殿を確保できつつもその造営費用は節約できる方法、すなわち仮殿常設という方法を選択することで、禁裏・幕府ともに折り合いをつけたものと考えられる。

おわりに

以上、寛政度内裏造営以後の内侍所仮殿の造営とその下賜について確認した。

寛政度以前と大きく異なる点は、上・下御霊社への下賜が相次いで却下されたこと、神嘉殿の造営・修理との兼ね合いが勘案されたこと、であろう。

内侍所仮殿は、本殿と同じく神事・信仰面で重要な役割を果たす建物であった。そして上・下御霊社へ下賜された際にも、その社殿で朝廷のための祈祷を行うことが重視された。

しかし、文化度には上・下御霊社からの仮殿の拝領願は却下される。これは、禁裏が、内裏建物の造営や修理費用を節約し、なおかつ神嘉殿を仮殿として用いるために、仮殿を神嘉殿に転用することを選択しようとしたからである。ただし、神嘉殿が仮殿と同じく檜皮葺となった場合の維持費用が問題となり、その転用は実行されない。結局、仮殿は新造され、前例と同じく下賜される。そして、嘉永度には、先例があり、議奏広橋光成を介して下御霊社よりも強く拝領を願い出ていたと考えられる土御門家へ下賜されることになった。上・下御霊社が拝領した仮殿は公家や民衆が自由に参詣する場となったのに対し、土御門家が拝領した仮殿は、多くの人々の目に触れることがない公家邸宅内の私的な祈祷の場として機能することになる(38)。

ところで、なぜ神嘉殿を内侍所仮殿の代替とするという案が浮上したのかという問題に目を向けるならば、禁裏は威信をかけて造営した神嘉殿が天皇の象徴である神鏡を奉安する内侍所としても適当であるとの認識を示すことで、神嘉殿の重要性や神聖性を強調しようとしていたのではないだろうか。今後は、神嘉殿の造営・修復に加え、神嘉殿をはじめとする禁裏御所内で行われる神事の場の関係性についてより具体的に検討する必要があると思われる。

最後に、内侍所仮殿、本殿の重要性を確認しておきたい。神嘉殿造営を進める過程で建前として仮殿新造の中止が提言されるが、結局何度も理由をつけて仮殿を造営したのは、神鏡を奉安し神事を行う内侍所が必要不可欠であり、内侍所本殿の機能を果たす唯一の場として仮殿が必要とされたからである。また、他の殿舎では内侍所本殿の機能を十分に果たすことはできないことも認識されていた。したがって、内侍所仮殿の下賜は本殿と同じ価値のある建物を賜る行為として、下賜される側には大変な価値・名誉を伴うことであり続けたことは間違いない。

（1）京都府教育委員会『京都府の近世社寺建築』一九八三年。藤岡通夫『京都御所』新訂版、中央公論美術出版、一九八七年。
（2）藤田勝也「古代・中世における宮中祭祀施設に関する研究」京都大学修士論文、一九八四年。以下、本章で取り扱う藤田勝也の指摘は本修士論文にもとづく。
（3）近世の神嘉殿に関しては、藤田覚『幕末の天皇』（講談社選書メチエ、講談社、一九九四年）を参照した。また、同書では、近世の神嘉殿は神嘉殿代や中和院代（古来、中和院の正殿が神嘉殿であった）と称されたとあるが、本章で用いる史料上では「神嘉殿」という名称が多用されていることから、神嘉殿で統一した。
（4）文化七年の内侍所仮殿造営の経緯や天保度・嘉永度の内侍所本殿・仮殿については、「内裏仙洞御所造営関係年表」（平井聖『中井家文書の研究』七、中央公論美術出版、一九八二年）を参照した。
（5）同日記文化七年七月十日条には、本殿の檜皮や古物を「先格之通」「御殿」へ納め、「休息所」や「刀自通道囲」も先例通り扱うことが記される。
（6）『伊光記』文化八年四月八日条には、修理職奉行へは御羽車置所、斎へは刀自休息所などがほぼ先例に従って分配されたことが記される。
（7）『伊光記』文化八年四月八日条には、

一、仮殿今度ハ御用ニ付不被下之旨、上下御霊之輩申渡事、殿下へ申入候、可申渡此節〈聖護院宮ハ御仰事渡申入旨、殿下伺完了、〉

とあり、上・下御霊社へ下賜しないことが伝えられた様子がわかる。
（8）前掲藤田『幕末の天皇』。
（9）島本町史編さん委員会編『島本町史』本文編、一九七五年。

(10) 同史料からは、「雑舎」や「廊下」などは文化度と同様に下賜されたことがわかる。また、先例にないものへの寄付・下賜は行わない方針や、「残分者」は修理方が囲み置いて修理に用いることなども記される。
(11) 官幣大社水無瀬神宮『水無瀬神宮文書』（一九四一年）にも、天保度の下賜に関する史料はない。
(12) 『三条実万手録』第二（岩崎英重編、日本史籍協会、一九二六年）所収。また、仮殿造営は『基豊公記』（東京大学史料編纂所所蔵）にも詳しいが、事実関係・日付等は三条実万の記録と一致する。
(13) 三条実万『公武御用日記』嘉永四年五月二十七日条に「内侍所仮殿、当月中皆出来候、来月八日九日之内上棟被仰出候様致度旨、附武士書状昨日到来申入、如先例可取計答命」とあることから、嘉永度造営の仮殿も短期間で準備されたことがわかる。
(14) 三条実万『公武御用日記』嘉永四年七月二日条。
(15) 三条実万『公武御用日記』嘉永四年十一月二日条。
(16) 三条実万『公武御用日記』嘉永四年十一月三日条。
(17) 「権殿」とは、「社殿を造営する・修復する際、神体を臨時に奉安する殿舎」（『日本国語大辞典』小学館）のことを指す。
(18) 本書第一部第二章参照。
(19) この指図は、遠藤克己『近世陰陽道史の研究』（新人物往来社、一九九四年）でも紹介される。
(20) 本節の内裏・内侍所本殿・内侍所仮殿の造営（修理）の日付に関しては、「内裏仙洞御所造営関係年表」（平井聖『中井家文書の研究』八、中央公論美術出版、一九八二年）を参照した。
(21) 『野宮定功修理職奉行備忘』（宮内庁書陵部所蔵）にも、安政度の内裏・内侍所仮殿造営ならびに桂家・霊光殿天満宮への建物引渡しが記録される。
(22) 霊光殿天満宮の沿革については、『京都市の地名』（平凡社、一九七九年）、『庚午十月改　社寺録　上京之部弐』（京都府庁文書、京都府立総合資料館所蔵）所収の霊光殿天満宮の項、「霊光殿天満宮　参拝の栞」（霊光殿天満宮）を参考にした。
(23) 若江家の略系譜については、松田敬之「近世期宮方・摂関方殿上人に関する考察――『若江家所蔵文書』を中心に

――」（『大倉山論集』四九、二〇〇三年）を参照した。

(24) 本史料文中で、「寛政の例の如く」とあるのは、寛政度内裏造営の際に仮皇居が置かれた聖護院に仮皇居の建物が下賜されたことを指している。
また、桂家へすべての仮建物が下賜される方針は、同日記同年正月十三日条「一、内侍所仮屋以下夫々分配、桂家仮建物惣而桂家へ被下、鷲家《（ママ）》被建候地震御用意御建物鷲尾家へ被下等之事、各伺通可取計議奏被示」という記述からも確認できる。

(25) 『桂宮日記』同日条には、刀自部屋は斎へ、拾八間廊下は御厨子預等へ、御羽車置所は修理職奉行へ下賜されることも記される。

(26) 桂家に仮殿が残された可能性も否定できないが、遺構等がないため確定は難しい。

(27) 本史料は、「三月」とのみ日付が記されているが、「元治二年」（慶応元年）と加筆されている。著者も、仮殿造営等の状況からみて慶応元年に造営された仮殿についての書簡であると判断する。

(28) 慶応元年（元治二年）の仮殿造営に関しては『野宮定功公武御用日記』に詳しい。また、前掲「内裏仙洞御所造営関係年表」（『中井家文書の研究』八所収）にも詳しい。

(29) 京都大学付属図書館所蔵（前掲『中井家文書の研究』八所収）。

(30) 奥野高広『皇室御経済史の研究　正・続』畝傍書房、一九四二・四四年。

(31) 『御造営手留』には、朝廷費用「御手沙汰」で内裏建物の造営・修理を行うことへの懸念を示す記録や、安政度以後の神嘉殿の造営・修理等の費用の半分負担を問いあわせる記録も残される。

(32) 藤田覚「寛政内裏造営をめぐる朝幕関係」『日本歴史』五一七、一九九一年六月。前掲藤田『幕末の天皇』にも寛政度内裏造営の経緯は詳しい。

(33) 前掲『御所々御入用筋書抜』四所収。

(34) 『日本国語大辞典』（小学館）には「清浄」とは、「清らかでけがれのないこと。また、そのさま」とある。

(35) 前掲「神嘉殿代以後御修復心得方之儀ニ付書付」にもほぼ同じ内容が記される。

(36) 土御門晴雄の妻は、広橋光成の娘である（『日本史総覧』）。

(37)　前掲松田「近世期宮方・摂関方殿上人に関する考察」によると、若江家は霊光殿に関する文書を所蔵しているようだが、現在は閲覧できない状態にある。

(38)　安政度内裏造営で造営された内侍所本殿は、明治二十三年に橿原神宮本殿として下賜・移築されている（橿原市史編纂委員会編『橿原市史』本編上巻、改訂版、一九八六〜八七年）。

第二部　禁裏と王権——穢・参詣——

扉写真　現在の京都御所開放の様子　二〇一三年十一月三日　著者撮影

第一章　中世後期の天皇崩御と触穢——内侍所の変化を中心に——

はじめに

天皇・院が崩御するとその喪が明けるまで様々な葬送・諒闇儀礼が執り行われる。そして、これらの儀礼が実施するにあたり重視される観念のひとつに触穢がある。

触穢については、民俗学に加え、政治史学の分野で研究の蓄積がある(1)。古代・中世の制度に注目したものが多いが、近年では近世に禁裏が発する触穢令の影響や構造に着目したものも発表される。塚本明は近世の伊勢神宮に着目し、禁裏が発する触穢令を受容する側の反応とその特性を明らかにする(2)。中川学は、触穢を「政治文化」のひとつと捉え、近世の触穢令の構造や京都の神社の触穢に対する対応の変化を考察する(3)。しかし、これらの先行研究において、触穢もしくは穢を忌避した清浄とされる場、たとえば内侍所の場の特性が言及されることはない。そもそも、穢は空間・場を共有したとみなされた場合に触れるものである(4)。内裏で生じた穢も同様であり、空間・場を囲繞しなければ内裏の外の他者に伝わっていく。したがって、天皇の崩御の影響・意味や触穢の構図を明らかにするためには、触穢の決定要因でもある場の特性を検討する必要があると考える。

また、中川は、触穢令・観念の近世的特質を明らかにするためには基礎的考察とともに研究蓄積のある中世の事例との比較検討が重要であると指摘する(5)。しかし、中世後期ならびに近世移行期の触穢の様相については不明な点が多く、比較検討を行える段階にあるとは言い難い。

かかる問題意識にもとづき、本章は、天皇崩御に関わる場、特に触穢と関連して重要な場とされる内侍所に着目し、[6]触穢観念の特性を考察していく。ただし、すべての事例を検討することは不可能であるため、内侍所への対応に変化がみられるようになる中世後期の明応期から徳川政権下で葬送儀礼が執り行われるようになる元和期までの天皇や院の崩御事例に注目する。

なお、本書では、天皇・院の崩御から葬礼までの儀礼を葬送儀礼、さらに諒闇終大祓実施時までの儀礼を諒闇儀礼とし、これらの一連の葬送・諒闇儀礼（朝儀）を喪葬儀礼と表記する。

一　中世後期の天皇・院の崩御と喪葬儀礼

天皇や院が崩御すると、様々な儀礼が行われる。御入棺や御追号、遺骸を御車に乗せて御所から運び出し荼毘に付すための儀礼である葬礼、天皇（新帝）の倚廬への渡御・還御、中陰仏事などが執り行われる。そして、崩御から一年後に行われる諒闇終の儀礼をもって一連の喪葬儀礼は終了する。これらの儀礼の内容は状況に応じて多少変化するが、大永六年（一五二六）の後柏原天皇の喪葬儀礼は図1に示す流れに沿って執行された。

次に、本章で扱う天皇や院の崩御時の状況を簡単に確認しておきたい（表1参照）[7]。

明応九年（一五〇〇）九月二十八日、後土御門天皇が土御門内裏黒戸御所にて崩御する。大永六年四月七日には後柏原天皇が、弘治三年（一五五七）九月五日には後奈良天皇が土御門内裏小御所にて崩御する[8]。後土御門天皇・後柏原天皇・後奈良天皇は在位のまま崩御しており、いずれも崩御から葬礼の間に新帝の践祚の儀礼が行われている。また、その喪葬儀礼の費用は、室町幕府が負担している。

文禄二年（一五九三）正月五日、正親町院が仙洞御所で崩御する[9]。このとき、土御門内裏には後陽成天皇がい

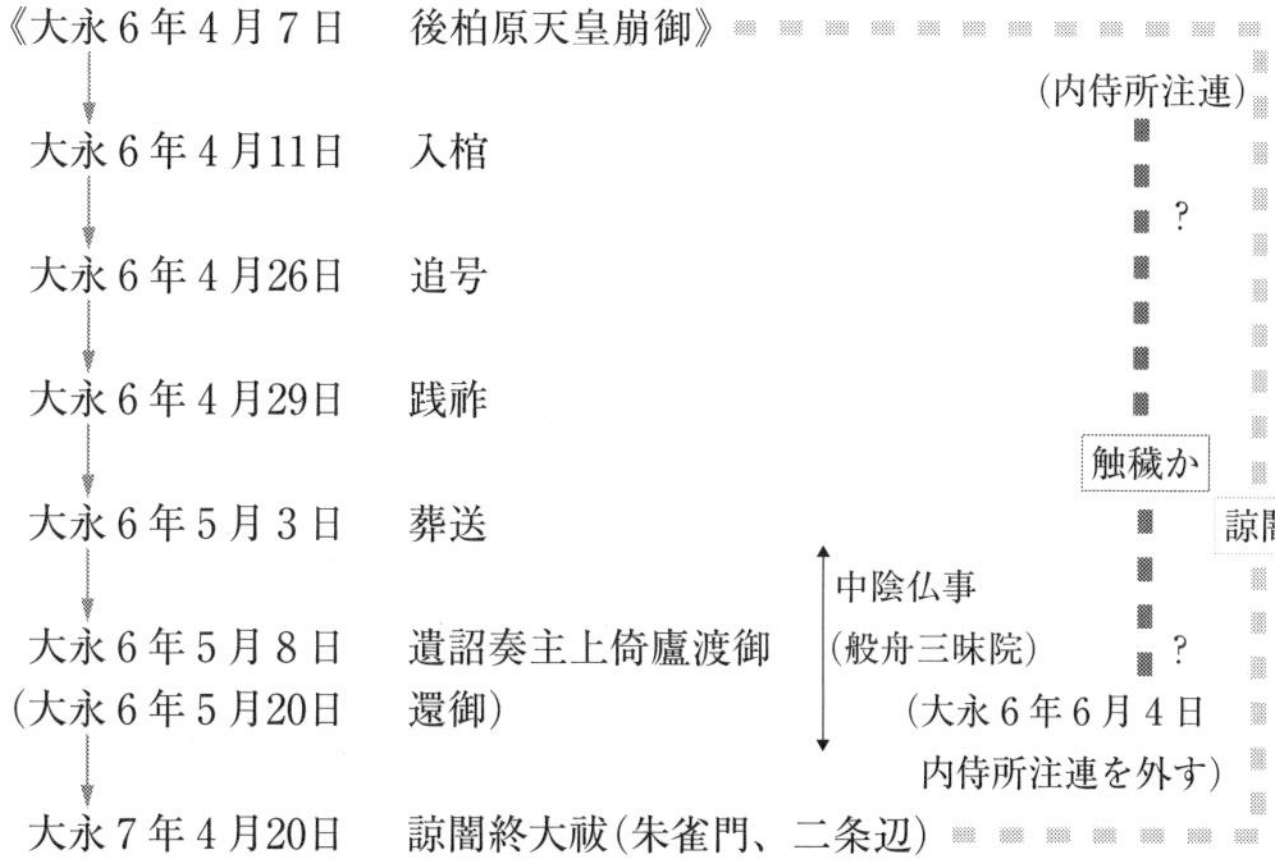

図１　後柏原天皇喪葬儀礼の概略

（典拠：『実隆公記』『二水記』『管別記』）

表１　中世後期・近世前期の天皇・院の崩御

称号	崩御年月日	崩御場所	葬送年月日	日数	中陰仏事	本書表記
後花園	文明２年(1470)12月27日	室町第	文明３年１月３日	５日	聖寿寺	文明度
※後土御門	明応９年(1500)９月28日	土御門内裏黒戸御所	明応９年11月11日	41日	般舟三昧院	明応度
※後柏原	大永６年(1526)４月７日	土御門内裏小御所	大永６年５月３日	25日	般舟三昧院	大永度
※後奈良	弘治３年(1557)９月５日	土御門内裏小御所か	弘治３年11月22日	75日	泉涌寺	弘治度
正親町	文禄２年(1593)１月５日	仙洞御所（土御門内裏東）	文禄２年２月23日	47日	般舟三昧院	文禄度
後陽成	元和３年(1617)８月26日	仙洞御所（土御門内裏北）	元和３年９月20日	32日	般舟三昧院	元和度
※後光明	承応３年(1654)９月20日	仮御所（土御門内裏東南）	承応３年10月14日	23日	般舟三昧院	承応度

（崩御した年月日順に列挙。日数は崩御から葬礼までを示す。※は天皇在位中に崩御）

た。太政大臣は豊臣秀吉、関白は豊臣秀次であった。

なお、元和三年（一六一七）八月二十六日には内裏の北にあった院御所にて後陽成院が崩御する。このときの天皇は後水尾である。これが、江戸幕府成立後に天皇・院が崩御した初例である。

ただし、弘治三年の後奈良天皇、文禄二年の正親町院、元和三年の後陽成院の事例については、史料が少ないため不明な点が多い。

二　葬送・出御の場――先例と触穢――

天皇・院の喪葬儀礼では、他の朝儀と同様、基本的に先例が重視される。ゆえに、前述の事例においても、事情によって多少の違いはあるものの、遺骸を内裏や各御所から運び出し泉涌寺で荼毘に付す点や天皇や院が崩御した後の約一年間を諒闇とする点、諒闇終に大祓が実施される点などは共通している(10)。

また、場の設定やしつらいも先例にならっているものが多い。そして、そのなかには、触穢とのかねあいが考慮されているものもある。そこで、次に、その一例とみなせる葬送時の出御の門の設定に注目し、特徴を整理しておきたい。

二―一　天皇・院の葬礼の概略

葬礼は、御所での御遺詔奏から遺骸が泉涌寺で荼毘に付されるまでの一連の儀礼を指す。天皇の遺骸を載せた御車は、御所の門を出て（出御）、町中を通り、泉涌寺へと進んでいく。

明応度から文禄度までの遺骸を乗せた御車の出御と葬礼行列の経路に関する史料を以下に挙げておく。

【史料1】『明応凶事記』（『続群書類従』）明応九年（一五〇〇）十一月十一日条

路次壊北御門東方築垣築地也、為出御之路、此事有先例、但至正長大略、以北御門為出御之路也、雖然於今度者以小御所新主御殿之間、此御門専為吉事之門也、故以有例壊築垣為路次也、出御之間武田大膳大夫警固、

【史料2】『宣胤卿記』（京都大学総合博物館所蔵）明応九年十一月十一日条

御出門、北辻子破テ正親町ヲ室町マテ西行、自正親町室町折南ニ行、自近衛折東ニ、自東洞院折南行至六条河原ヨリスチカイ、至法性寺柳原折東至泉涌寺、

【史料3】『実隆公記』（高橋隆三編、一九二六年）大永六年（一五二六）五月三日条

自昨日仮儲御車寄、小御所乾方也、北門西方築地一簀壊之、被入御車、供奉人済々、又見物衆鼓躁言語同断也、

【史料4】『和長卿記』（京都大学総合博物館所蔵）大永六年五月三日条

御車出時節各平伏、路次禁中御対所東、即西折、経北御門内対屋北面、到釜殿聊東方、壊築垣今為出御路、此所迄雲客取松明也、

【史料5】『管別記』（内閣文庫所蔵）大永六年五月三日条

路次正親町西行、室町南行、近衛東行、東洞院南行、到七条河原東行、河原雖小流悉有浮橋路次両方町町出焼簣、柳原法性寺南行、又東折鍋良小路東行、至泉涌寺、

【史料6】『光豊記』（京都大学総合博物館所蔵）文禄二年（一五九三）二月二十三日条

奉行葉室、伝奏柳原大納言淳光卿、南之辻ヲ三間クツシ御車之前へ左馬頭・下冷泉両人、長老辻ノ外ニテ御車ニノルナリ、御車之跡ニ御供之衆、第一菊亭殿、第二飛鳥井大納言、其外外様・内々衆次第ニ御供也、晴豊卿・中大納言此両人ハカリ衣ナリ、菊亭殿えほし、なうし也、其外ハ各々衣冠也、御供之衆柳ノバ、三町御供ニテ泉涌寺入口ニテ又御供ナリ、

【史料7】『時慶記』（一、臨川書店、二〇〇一年）文禄二年二月二十三日条

正親町院御葬礼戌刻ニアリ、白丁二人、傘持一人、侍二人太刀持セ候、（中略）、新在家南ノトヲリヨリ東へ寺町へ各ハ出、荷輿ニ乗也、泉涌寺ノ構ノ口ニ奉待也、

明応度[11]（史料1）は、土御門内裏の北御門から出御する。この際、築地が壊されている。その後、御車は正親町通を西へ、室町通を南へ、近衛通を東へ進んだ後、東洞院通を南下し、六条河原より泉涌寺に至る（史料2）[12]。

次に、大永度の出御に関しては、史料3・4がある。車寄が小御所の乾（北西）の方角に造られており、御車は北御門の西の築地を壊して出御している。そして、葬列は、史料5の経路をたどる。鴨川を渡る通りが異なるが、内裏周辺の経路は明応度と同じである。

しかし、文禄度になると、土御門内裏の東にあった仙洞御所で崩御した正親町院の遺骸を載せた御車は南の門から出御する（史料6）。そして、御車は、史料7のとおり、新在家町の南の通りを東へ抜け、寺町を通って泉涌寺に至る。

なお、元和三年に崩御する後陽成院以後の天皇や院の葬礼行列は、文禄度と同じく寺町を通り泉涌寺に至る。近世中期までの天皇・院の葬礼は基本的にこの寺町を経由する経路が採用される。

二―二　出御の門と触穢

ここで御車の出御の門の設定について整理してみたい。

明応度・大永度の葬礼は土御門内裏の北御門が使われている。これは史料1から、先例にならったものであったことがわかる。しかも、天皇の在所の関係から北御門が吉事の門とされた場合であっても築地を壊せば対応可能とされる。

一方、院御所（仙洞御所）からの出御の場合、土御門内裏の北西に位置した東洞院殿で永享五年（一四三三）に崩御した後小松院の遺骸を載せた御車は院御所の西の門から出御している。しかし、文禄度には史料6のように南の辻から出御する。この院御所での出御の門の選択の理由について、時代は下るが承応度の記録に次のように記されている。

【史料8】『宣順卿記』（『後光明天皇実録[13]』所収）承応三年（一六五四）十月十五日条

路次壊南築地、常御所南会融少東方北方無御門、北方ハ本院女院御殿ノ方也、為出御之路、（中略）、御路勘ケ由小路西行、万里小路南行、廿間バカリ、東行、寺町通南行、五条橋ヲ石橋渡一町許、東行南へ折、大仏殿前ヲ経云々、所々四辻武士共警固、

後光明天皇は承応三年九月二十日に後水尾院の仙洞御所の南に構えられた仮御所にて崩御した。このとき、常御所の位置からみて北の門からの出御が検討されたが、北側に門はなく、敷地の北側には触穢ではないとされた本院や女院の御所があった。そこで、後光明天皇の遺骸を載せた御車は、南の築地を壊して出御することになったという。

以上から、戦国期ならびに近世の天皇・院の遺骸を載せた御車の出御に際してはまず先例が重視されるが、それ以外にも、新帝や院の在所が考慮されて門が選択されていたことがわかる[14]。

ただし、この院らの在所問題に関しては、前述した事例以外にも付随する築地を壊す行為が散見される点に留意しておきたい。この理由について、時代は下がるが延宝八年（一六八〇）八月の後水尾院後葬礼時の史料に興味深い記述がある。

【史料9】『基量卿記』（『後水尾天皇実録[15]』所収）延宝八年閏八月八日条

今夜亥刻後水尾院御葬送也、（中略）今日従南面門出御、先例主上或院中等御同宿之時ハ破築地出御車、此御所御独居之間従門出御也、

先例では、天皇や院が同敷地内に御所を設けている場合には築地を壊すことを必要としたという。実際、築地を壊したことが確認できる明応度、大永度などは同じ敷地内に新帝が在所を設けている。

遺骸とはいえ天皇の身体は内裏の門から出御することが必然である一方で、同敷地内に居を構える院らもその門を使用しなければならない。とすれば、崩御した先帝と、生きている新帝が同じ場を使用することは何らかの

問題、たとえば触穢のように場を同じくすることを不適当とする認識があったために、門に付随する築地を壊すことでその場の性格を変更させるという対応が必要とされたのではないのだろうか。史料1で新帝の内裏の吉事の門にあたる出御の門とするために築地を壊したのも、同様の背景からだろう。

三　天皇崩御と穢――内侍所のしつらいとその意味――

三―一　内侍所結界の経緯と条件

一方、中世後期になって、天皇・院の崩御後の対応に変化がみられるようになった場がある。それが内侍所である。

明応度には、以下のように記される[16]。

【史料10】『和長卿記』（宮内庁書陵部所蔵写本）明応九年（一五〇〇）十月六日条

既有御事之間、以俄儀自対屋移御小御所也、（中略）内侍所依無他御所儲君御所無渡御之儀、仍被為隔畢、以伯卿之儀南殿与春興殿間立柱結付張注連畢、

春興殿は内侍所のことである。この内侍所を隔離する注連が張られたという。

注連張りによる隔離は、結界することで神鏡を祀る内侍所から穢を忌避し、穢の発生と対になる性格である清浄性を保つための行為であったことは間違いない。文明六年（一四七四）四月晦日に内裏で甲穢が起きた際に注連による内侍所隔離が実施されていることからも明白である[17]。

そして、この天皇・院の崩御を受けての内侍所の注連張りは、大永度以降も継承される。大永度は、崩御当日の四月七日に内侍所に注連が張られ、六月四日に撤去されている[18]。

また、弘治度や文禄度、元和度の記録は確認できないが、承応三年（一六五四）九月二十日に後光明天皇が崩

御した際には「内侍所ニ竹くいにて志めはる也、」（「羽倉延重日記」（京都大学文学部所蔵）承応三年九月二十日条）とある。よって、近世前期においても、中世後期の先例に従って、天皇、院、女院らが崩御すると内侍所を隔離し、注連を張っていた可能性が高い(19)。

では、このような天皇や院の崩御をうけての注連による内侍所の隔離はいつから始まるのだろうか。

文明二年十二月に室町第の仮御所で崩御した後花園院の場合、内侍所の隔離や注連に関する記録はない。

永享五年（一四三三）十月二十日には一条正親町の東洞院殿で後小松院が崩御する。このとき諒闇の適用をめぐる議論が起こっているものの、内侍所のしつらいに言及する記録は確認できない。

また、正長元年（一四二八）七月二十日には土御門内裏黒戸御所で称光天皇が崩御する。このとき、新帝（後花園天皇）の皇居は三条公光邸（高倉殿）と定められる。土御門内裏にあった内侍所や神器は武家の警備下にあった(20)。その後、七月二十八日には践祚のため新帝が高倉殿に渡御し、あわせて内侍所も渡御した。高倉殿内での内侍所は「東門南脇屋為此新造、西面有蔀、」とされている。しかし、土御門内裏、高倉殿のいずれにおいても内侍所と穢との関係が問題とされる記録はない。

以上から、天皇崩御後に内侍所に注連を張ることが明確化するのは明応度である可能性が高いといえよう。ただし、上記の史料からは、内侍所のどこに注連を張ったかを読み取ることは難しい(21)。

次に、内侍所を結界する条件を考えてみたい。

内侍所注連の初見である明応度（史料10）では、他御所への内侍所渡御がないために隔離したことが記される(22)。土御門殿が恒常的な内裏となったことが内侍所の結界化の十分条件であったことになる(23)。

しかも、明応度の場合、後土御門天皇は明応九年九月二十八日に崩御し、それから約一週間後の十月六日に新帝・後柏原天皇が内裏の小御所に渡御している。そして、その渡御当日に内侍所に注連が張られている。つまり、内侍所の注連張りは天皇の崩御ではなく、新帝の小御所への渡御を受けての行為であった[24]。なお、大永度には、新帝となる後奈良天皇が土御門内裏に御所を構えていた。そのため、後柏原天皇崩御当日に内侍所に注連が張られたのであろう。

すなわち、内侍所の結界は、明応度以降、土御門内裏を恒常的な内裏とすることを前提として、新帝と崩御した天皇が同じ御所に在所するときに実施されるようになった措置といえる。

三―二　内侍所結界の背景

ところで、内侍所を結界するようになるのは、内侍所が信仰の場としての性格を強めていく動きと時期を同じくする。内侍所は、修理・造営時に造営される「仮殿」の成立や貴族の御神楽見物・参詣からわかるように[25]、文明期ごろから信仰・祭祀施設としての性格を強くする。ただし、崩御後の結界化が先行するのか、もしくは信仰の場としての性質が強くなるなかで結界が導入されたのかは、崩御が不定期な事項で事例が少ないために検討が難しい。

また、この内侍所の神社化の問題とも関係してくるが、内侍所に注連を張るという行為を誰がどのような理由で導入したのかという点も重要である。史料10からわかるように、天皇の崩御後の注連張りは白川家が行っている。一方、文明六年四月晦日の御所での甲穢発生時には、吉田兼倶が内侍所への注連張りを指示している[26]。また、本書第一部第二章で指摘したように、近世前期に内侍所が神社と類似する性格を帯びていく過程でも吉田家が関与している[27]。よって、中世後期の内侍所の注連張りにも白川家や吉田家が関与している可能性は高い。

実際、吉田家に注目するならば、吉田兼倶が記したとされる「唯一神道名法要集」[28]に、「天子三種霊宝」として「内侍所神鏡」が挙がる。そして、霊宝は清浄であることが求められている。ゆえに、吉田家が宮中においてその影響力を強めていくなかで、自らの教義・理論に即して神鏡＝内侍所の清浄性を高めていったと考えることも可能であろう。しかし、この想定を確定するには、吉田家の動向ならびに唯一神道の教義、さらに史料で明記される白川伯家の動向などを精査し、考察する必要がある。今後の課題としたい。

四　内侍所・触穢・王権

内侍所は神鏡を奉る場である。しかも、この神鏡は天皇の存在を象徴するものである。そこで、最後に、天皇の存在・王権の位置付けという観点から内侍所の結界化の意義について言及しておきたい。

前述のように、新帝と崩御した天皇が同じ場に在所を設けることには問題があった。この前提を踏まえれば、内侍所の結界は霊宝である神鏡の清浄性を確保する行為であると同時に、清浄な神鏡を次世代に継承するための対応であったといえよう。すなわち、神鏡を正常に保つことで、神祇祭祀主催者である天皇を頂点とする王家の継承が可能となるのである。これは、天皇を頂点として成立していた禁裏社会の存続という点でも重要な意味を持つことはいうまでもない。

ただし、ここで注意すべきは、中世後期の天皇や院の崩御とその儀礼を記した史料には、神事執行時以外に清浄の対となるべき概念である「触穢」「穢」という言葉・表現がほとんど使われていない点である(29)。内侍所の結界化に際しても、触穢の有無は明記されていない。これは、延宝度まで続く(30)。

しかも、中世後期の天皇の崩御後の触穢とされる期間に神事が執り行われる場合、触穢の表記は出てくるが、その対応は一様ではない。

一例として、菖蒲葺をみてみよう。大永度には天皇崩御の禁中触穢であることや菖蒲葺は神事ではないことが確認され、明応度等の先例に準じて菖蒲が「禁中」に葺かれるが、注連が張られた内侍所には菖蒲を調達しない

（『管別記』（内閣文庫所蔵）大永六年（一五二六）五月五日条）。一方、後奈良天皇崩御による諒闇中であった弘治四年の菖蒲葺では、「はうしようよりいつものしやうふの御てんまはりけふの御てんに候。りやうあんにてしやうふかれ候はす。ないし所はかりふかれ候」（『お湯殿の上の日記』（続群書類従刊行会）弘治四年（一五五八）五月五日条）とあるように、内裏内の御殿には菖蒲が葺かれなかったが、内侍所には菖蒲が葺かれたという。また、嘉楽門院崩御による触穢中であった長享二年（一四八八）五月五日には、先例では菖蒲を葺く場合と葺かない場合があることが確認された上で、七々日のうちには内裏殿舎のなかで内侍所のみに菖蒲を葺くという説が採用された。一方で、各公卿の家では対応が分かれており、西園寺家では菖蒲を葺かず、中御門家では葺いたとされる（『実隆公記』ならびに『山科家礼記』（史料纂集）長享二年五月五日条）。つまり、中世後期の天皇の崩御は穢の発生を前提としているが、それが明言されることはなく、触穢とされる期間内に神事が重複すれば適宜対応を確認すればよい程度のものであったことになる。

では、崩御した天皇の存在と穢はどのように認識されていたのだろうか。

天皇の死と穢の関係については、近年、中世前期の様相が明らかにされつつある。堀裕は十一世紀以降、天皇が崩御しても、新帝が践祚するまでは天皇は不死の存在として扱われていたことを指摘する(31)。また、上島享は、天皇は神祇祭祀の主催者としてその清浄性が強化されたことを明らかにした上で、中世前期の天皇の葬礼行列では天皇が生きているがごとく扱われていることに注目し、天皇の遺骸は神聖なものとして扱われたことを指摘する(32)。しかし、平雅行は、上島が示した死穢の認定と遺骸の神聖視の議論は両立せず、天皇や院の死においても触穢が発生したとみなすべきであるとする見解を示している(33)。

このような天皇の遺骸とその存在の性格、特に天皇の遺骸の神聖性については中世前期からの変容も含めて議論すべきであるが、ここでは著者の能力の限界もあり、中世後期の特性を把握するに至っていない。

ただし、内侍所の結界が定着するにしたがって、天皇の崩御・遺骸と穢をめぐる状況は変化せざるをえなくなったと考える。なぜならば、かかる結界が天皇崩御によって生じる穢の内侍所への伝染を前提としている以上、天皇の遺骸が穢となるという論理を顕現させることになるからである。実際、内侍所の清浄化の定着と併行して、天皇の遺骸と内侍所の関係性が問題となった事例がある。

【史料11】『和長記』（京都大学総合博物館所蔵）大永六年四月七日条

四月七日庚申晴、今朝辰終刻許　主上崩御甲子六十三歳、前夜自常御所奉移小御所、於彼所崩御、其砌又奉移記録所上壇、此儀甚不可然、相接内侍所之間可思惟事歟、殊北首後内侍所為御跡方是又大不可然也、平生以東不為御跡也、今以同事歟、

ここでまず問題となったのは、遺骸の安置と内侍所との位置関係である。内侍所により近い記録所に遺骸を安置することが問題になるということは[34]、清浄たる内侍所に対して遺骸という穢の原因が影響を及ぼすことが勘案されたからだろう。

以上から、中世後期以降の内侍所の結界化による神器の清浄性確保は、神祇祭祀主催者として清浄や神聖を必要とする天皇・王家の存在の継承を確保するものであると同時に、天皇の崩御＝遺骸と触穢を結びつける契機となった可能性が高いことが指摘できよう。

なお、本章で指摘した傾向、特に天皇の崩御が触穢と明確に認識されるようになる経緯について、史料の制限もあり考察不足であることは否めないが、近世前期になると、天皇の崩御後に触穢が明記され、内侍所の清浄性も強化されていく。次章において、この近世前期の様相について考察していきたい。

おわりに

中世後期ならびに近世初期の天皇の崩御と触穢の場に着目すると、以下のことが明らかとなる。

天皇の葬送儀礼において、遺骸を載せた御車の出御の門などの場の性格は先例が重視されており、中世後期から近世にも継承されるものであった。ただし、崩御した天皇と新天皇や院が同じ敷地内に居所を構えていた場合、遺骸を載せた御車は、出御する門の横にある築地を壊す必要があった。これは、生きているものと崩御したものが同じ門を使用することで生じうる問題等が背景にあると想定される。

一方、明応九年（一五〇〇）の後土御門院の崩御を契機に、内侍所には注連が引かれるようになる。これは、結界することで穢の伝染を防ぐ、いわば触穢観念のもとで清浄の場を確保するための措置である。そして、この措置は他御所からの内侍所渡御がないことを理由としており、清浄かつ神聖が求められる神祇祭祀主催者としての天皇・王家の存在の継承を確実にするためのものであったといえよう。ただし、中世後期には天皇の崩御直後に触穢が示されることはなかった。穢の発生は前提にあったが、それが顕現するのは神事時だけである。

しかし、内侍所の場の清浄性の確保によって、天皇の崩御＝遺骸が触穢を発生させるという論理は顕現する。これは、天皇の位置づけを考える上で重要な変化であり、この傾向がいかに実態化していくかを注意深くみていく必要がある。

（1）中世の穢・触穢については、山本幸司『穢と大祓』（平凡社、一九九二年）、勝田至『日本中世の墓と葬送』（吉川弘文館、二〇〇六年）、片平耕平「中世の穢観念について」（『歴史』一〇二、二〇〇四年）、同「日本中世成立期における触穢観の変容と社会関係」（『史学雑誌』一一七―一〇、二〇〇八年十月）、井原今朝男「中世における触穢と精進法をめぐる天皇と民衆知」（『国立歴史民俗博物館研究報告』一五七、二〇一〇年）、などの研究がある。
（2）塚本明「近世の伊勢神宮と朝廷――「触穢令」をめぐって――」『人文論叢（三重大学人文学部文化学科研究紀要）』一七、二〇〇〇年。
（3）中川学『近世の死と政治文化――鳴物停止と穢――』（吉川弘文館、二〇〇九年）、同「近世の触穢観念と神社・祭礼――「触穢中神事祭礼」の「再興」をめぐって――」（井上智勝・高埜利彦編『近世の宗教と社会　2国家権力と宗教』、吉川弘文館、二〇〇八年）。
（4）穢の伝染システムについては、前掲山本『穢と大祓』等に詳しい。
（5）前掲中川『近世の死と政治文化』第二部第一章など。
（6）近世の内侍所の概要および内侍所に関する先行研究については、本書第一部第一章でまとめている。
（7）天皇の葬送儀礼については、『泉涌寺史　本文篇』（総本山御寺泉涌寺編、法蔵館、一九八四年）にその概略がまとめられている。ほかにも、その経済的様相をまとめた奥野高廣『皇室御経済史の研究』（国書刊行会、一九八二年）も参照した。
（8）『続史愚抄』。
（9）文禄度の場合、崩御の翌日に遺骸がひそかに泉涌寺に移されており、葬礼は後日改めて実施されている。
（10）ただし、これらの事例においては、崩御から葬礼実施までの期間の長さなどに相違がみられる。明応度では天皇崩御後約一ヶ月半後に御葬礼が執り行われたが、弘治度は崩御から御葬礼まで約二か月を要している。これは、多くの史料に書かれているように、室町幕府からの費用の遅延の影響が大きい。それが、豊臣・徳川家による政権の安定とともに経済的な問題も解消されるようになり、天皇・院崩御後約一か月を目処に葬礼が執り行われるようになる。
（11）本章では、以下、天皇・院の崩御の事例を崩御した和暦を用いて表記する（表1参照）。たとえば、明応九年の後土御門天皇の崩御の事例は明応度と表記する。
（12）後花園院は文明二年（一四七〇）に室町殿で崩御したために、土御門内裏において崩御した本事例等との比較は難しい。
（13）藤井譲治他編『後光明天皇実録』ゆまに書房、二〇〇五年。

(14) 近世内裏の門の特性については、内裏内の秩序に注目した飯淵康一の論文がある（飯淵康一他「近世内裏の空間的秩序――承明門、日・月華門の性格からの検討――」『日本建築学会計画系論文集』五三八、二〇〇〇年十二月）。なお、川上貢は貴族邸宅や内裏では方角および礼門の位置によってハレとケが設定されることを指摘する（川上貢「ハレとケ」『日本中世住宅の研究』新訂版、中央公論美術出版、二〇〇二年、初出は一九五七年）。また、高橋康夫は、土御門東洞院内裏について西を晴・礼の側とすることなどを指摘する（高橋康夫「室町期京都の都市空間」中世都市研究会編『中世都市研究9　政権都市』新人物往来社、二〇〇四年）。葬列の出御の門についてもこのハレとケの設定が影響している可能性は高いが、考察は別稿とする。

(15) 藤井譲治他編『後水尾天皇実録』ゆまに書房、二〇〇五年。

(16) 『和長卿記』は写本が多数ありそれぞれで記述が多少異なるが、史料10の部分に関してはいずれの写本でも注連で内侍所を隔離したことが明記してある。

(17) 『親長卿記』（史料纂集）文明六年閏五月十七日条。

(18) 『実隆公記』大永六年四月七日条ならびに同年六月四日条。

(19) 前掲中川『近世の死と政治文化』は近世の触穢時の内侍所の結界化にも触れ、この内侍所の性格は近世以前にも遡及できる可能性があるとしながらも、近世特有のものかどうかは不明であると結論づける。しかし、本章で明らかになったように、中世後期以降の触穢時においては天皇ではなく内侍所を中心とした清浄性が重視されることが確認できるものである。加えて、近世的特徴と指摘するならば、結界の内容・背景などにも言及する必要があると考える。この点については、後述のとおり次章で論じる。

(20) 正長度については、『薩戒記』（大日本古記録）を参照した。また、『満済准后日記』にも本事例が詳しく記されている。

(21) 中世後期の内侍所の注連の範囲を記す記録はなく、その様相を図示することは難しい。内侍所の注連縄の範囲を示す初出史料は、前掲『内侍所御注連図』である。なお、中世後期の内裏および内侍所の平面図については、藤岡通夫『京都御所』（新訂版、中央公論美術出版、一九八八年）に所収される「応永内裏指図」（『福照院関白記』所収）ならびに本書第一部第一章の図3・4（三三頁）を参照されたい。

(22)『満済准后日記』正長元年七月二十一日条に「予尋申云、内侍所未内裏ニ御座不苦候、答云、別殿之間不苦、先規勿論也云々」とあるように、内侍所が「別殿」であれば問題はないという認識の存在が確認できる。
(23)土御門殿が恒常的な内裏となる過程については、川上貢「南北朝期の内裏土御門殿とその小御所」（前掲『日本中世住宅の研究』）に詳しい。
(24)明応度の践祚は十月二十五日であるため、内侍所の結界化は践祚を契機とするものではない。
(25)本書第一部第一章参照。
(26)前掲『実隆公記』参照。御所が室町殿に同居していたために室町殿への穢の伝染が問題となり、吉田兼倶が禁中を甲穢、室町殿を乙穢と区別し、内侍所に注連を張っている。
(27)本書第一部第三章ならびに第二部第三章参照。
(28)『神道大系　卜部神道』（神道大系編纂会、一九八五年）所収。
(29)前掲中川『近世の死と政治文化』では、近世の天皇・院崩御に発令される触穢を中世からの流れで捉えた上で、「天下触穢」や「宮中触穢」として分類・分析する。しかし、少なくとも中世後期の天皇崩御時の記録に「天下触穢」や「宮中触穢」の記述はない。中世後期の天皇の崩御に際しての触穢を取り巻く状況は近世と同質ではない点は十分に留意すべきであると考える。
(30)内侍所のしつらいについては、天皇在位中と譲位後（院在位中）に崩御した場合で大きな相違はない。
(31)堀裕「天皇の死の歴史的位置――「如在之儀」を中心に――」『史林』八一―一、一九九八年一月。
(32)上島享「〈王〉の死と葬送――穢と学侶・聖・禅衆――」『日本中世社会の形成と王権』、名古屋大学出版会、二〇一〇年、初出は二〇〇七年。なお、前掲井原「中世における触穢と精進法をめぐる天皇と民衆知」は、天皇や院の崩御に際して新帝は穢、つまり死穢に触れていることが前提にあると指摘するが、本章でも指摘したとおり、中世後期の史料において天皇・院崩御に際しそれを明確に示した史料はない。
(33)平雅行「中世成立期の王権と宗教――上島享『日本中世社会の形成と王権』の書評にかえて――」『日本史研究』六〇一、二〇一二年九月。
(34)記録所は、小御所と内侍所（春興殿）の中間（小御所の南側、内侍所の北側）にある（前掲「応永内裏指図」参照）。

〈追記〉

本章脱稿後、島津毅「中世の葬送と遺体移送――「平生之儀」を中心として――」（『史学雑誌』一二二―六、二〇一三年六月）が発表された。中世の遺体移送にみられる「平生之儀」の目的が死穢隠蔽ではなく葬送の凶事性にあることを指摘する興味深い論文である。あわせて参照されたい。

第二章　近世前期の天皇崩御と内侍所――触穢・王権・都市――

はじめに

　近世において天皇や院、女院が崩御しそれが触穢とみなされると、朝廷は触穢令を発した。触穢は禁裏御所内にとどまる「宮中触穢」の場合もあるが、禁裏外にも広く影響が及びうる「天下触穢」となる場合もあった。そして穢に触れたとみなされた者は、身分に関係なく神事への参加や神社への参拝などを控えなければならなかった。

　このような触穢の特性をふまえて、最近では、その制度だけではなく、神社における触穢令の影響や「政治文化」のひとつとしての触穢の意義に注目した研究が発表されている(1)。しかし、穢は空間や場を介して伝染することが基本であるにもかかわらず、空間や場の様相は明らかにされていない。

　さらに、これらの触穢は、天皇・院の崩御、つまり天皇がいなくなることを契機に表出する観念である。ゆえに、そのありかたは天皇の存在の継承という視点からも考える必要があるが、ここに着目した研究もない(2)。

　かかる問題意識のもと、前章では、内侍所に注目して中世後期の天皇崩御と触穢について考察した。ここでは、明応九年（一五〇〇）の後土御門天皇の崩御を契機に、内侍所に注連が引かれるようになることを明らかにした。また、内侍所の清浄の確保が、清浄かつ神聖が求められる神祇祭祀主催者としての天皇という存在の継承を可能にすると同時に、天皇の崩御＝遺骸が触穢となるという論理を顕現させる契機となることを指摘した。ただし、中世後期の天皇崩御では触穢が明確になることはない。崩御後に触穢であることが明記されるようになるのは延宝度以降である。

そこで、本章では、近世前期の天皇・院が崩御した際の内侍所しつらい等に注目し、近世の天皇の崩御と触穢の関係性や意義、さらにそれらの都市社会への影響を解明することを目的とする。

一　近世前期の天皇・院の崩御の概略

元和三年（一六一七）八月二十六日、後陽成院が仙洞御所にて崩御する。これが、江戸幕府成立後はじめての天皇・院崩御の事例である。以後、承応三年（一六五四）には後光明天皇、延宝八年（一六八〇）には後水尾院、さらに貞享二年（一六八五）に後西院が崩御する。本章で扱う近世前期・中期の天皇・院の崩御日や場所、御葬送日などは表1にまとめた。

また図1は延宝八年の後水尾院崩御後の喪葬儀礼の概略である。倚廬の問題が生じることはあるが、後水尾院以降の喪葬儀礼はおおむねこの流れに沿って実行される。

なお、後述するように、延宝六年（一六七八）の東福門院の崩御を契機に、触穢への対応が変化し、以後の天皇・院・女院らの事例に適用されるようになる。ゆえに、本章では、東福門院も含めて女院の崩御も適宜参照することとする。(3)

二　内侍所と触穢

前章で指摘したとおり、明応九年（一五〇〇）の後土御門天皇の崩御を契機として、内侍所には注連が張ら

表1　近世前期の天皇・院崩御一覧

追号	崩御年月日	崩御場所	葬送年月日	触穢の記述(典拠)
後陽成	元和3年(1617)8月26日	院御所(禁裏御所北)	元和3年9月20日	
後光明※	承応3年(1654)9月20日	仮御所(院御所、禁裏御所東南)	承応3年10月15日	
後水尾	延宝8年(1680)8月19日	院御所(禁裏御所東南)	延宝8年閏8月8日	「触穢」(『方長卿記』)、「天下触穢」(『季連宿禰記』)
後西	貞享2年(1685)2月22日	院御所(禁裏御所南)	貞享2年3月7日	「触穢」(『雅冬王記』等)、「天下触穢」(『妙法院日次記』等)、「禁中触穢」(『基量卿記』)、「禁裏触穢」(『兼輝公記』等)
明正	元禄9年(1696)11月10日	院御所(禁裏御所北)	元禄9年11月25日	「触穢」(『兼輝公記』等)、「院中触穢」(『野宮定基日記』)(仙洞と女院は触穢であるが禁裏は不触穢)
東山	宝永6年(1709)12月17日	院御所(禁裏御所南)	宝永7年1月10日	「触穢」(『大外記師庸記』等)、「天下触穢」(『章弘宿禰記』)
霊元	享保17年(1732)8月6日	院御所(禁裏御所東南)	享保17年8月29日	「触穢」(『盈春卿記』等)、「宮中触穢」(『通兄公記』等)

(※は天皇在位のまま崩御)

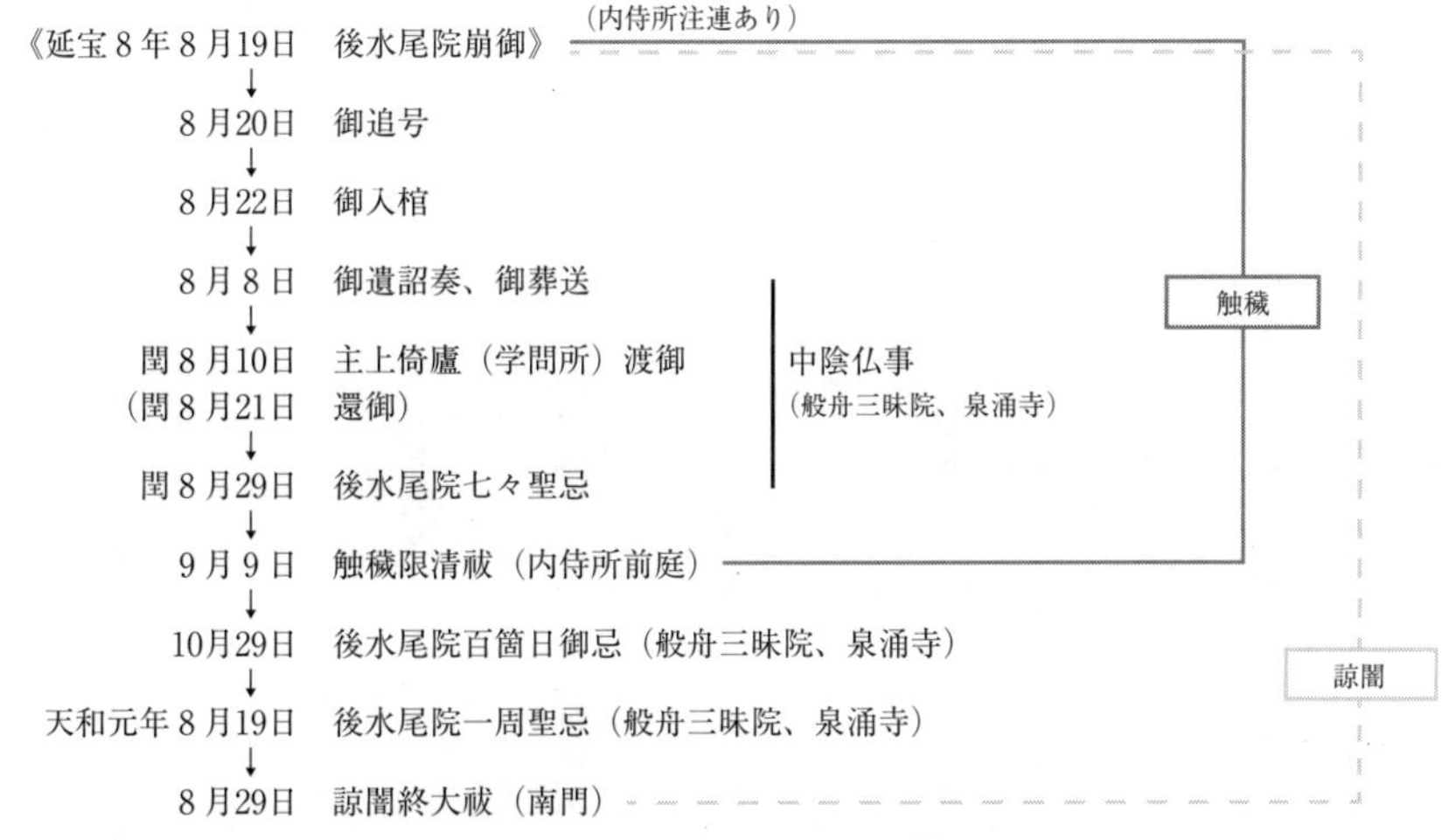

図1　後水尾院喪葬儀礼の概略
（典拠：『基量卿記』『輝兼公記』『季連宿禰記』等）

れ、結界されるようになる。そしてこの結界化は、近世にも継承されるが、承応度までの記録にはその行為が簡単に記されるのみである。しかし、東福門院の崩御を契機に、その状況は大きく変化する。次にその経緯を確認してみたい。

二―一　東福門院崩御と触穢

東福門院は、後水尾天皇の中宮であり、明正天皇の生母である。父は徳川秀忠で、元和六年（一六二〇）に入内し、寛永六年（一六二九）の後水尾天皇の譲位後の院号宣旨を経て東福門院となった。

その東福門院は、延宝六年（一六七八）六月十五日、禁裏御所（土御門内裏）の南東側にあった女院御所にて崩御する。霊元天皇は禁裏御所に、後水尾院、明正院、後西院は各院御所にいた。

さてこのとき、禁裏はその崩御の知らせを受ける前から触穢への対応を検討していたことが次の史料から明らかになる。

【史料1】『基熙公記』（東京大学史料編纂所所蔵謄写本）延宝六年六月十五日条

参御前言上之趣、女院弥無憑御弥可為触穢哉之由申上之処、其定之由有仰、然者非常有之時可奉供奉賢所輩兼可仰置哉之由言上之処、尤可然之由有仰、（中略）女院既事切給之由、（中略）御注連之事急々可有御沙汰之由言上可然之由也、（中略）去年新廣義門院御事之時、種々有評議、不触穢、今度用実母之儀可為触穢故也、此事去年日記之中注了、此度無触穢者武家時宜不快之由諸臣存之間、予聊飾言語所言上也、

記主である左大臣近衛基熙が霊元天皇に東福門院崩御後の触穢の有無を言上したところ、触穢と定められたとある。これが、近世の天皇・院・女院の崩御時もしくは直後に触穢が明言される初例である。以後、天皇・院・女院の崩御の直後に触穢の有無が検討され、決定次第、公に示されるようになる。

ただし、この延宝度の触穢の有無については、さらに禁裏内で議論が展開されている。史料1の東福門院が崩御した後の中略部分には、触穢とすることでかえって混乱を招きかねないとする武家伝奏の懸念も記されている。しかし、結局、霊元天皇が定めたとおりに触穢とすることになり、後水尾院にもうかがいを立てている。そして、傍線部のように、新廣義門院の先例などが参照された上で、霊元天皇の実母として触穢として扱うことになる。

二―二　内侍所付の設定

加えて、延宝度で注目すべきは、霊元天皇の言上を受けて、東福門院の崩御前から触穢下での「非常」の時に賢所、つまり内侍所に供奉する公家らが定められる点である。次の史料には、「非常」の内容や内侍所供奉の公家の詳細が記される。

【史料2】『基量卿記　東福門院御凶事申沙汰』（東京大学史料編纂所所蔵写真帳。原蔵者は京都大学総合博物館）

延宝六年六月十五日条

崩御之由奏聞以前先々内侍所有御シメ事也、（一間宛ニ立竹引シメヲ、紫宸殿東階辺東限南穴門出入南穴門為表門ト云々、）自西穴門通路云々、白川二位父子・正親町宰相中将・吉田侍従・萩原右衛門佐・日野西弁・藤谷中納言父子・修理職侍一人、火事等之時内侍所江御見舞事、内々被仰出役人之間、今度則被付内侍所、此輩不可混穢由被仰出候、又駕輿丁行事官、（常々伺候、）楽人少々等同前不可混穢由也、其後奏聞、（内々儀也、）

内侍所の注連の位置が記された後、「火事等之時」に結界された内侍所へ「御見舞」しなければならないとされた白川二位父子以下九名に混穢の禁止が命じられる。さらに駕輿丁や楽人も同様とされる。このような公家や駕輿丁は史料上「内侍所附」や「内侍所拝謁衆」「内侍所勤番」等と称されるが、本章では内侍所付と表記する。

表2　内侍所付の人数

院・女院の崩御年月日	堂上方	楽人方	駕輿丁	備考
延宝6年(1678)東福門院	8名	10名	22名	
延宝8年(1680)後水尾院	8名	10名	21名	
貞享2年(1685)後西院	10名	(人数不明)	22名	
宝永6年(1709)東山院	27名	15名	6名	他に官方10名、外記方8名、蔵人方2名
享保17年(1732)霊元院	20名	(人数不明)	25名	

天皇崩御後に内侍所を注連によって結界することで清浄の場としたことは、前章で指摘したとおりである。しかし、非常時に神器に触れることが役目とされた公家や修理職、さらに天皇や神器が載る輿を担ぐ駕輿丁らが清浄でなければ、その性格は保たれない。ゆえに、この対応は、触穢中の内侍所の清浄性確保のための体制整備といえる。

以後、天皇・院・女院らの崩御で触穢が生じたとみなされた場合は、この内侍所付が設定されることになる。その構成と人数の推移は表2に示すとおりである。延宝六年には堂上方と駕輿丁のみであったが宝永六年には官方や外記方なども含まれるようになること、そして総人数も増加傾向にあること、などがわかる。役割については さらに具体的に考察する必要があろうが、ここでは人数増加を内侍所の清浄性を確保するための体制強化の一環として考えておく。

なお、かかる内侍所の清浄化の体制整備に関しては、神社の非蔵人の動向にも注目しておきたい。内侍所付の交名の記録には出てこないが、貞享二年二月二十二日に後西天皇が崩御した際、非蔵人である松尾家の記録『松尾家記録』(4)には、「一、諸社閉中門無諸人往来神事神供不献也、社家兼非蔵人輩不畏触穢、仍而参番　御所」とある。そもそも触穢時の神社では、境内を結界することで非蔵人の清浄性を確保していた。非蔵人に関してはその政治的な役割などが明らかにされつつあるが(5)、このような禁裏御所内の清浄の場の確保という場でも重要な役割を果たしていたことを評価していく必要があろう。

列順に整理してみたい。

二―三　内侍所とその周辺の変化――清浄性の明確化――

さらに、この組織の整備と併行して、内侍所とその周辺のしつらいや儀礼に変化がみられるようになる。時系列順に整理してみたい。

①禁裏内の触穢と清浄の場の明確化

禁裏御所内では、内侍所だけでなくその周辺に清浄の場が設定される。図2は、『内侍所御注連図』（宮内庁書陵部所蔵）をもとに、延宝六年に内侍所に張られた注連の位置（点線部分）を示したものである。注連の内（図2点線内）を清き場と明記するとともに、内侍所を区切る垣根を描くことで清浄域を明示する。また、内侍所に出入りする門や内侍所付の控えの場（楽部屋）も厳密に定めている。[6] なおこのような図が作成された背景には、混穢を禁じられた内侍所付が入ることができる清浄な場を明確に示しておく必要があったからであろう。[7] とまれ、清浄の場の明確化は、前述の体制整備にあわせた対応として評価できる。

②内侍所での触穢限の清祓の実行

一方、内侍所を中心とした清浄性の明確化は、儀礼にもあらわれてくる。それが、内侍所前庭で触穢限として実施される清祓の実施である。

文禄二年（一五九三）に崩御した正親町院や元和三年の後陽成院のときには、崩御から一年後に清涼殿東庭で諒闇終の大祓が実施されたが、触穢限の儀礼は確認できない。

それが、承応三年になると、触穢限として内侍所前庭で清祓が実施される。ただし、延宝六年の東福門院崩御に際しては、清祓が迅速に計画されない状況に業を煮やした東園基量らが今出川公規らに直訴をした結果、吉田兼連の勤めで清祓が実施されたという状況であり、定着化しているとは言い難い。[8] しかも、翌延宝七年には、触穢限の清祓と古代から諒闇終に修されていた大祓の実施方法が問題となっている。

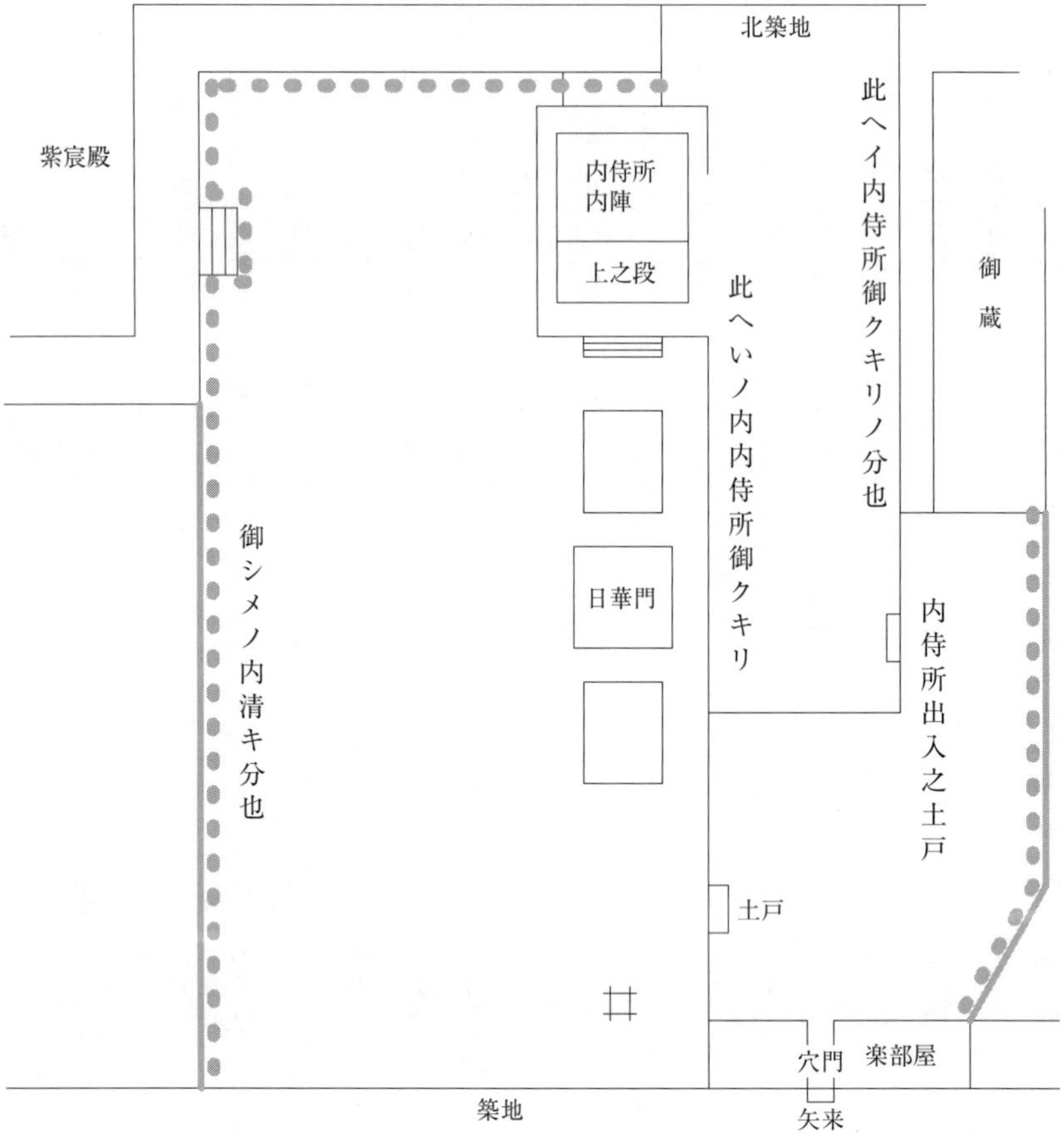

図２　延宝６年の内侍所の注連位置と清浄域
（典拠：『内侍所御注連図』宮内庁書陵部所蔵）

【史料3】『基量卿記』（宮内庁書陵部所蔵）延宝七年六月五日条

一、大祓事、吉田へ相尋候へハ、元和以前度々諒闇終大祓、従吉田家奉仕不仕候、此度も無覚悟、其上旧記等留書無之候、但清祓披行相済候事に候ハ丶、可致奉仕候由申候事、

戦国期や文禄・元和期などの大祓の詳しい様子は記録に残されておらず、不明な点が多いとした上で、吉田家が大祓を清祓に準じて実施しようとしている。

そして、延宝八年以降は、崩御から約五十日後に内侍所前庭で触穢限の清祓、崩御から一年後に諒闇終の大祓の実施が恒例化する。

しかし、臨時の大祓・清祓に対する解釈（大祓・清祓の名称の使い分けや実行される場所の認識（門の名称など）には度々混乱が認められる。その都度、大祓・清祓の両者の儀式内容や修される場の見直しが進められ、たとえば、享保十七年（一七三二）の霊元院触穢限では、南門で大祓が修されるのみで、内侍所での清祓は中止された。しかし、元文二年（一七三七）の中御門院の崩御では、触穢限の先例（旧例）の勧進をもって触穢限の大祓は「此間依触穢畢有大祓之文無之」「凡天下触穢畢大祓事無所見」とした上で、以下のような見解が示される。

【史料4】『諒闇記』（京都大学附属図書館所蔵平松文庫）元文二年四月二十日条

依此趣今度諒闇了大祓弥、以可然之旨御治定也、且清祓事、旧例無所見、全近代之儀歟、雖然難捨置之間、今度触穢了可有清祓旨、前関白所仰也、

前関白の近衛家久は、清祓は再興した諒闇終の大祓とほぼ同じである上に近代の儀であると判断したにもかかわらず、捨てがたい儀礼であるとする。そして、同年六月九日の触穢限で再び内侍所にて清祓が修されることになる。

このように、朝儀のひとつでもある大祓の再興という動きと並行して清祓の見直し、つまり儀礼の体系化・整理も進んでいく。そして最終的に、近世以前から行われていた大祓とは別儀である清祓が触穢限として内侍所で修されるようになり、穢・不浄を清める場としての内侍所の重要性が増していくことになる。(9)

③内侍所結界の強化

内侍所では、注連だけでなく板囲いを用いることで、結界の場の性質を強化していく動きも確認できるようになる。

承応度では、内侍所には「竹クイ」を立て、注連を張っている。(10) 延宝八年の後水尾院崩御時も築地周辺等に竹を一間ずつ立て、注連を張っている。(11) しかし、享保五年（一七二〇）に承秋門院が崩御した際には、そのしつらえの追加が検討される。

【史料5】『尚房卿記』（内閣文庫所蔵謄写本）享保五年二月十日条

園中納言被申渡、依触穢御沙汰、内侍所召之間可被隔、其議可被申付云々、是従延宝年中式也、毎々触穢之節如此、頗不可心義也、即其趣申付修理職畢、出来之後有混穢之儀云々、修理職津田友之進云、先年東山院崩御之節以板隔之、其後新上西村（ママ）（門カ）院凶事其外依関東之儀触穢之節等以竹斗之垣隔之云々、可合（ママ）（令カ）如何哉、於板囲者中々急ニ者不出来云々、即其趣達園黄門之処、櫛笥　相被談之上、為板取被命、然共今晩急ニ板出難成者、先竹ニ而令垣追而可用板云々、即其分申付、先竹之儀急申付了、（中略）即被談両伝奏体也、此後触穢之儀今晩無沙汰且以板囲輩令吟味処、隔ト雖謂、其故者先角之板之体　内侍所南階ゟ南方江日華門脇迄囲之云々、此儀隔トモ不見御殿掩隠ス体ニもあらず、修理職其節之時儀不知子細云々、仍而此度不及板、竹斗ニ而相済了、

宝永六年（一七〇九）十二月十七日に崩御した東山院のときには板で内侍所を取り囲んだが、正徳二年（一七一二）二月十四日に崩御した新上西門院、ならびに「関東之義」つまり正徳二年十月の将軍家宣、同六年四月の

家継薨去時には、竹で垣を作って内侍所を囲んだという。今回もいずれとするかが検討されるが、板囲は急にはできない上に、宝永六年の板囲でも十分に御殿を隠せているとはいえないという理由で、結局竹囲が選択されている。ここでいう「御殿」は垣の設置の理由から考えて内侍所本殿とみてよいであろう。

しかし、続く享保十七年（一七三二）八月六日の霊元院の崩御、元文二年（一七三七）四月十一日の中御門院の崩御では、板囲が設置される[12]。また、時代は下るが、安永八年（一七七九）十月二十九日の後桃園天皇崩御時には、「高囲」が内侍所の周囲に構築される[13]。

このような板囲が内侍所本殿を隠すのにどれほど有効だったかは不明であるが、宝永期ごろからは天皇・院の崩御後の内侍所本殿を注連縄や竹垣だけでなく、さらに物理的・視覚的に隠すための工夫が模索されている。これは、体制の整備等とあわせて判断すれば、内侍所の場の結界化、つまり清浄性の強化策の一環とみなすことが可能である。

④惣門の閉門による築地之内の清浄性の確保

最後に、禁裏御所内だけでなくその周辺に目を向けると、葬礼時に御車が御所の門から出御してまず通る空間である築地之内を囲む門（惣門）が閉門されていたことも注目に値しよう。

葬礼での惣門閉鎖は、『平田職央日記』（宮内庁書陵部所蔵）延宝六年六月二十六日条の「御車道筋ハ不申及、寺町中・御所内・二条・三条・四条・五条外迄モ、今昼過ゟ往来通不申候」という記述から、延宝六年の東福門院の葬礼時には実施されていた可能性が指摘できる。ただし、ここでは明確に閉門とは記されていない。

しかし、時代は下って享保十七年の霊元院の崩御時には「一、此日（御葬礼当日）御築地廻り惣門早朝閉之」（『近衛家雑事日記』（東京大学史料編纂所所蔵写真帳）享保十七年八月二十九日条）とあるように、築地之内の通行を禁止するために惣門が閉ざされていたことが確認できる。

この閉門の理由は明示されていないが、葬列を見物しようとする不特定多数の人々の出入りを制限することで、僧侶などの穢とされる人々を禁裏御所から遠ざけ、内侍所や清浄の場への触穢の伝染を防ぐ目的があったのではないだろうか。

なお、築地之内と呼ばれる禁裏御所を取り囲む区域内は、穢であったことが次の史料からわかる。

【史料6】『基量卿記』元禄九年十一月二十五日条

一、今日御葬送御路事、旧院南ノ小路ヲ東へ可有御幸処、禁中御築地之辺有禁忌之間、旧院北ノ小路近衛関白亭前路也、東行、自水流中筋南行、令経鷹司左府（兼熙）、九條内府（輔実）等亭前給東行、寺町南行、

後述のとおり、明正院が崩御した際、禁裏御所は触穢とされなかった。そこで禁忌である「禁中御築地之辺」を避けて御車が通ることになったという。言い換えれば、禁裏御所が禁忌であっても、築地之内は院の喪葬儀礼という朝儀の実施に即した穢の空間として機能していたことになる。

これまで、築地之内は、外郭門で区切られた街路空間を中心とする内裏に準じる聖なる空間と位置づける小沢朝江の指摘に基づいて説明されてきた[14]。しかし、史料6で確認できるように決して「聖なる空間」ではないこと、さらに内裏に準じるのではなく天皇の存在もしくは朝儀実施を確保するために機能しうる空間であることは改めて注意しておく必要がある。ただし、このような築地之内の性格については葬列が通る町の空間とも比較した上で検討する必要があるので、今後改めて整理したい。

二―四　内侍所の清浄性と王権

次に、このような内侍所周辺でみられる清浄化に関する動向の背景を考えてみたい。

前章で指摘したように、中世後期以降の天皇や院の崩御後に内侍所を結界することで、理論上では、清浄たる

皇位の継承が可能とされた。

しかし、延宝五年、内侍所の清浄性について重要な問題が提起される。この年の七月六日、新廣義門院が崩御する。新廣義門院は霊元天皇の実母ではあるが後水尾院の後宮であったために、宮中は「不混穢」とされる。(15) そのような状況下において、内侍所で火災が発生する。

【史料7】『基量卿記』延宝五年七月十五日条

先日十日夜戌刻斗歟、従内侍所神殿如弓火元飛出、尚於軒廊柱消了儀、是近代珍事也、若宮中触穢之有疑歟、依之神体飛去給候と云々、依之摂家中以下及勅問之処、所詮宮中清浄ニ御沙汰候て、諸事御慎可然由也、此事堪嗟古代如此候事有之、時ハ聞軒廊御卜等被行之由往々所見也、当時零落不足論、依之自一昨日為火災慎近臣輩二人ツ、不寝西（ママ）勤番云々、誠以不可説之事候也、

内侍所神殿（本殿）で火が出て、付属する軒廊の柱が焼失してしまう。このとき、もし宮中触穢であれば御神体が「飛び去って」しまったのではないかということになり、勅問したところ、宮中は清浄であるので諸事「御慎」みてしかるべきであるということになる。しかし、「古代」の同様の事態時には朝廷が零落していて議論不足のままだったとして、今回（一昨日）からは天皇の命で「火災慎」として近臣二名ずつを寝ずの番に就けることにしたという。

このように触穢時に火災が発生することで御神体（神器）の清浄性が失われるだけでなく、そのもの自体が紛失してしまう可能性があるという問題に直面した霊元天皇は、触穢時の内侍所の清浄性確保の重要性を強く認識し、その場の性質を強化する体制を確立せざるをえなかったのであろう。

さらに、かかる内侍所の重要性の再認識の背景には、江戸幕府との関係も影響していることは言うまでもない。後水尾天皇の譲位をめぐって幕府との対立が表出するなかで、御神体を失うという事態が天皇・禁裏の位置

付けに重大な危機をもたらすことは明らかである。

なお、この点に関しては史料1において触穢の有無が議論された際に先例などが評議された後で「此度無触穢者武家時宜不快之由」と記される点も注目すべきであろう。徳川家から嫁いだ東福門院の崩御が「触穢」でなければ武家側の「時宜」を損ねるという判断があったことは、触穢が朝廷・幕府両者において重視される観念であり、この観念に基づいて女院の喪葬儀礼を執行することが両者ともに重要であるとの認識があったことを意味している。

すなわち、清浄たるべき内侍所を確保するための組織・しつらい・儀礼の整備は、延宝期に内侍所が消失してしまうという危険性に直面した霊元天皇が武家との関係性にも考慮しつつ推し進めた施策であったといえよう。ただし、ここで強調しておきたいのは、内侍所の清浄性の明確化・強化と王権のありかたとの関係性である。なぜならば、神器を確保するだけならば、清浄性にこだわることはないからである。ここで彼らが重視したのは、単なる神器ではなく、清浄な状態で神器を確保することである。天皇や院が崩御した場合、天皇の遺骸も新帝の身体も触穢となることを明らかにする一方で、内侍所だけは清浄性を確保する。これにより、組織的・体系的な神聖たるべき天皇家、言い換えれば王家の継承が可能となる。つまり清浄な神器が継承できれば、その者は天皇家・朝廷の頂点に立つだけでなく、神祇祭祀主催者でもある「天皇」であることを対外的に説明・証明することができるのである。このような清浄かつ正統たるべき「天皇」の継承の重視は他の時代にも例がなく、ここに近世前期の天皇・王権の特性があるのではないだろうか。

三　内侍所付と町――触穢観念と町社会――

最後に、このような天皇・院・女院崩御に際しての禁裏の動向が、町にどのように影響したのかを確認してみたい。

触穢となり、禁裏から令が発せられると、町にもその旨と注意・禁止事項が伝達される。しかし、触穢の仕組みや禁裏側の意図などが伝えられることはない。ただし、間接的にではあるが、禁裏が何を触穢・清浄としているのかを町側に伝えることが可能な人々がいる。それが、内侍所付である。

内侍所付に任命される基準は明記されていないが、内侍所勤番や神事の執行が考慮された可能性は高い。白川家や吉田家が内侍所付の交名のなかにみえるのは、禁中の神事を担う役目があったためであろう。一方、駕輿丁については、時代は下るが『桃園院御凶事一会』（宮内庁書陵部所蔵）に所蔵される記録から、まず壬生官務家から各府に属する兄部・沙汰人・座人のなかから清浄である者の問い合わせがあり、各府から適格者が推薦された後で壬生官務家が適任者を任命していたことがわかる。

そして、内侍所付に命じられると、彼らにはすぐに清浄を保つために様々な制約が求められる。その一例が、居住空間の結界である。内侍所付の駕輿丁の場合、「駕輿丁廿一人除服暇之輩被付　内侍所件廿一人ハ不交天下触穢之人、私宅ニ垂注連、踏合等各別也、」（『季連宿禰記』（宮内庁書陵部所蔵）延宝八年（一六八〇）閏八月十二日条）とあるように、邸宅に注連を張る。一方、元禄九年（一六九六）十一月十日の明正院の崩御の時には、仙洞・女院御所は触穢とされたが、宮中は不触穢とされた。このとき、触穢となった院付の非蔵人の家は「取囲」あるいは「掛簾」することが院から沙汰された[16]。

ところで、内侍所付とされた公家や非蔵人のなかには、町人地に居住している者もいる。そして、この内侍所付の動向が、町の運営に影響を及ぼすことがあった。

その様相の一端がわかるのが、延宝八年の後水尾院崩御後に起きた駕輿丁にまつわる騒動である。『季連宿禰記』にその詳細が記されている。以下、本節の記述は、特記以外は同日記を根拠とする。

延宝八年八月十九日、後水尾院が仙洞御所にて崩御する。同六年に崩御した東福門院の事例に準じて、内侍所の結界化と堂上方と楽人衆と駕輿丁からなる内侍所付が崩御後速やかに沙汰され、葬送儀礼も滞りなく実施された。

しかし、葬送儀礼が終了した延宝八年閏八月十二日、地下官人である壬生季連のもとに駕輿丁の右近府兄部・舟木与市郎が訪ねてくる。

ここで少し駕輿丁の説明をしておきたい。近世の駕輿丁については、西村慎太郎の論考に詳しい[17]。それによると、駕輿丁は、天皇の輿を担ぐ役割を担う。町人から採用され、壬生官務家が統括する左右近衛府と左右兵部府に属し、地下官人に遇される。各府は、兄部のもとに沙汰人、座人からなる。彼らは、行幸や譲位・即位礼などに参勤し、手当とともに諸役免除となっていた。さらに、幕末期の駕輿丁座人には、職目として年頭の御礼などに加え、①新嘗祭前日・当日の清浄の確保、②御所の非常時の内侍所参勤、③忌服触穢の届け、などが求められていた。

ただし、本章で指摘した内侍所の動向を考慮すれば、駕輿丁にはすでに延宝期ごろから非常時の内侍所参勤に備えて日常的に清浄を確保することが求められていた可能性が高い[18]。

さて、延宝八年閏八月十二日、舟木は、右近府配下で内侍所付となっていた座人三名が居住する町の自身番をめぐって他の町人らと意見が対峙しており、その対処に困っていることを壬生季連に訴える。次の史料は、その際に季連に差し出した書状の写しである。

【史料8】『季連宿禰記』延宝八年閏八月十二日条

一、謹言上

一、此度御内侍所へ右近府府人三人致詰御用可承之由被仰付候座人内、新町通百足屋町ニ罷在候舟木平八・

同庄六・小西五郎左衛門以上三人ニ申付候、然処ニ御公儀ら自身番ヲ仰被出候、就夫自身番儀町中へ断ヲ申入候所ニ、町人ノ内吉田栄庵と申者、是非共ニ自身番ヲ仕候様ニと右三人ノ者ニ申掛ケ候、右三人重而申ニ候得ハ、御内侍所へ御用由達而申候へ共、御奉行ら之被仰出候ハ、尤ニ候、無左様候ハ、何方ら之仰ニ候共承引仕間敷候由ヲ申候而難儀仕候、此趣被仰上可被下候、仍而言上如件、

延宝八年申閏八月十二日　［　］四府駕輿丁右近府兄部　舟木与市郎　判印

壬生殿　御雑掌中

内侍所付となった駕輿丁右近府座人三名は、新町通百足屋町に居住していた。彼らは内侍所御用に備えて混穢を禁じられたために自身番の免除を町中へ申し出るが、これに吉田栄庵という町人が異論を唱えたという。

そこで、季連は、早速十二日の夜に白川雅喬等と相談する。結局、駕輿丁の内侍所御用を仰せ渡した議奏の今出川公規に相談に出向くことになる。翌十三日、季連は百足屋町年寄を呼んで事実を確認した上で今出川家に相談に赴く。すると、武家衆と相談するようにと命じられたため、季連は禁裏附の牧野摂津守成時に相談をする。牧野摂津守からは京都所司代の戸田越前守忠昌は所用があるために、明日か明後日の沙汰があるまでとりあえず自身番を慎むようにとの下知があり、右近府兄部にその旨が伝達される。

そして、その二日後の同月十五日、季連のもとに右近府兄部から禁裏附の御沙汰が伝えられる。

【史料9】『季連宿禰記』延宝八年閏八月十五日条

一、従　禁裏番所有召、仍参非蔵人部屋、今出川右大将面謁被命云、一昨日十三日令言上駕輿丁右近府兄部秦正精申条、被達武家摂津守之処、彼駕輿丁三人舟木平八・同庄六・小西五郎左衛門被付　内侍所之間者、町々自身番不可相勤之旨、従官務可下知之由、可申渡官務之由、武家牧野摂津守・石川信濃守等申之云々、予云畏存之由答申、右大将密談云、栄庵所存言語道断也、百足屋町へ今明日之中従武家急度可有下知由沙汰云々、予帰家、以後右近府兄部在予宅之間、右大将所命之趣令下知了、追付参百足

屋町三人之人々ニ可下知之由、申含兄部了、

内侍所付の駕輿丁三名の自身番免除が武家側から正式に申し渡されている。朝廷側の触穢に対する対応は武家側も理解可能であったために、内侍所付とされた人々が混穢を忌避するための町役の免除を認めたのであろう。なお、議奏である今出川公規が町人らの内侍所付の町自身番免除への反対を「言語道断」と評している点も興味深い。朝廷で重視されている概念やその体制が、町の論理よりも重要であることが強く表明されている。一方、町側にとってみれば、触穢よりも自身の役負担が増加することの方が優先される問題であった。これは、共同体を形成しながら町を維持・運営している町側の論理として当然である(19)。

このように、町人地に居住する内侍所付は、町にとって必ずしも歓迎される存在とは言い難いが、一方で町の生活に関わる役の分担にまつわる争論などを通じて、はからずも禁裏側が示す天皇崩御がもたらす触穢・清浄という観念を町側に伝える役割を果たしている。換言すれば、内侍所付は、天皇・院崩御時には内侍所、さらには禁裏御所に清浄の場が必要とされることを知らしめる、いわば宣材ともいえる存在でもあったといえよう。

おわりに

以上、近世前期の天皇・院の崩御の際に確認できる触穢観念とその空間について考察した。

近世の天皇・院の崩御に際しては、延宝期を契機に触穢が明確に示されるようになるとともに、内侍所を中心に次の変化が確認できる。

①〈内侍所付の設定〉触穢とされた場合、混穢を禁じられた公家や駕輿丁が指名される。そして非常時には彼らが内侍所に参仕できる体制を確立することで、清浄な状態で天皇ならびに神器の移徙を可能とする。

②〈触穢・清浄の場と儀礼の強化・明確化〉触穢とされた場合、内侍所付が行動できる清浄域が禁裏御所内で

明確に示されるようになる。また、内侍所では、触穢限の清祓の実施が定着し、触穢の発生と終了も明確化される。さらに、内侍所には注連を張るが、宝永期ごろからは板囲いを構築することで、清浄性が物理的・視覚的に強化される。

このような内侍所への対応は、武家との関係性に加え、禁裏御所の火災によって神器が焼失してしまうという危機に直面したことから必要とされた。しかし、この行為によって、いかなるときでも組織的・体系的に清浄かつ優越性のある天皇の存在の継承、つまり正統たる王権の継承が可能となったことは、近世の禁裏の特性を考える上で重要である。

一方、これらの内侍所を中心とした禁裏の清浄性は、町中に居住する内侍所付を通じて、朝廷社会に直接関わる人々以外にも伝わるところとなる。つまり、はからずもこの存在が、触穢などがどのように運用されているかを町側に伝え、重要かつ神聖なる禁裏御所＝天皇の存在を宣伝することになる。これは町側にとって不利益を被る事柄でもある。しかし一方で、町側が「神聖」な天皇と共存していることを認識できるこのような出来事の蓄積の過程に、天皇・禁裏の存在を重視する京都の都市社会の特性を考える手掛かりが見い出されるのではないだろうか。

（1）　塚本明「近世の伊勢神宮と朝廷――「触穢令」をめぐって――」『人文論叢（三重大学人文学部文化学科研究紀要）』一七、二〇〇〇年。中川学『近世の死と政治文化――鳴物停止と穢――』（吉川弘文館、二〇〇九年）、同「近世の触穢観念と神社・祭礼――「触穢中神事祭礼」の「再興」をめぐって――」（井上智勝・高埜利彦編『近世の宗教と社会2国家権力と宗教』、吉川弘文館、二〇〇八年）。

（2）　野村玄「近世天皇葬送儀礼の確立と皇位」（『日本近世国家の確立と天皇』、清文堂出版、二〇〇六年、初出二〇〇三

年）は、葬送儀礼と天皇権威の関係性に言及するが、触穢については考察されていない。

（3）女院の場合、天皇や院の崩御に比べて喪葬儀礼が省略されることがあるが、触穢が生じたと判断された場合は天皇・院の事例と同様の対応が確認できる。

（4）東京大学史料編纂所所蔵写真帳。

（5）久保貴子『近世の朝廷運営──朝幕関係の展開』岩田書院、一九九八年。

（6）内侍所付のなかでも、堂上方は触穢終まで勤番する。一方、駕輿丁はあくまで非常時のみ御所に出仕することになっていたようである。なお、非常時といえども駕輿丁が禁裏御所に出入りする際には出入りのための木札を持参し専用の門を通るなどの決まりがあった。

（7）内侍所前庭は非常時に清浄たるべき神器を扱う儀式や渡御などの場であったため、清浄域に含まれる。

（8）『基量卿記』延宝六年七月二十二日ならびに同年同月二十五日条。

（9）平井誠二は、大祓・清祓を再興された朝儀の一例として紹介する（「前期幕藩制と天皇」永原慶二他編『講座・前近代の天皇』二、青木書店、一九九三年）。ただし、特に清祓の成立過程については、吉田家の関与などに着目してさらに詳しく考察していく必要がある。

（10）『羽倉延重日記』（京都大学文学部所蔵謄写本）承応三年九月二十日条。

（11）『後中内記』（内閣文庫所蔵）延宝八年八月十九日条。

（12）『通兄公記』（史料纂集）享保十七年八月七日条「自今日宮中触穢、〈内侍所以板立亘為隔、〉」ならびに同日記元文二年四月十五日条「従今日宮中触穢、内侍所方立直板為隔」。

（13）『禁裏執次所日記』（宮内庁書陵部所蔵）安永八年十一月十一日条。

（14）小沢朝江「近世における内裏外郭門と築地之内について」『日本建築学会計画系論文集』五五四、二〇〇二年四月。

（15）『基量卿記』延宝五年七月六日条。

（16）『松尾相匡日記』（東京大学史料編纂所所蔵写真帳）元禄九年十一月十四日条。

（17）西村慎太郎「近世の駕輿丁」『近世朝廷社会と地下官人』、吉川弘文館、二〇〇八年、初出二〇〇六年。

（18）上記③については、いつ起きるとは限らない触穢に備えて内侍所付に推薦できる条件の把握を必要とする組織の支配側の意図を読み取ることができる。

(19)　このような町の動き・意識は、町側が公家の町内の屋敷地買得に際し、諸役免除の行使辞退要求や買得そのものの拒否を示す事例と類似する（登谷伸宏・岸泰子「近世京都における公家の都市生活に関する研究――居住形態・信仰形態を中心として――」『住宅総合研究財団研究論文集』三三、二〇〇七年）。

第三章　近世禁裏御所と都市社会——内侍所参詣を中心として——

はじめに

近世の禁裏御所は京都のほぼ中心に位置する。そして、それを取り囲むように公家町や上京・下京の町々がひろがる。この近世の禁裏については、造営、朝幕関係、朝廷運営に関する研究の蓄積がある[1]。また、後述する禁裏御所の開放など、禁裏と都市社会との関係、特に町人と禁裏とのつながりに着目した研究も進展しつつある[2]。

かかる研究状況を踏まえ、本章で取り上げるのは、内侍所への民衆の参詣である[3]。内侍所には、十八世紀ごろから民衆が節分の日に参詣するようになる。宮地直一や飛鳥井雅道、安丸良夫は、この内侍所参詣や千度まいりが幕末期の天子信仰や近代天皇の神格化と結びつくことを指摘する[4]。実際、内侍所参詣は、民衆と禁裏との関係を信仰という側面から確認できる重要な事例であり、その様相を明らかにすることは、近世京都、そして国家における禁裏の存在意義・役割の解明につながると考える。

しかし、これまでの研究は、十八世紀初めにはすでに確認できるこの内侍所参詣を、幕末期の動向として理解する傾向が強い。しかも、民衆が内侍所に入ることは史料でも「参詣」と表記されるにもかかわらず、「見物」「拝見」した朝儀の一事例として扱っている研究もある。

そこで、本章では、内侍所への参詣の特徴をより明確にするために、まず、民衆の禁裏御所への出入りおよび朝儀開放・拝見に着目し、その特性について検討する。次に、内侍所への民衆の参詣について考察し、禁裏御所のなかに形成された民衆の信仰の場の特徴を明らかにする。

なお、町触や公家の日記では、参詣する人々のことを「雑人」や「諸人」と表記されることが多い。これは、京都の町に居住する人や地下官人や京都近郊の農民、武家などさまざまな階層の人々が含まれている可能性があるが、本章ではそれらを総称して民衆と表記する。

一　朝儀の拝見

最初に民衆の禁裏御所への出入りならびに朝儀拝見を検討していくが、その前提として、先行研究の概要と課題・問題点を提示しておきたい。

近世禁裏御所への民衆の出入りおよび朝儀開放・拝見に関する研究は、考察の対象となる時期から大きく二つに分類できる。

ひとつは、戦国期から近世初期の禁裏御所の開放に主眼をおいたものである。清水克行は、アジール的要素を兼ね備えた戦国期の禁裏御所と対峙して、近世の禁裏御所は閉鎖的であるという構図を描き出す(5)。そして、高埜利彦が指摘する天皇行幸の制限もふまえ(6)、幕府の朝廷政策のもとで近世の天皇・朝廷は自らと民衆を隔絶する傾向にあったことを指摘する。さらに清水は著書のなかで、前稿では近世の禁裏空間の閉鎖性を強調しすぎたとの懸念を示しながら、近世の禁裏御所開放は、①非日常である祝祭日に限定(7)、②ツテの存在(8)、③通常の出入りは九門内までであること(9)、に特徴があるとした上で、戦国期と近世の禁裏御所の開放の様相には隔たりが大きいことを再確認する(10)。

もうひとつは、近世後期から近代の禁裏御所の開放に着目した研究である。前述③九門の出入りの特性を指摘する高木博志は、近代の京都御所・御苑と近世の禁裏御所・公家町を比較検討し、後者は築地に囲まれた均一的な空間であり、なおかつ観光スポットとして誰でも自由に往来できる開放的な空間であったと評価する。近世の禁裏御所が民衆にとって重要な生活空間であったことを示すものである。

しかし、これらの研究からは課題も明らかとなる。第一に、近世初期から中期にかけての朝儀開放・拝見の検討である。清水が中世との比較検討事例として用いる特徴は近世後期もしくは幕末期の事例検討から導き出されたものであり、これを近世の朝儀開放の特徴と評価することはそもそもできない。第二に、朝儀開放に際しての民衆の行動の解明がある。具体的な拝見の様相を明らかにしなければ、その開放された空間が真に「開放的」といえるかどうかは判断できない。

そこで、まず、近世前期から中期にかけて確認できる民衆の朝儀拝見の具体的様相から整理・考察していきたい。

一　民衆の朝儀拝見

（一）拝見できる朝儀と情報の伝達

表1は、近世前期から中期にかけて民衆が禁裏御所において朝儀を拝見できたことが確認できる記録をまとめたものである。即位礼や天皇・皇后の追善仏事として営まれた禁裏御所での懺法講や御八講については、先行研究でも民衆の見物が指摘される[11]。また、拝見の場については、慶長九年（一六〇四）には禁裏南庭への出入りが禁止されるが、徹底されることはなく、徳川政権成立後も南庭が使われていたことが知られる[12]。なお、図1は拝見時の出入りの門や順路をまとめたものである。いずれにせよ、禁裏御所で朝儀を拝見できることは京都の民衆にとって年中行事のひとつであったことになる。

ところで、基本的に民衆はつてや伝聞によって朝儀の拝見に関する情報を得ていたものと考えられるが、十七

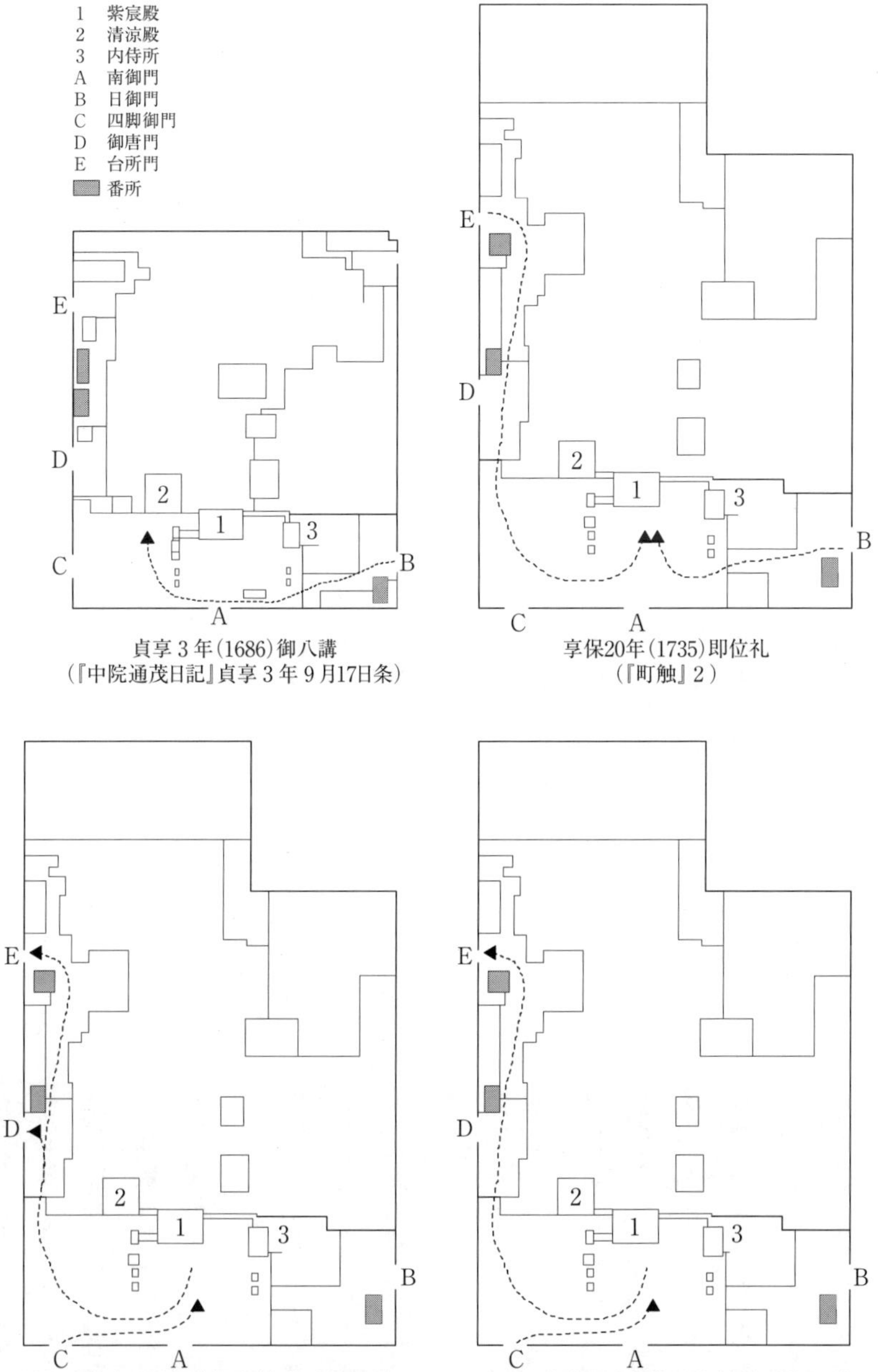
享保18年（1733）灯籠見物（内侍所修理中）
（同右）
宝暦５年（1755）灯籠見物（内侍所修理中）
（『広橋兼胤公武御用日記』宝暦５年７月10日条）

図１　開放朝儀時の拝見の順路

表1　近世の朝儀の開放事例一覧

月日	朝儀・行事名	典拠例	
1月7日	後七日後修法	『(二条城米蔵)仮御役中日記』	享保16年(1731)
1月17日	左毬打	『泰重卿記』	元和2年(1616)
7月14・15日	御燈籠	『言経卿記』	慶長7年(1602)
12月	御神楽	『兎藝泥赴』	貞享元年(1684)
節分	節分	『日次紀事』	貞享2年(1685)
臨時	即位礼	『泰重卿記』	元和5年(1619)
臨時	大嘗会	『基熙公記』	貞享4年(1687)
臨時	能・申楽	『町触』	貞享元年(1684)
臨時	追善仏事	『中院通茂日記』	貞享3年(1686)

世紀後半になると町触でも知ることになる。町触では、拝見できる朝儀とその開催日や必要とされる身なり、身分、作法などが示される。たとえば、貞享四年（一六八七）六月の禁裏での能では、見物者に対し小刀を含む一切の刀物の所持の禁止が触れられる。[13]なお、朝儀拝見に関する町触は、臨時の行事（即位礼や能）が多いが、これは暦や朝廷の都合によって年によって開催日が異なるからであろう。

一方、朝儀のなかでも正月四日に行われる万歳は、人々が見物することは許されておらず、京都所司代からの警固出役もなかったとされる。[14]このように、朝儀といってもすべてのものが開放されていたわけではないことは留意しておかなければならない。

（二）朝儀拝見の特徴

次に、民衆が拝見できた朝儀の特徴について考えてみたい。

表1でも挙げた宮中御八講や懺法講では、中世後期から視覚的に見物の対象となりうるもの（行道、散花など）が披露されていた。[15]近世の追善仏事においても、これは同様である。静かに読経を聴くこともあったとされるが、拝見する人の目的は華やかな法会の様子や装飾、着飾った公家などを見ることにあったのだろう。後陽成院七回聖忌御八講第三日の様子を記した『泰重卿記』（史料纂集）元和九年（一六二三）八月二十四日条には、「行香作法如初日、見物貴賤驚耳目候、綺麗風流筆舌難尽也、見物古今不

及聞、億万人庭上」という記述がある。他の史料からも、御八講や懺法講のなかでも行香などの視覚的に最も華やかな座（第三日、五之座など）に注目が集まっていたことがわかる。

また、『資堯卿記』（東京大学史料編纂所所蔵謄写本）宝永七年（一七一〇）十一月十日条には、「伝聞今日紫宸殿装飾雑人参庭上奉拝之、頗群集甚有余耳」という記述がある。これは、中御門天皇の即位礼の様子を示すものだが、ここでも束帯姿の公卿らの華やかな行列・所作や紫宸殿や南庭に施された華やかな装飾が見物の対象となっている。[16]

このように、民衆が見物した朝儀は視覚的効果・演出を伴うものであり、美しさや珍しさを見物したいという人々の願望を満たすものであったことは間違いない。[17] そして、禁裏側もこのような視覚的効果の高い朝儀を民衆に開放する姿勢にあったのだろう。

一―二　朝儀拝見の作法

次に、朝儀の拝見にはどのような作法が必要とされたのかを整理してみたい。

戦国期から近世初期における民衆の朝儀拝見の作法は、史料の限界もあり明らかではない。しかし、近世になると、禁裏に入るための札や拝見の場の指定が確認できるようになる。

（一）切手札

まず、先行研究でも明らかにされるように[18]、拝見する人々は切手札を所持しなければならなかった。次の史料は、正徳元年（一七一一）に禁裏御所において開催された能の拝見に関する町触である。

禁裏ニおゐて来月朔日二日御能有之候、拝見ニ出候者札にて入申筈ニ候間、札無之者ハ堅参間敷候、勿論刀脇指帯候儀不罷成候、惣而御所役人指図於令違背者可為越度候事、

（『町触』一、No.575）

十八世紀になると、能だけでなく即位礼などでも切手札の所持が求められている。切手札の発行開始時は不明であるが、切手を管理していたとされる切手部屋は寛永二十年（一六四三）に設置されている。[19]なお、禁裏御所へ出入りする公家、武士や御用商人、町人らすべての人々の管理は禁裏附の役目であり、切手札の管理も禁裏附が関与していたと推定される。[20]

では、この切手札を民衆はどのように入手したのだろうか。それを明確に示す記録を見つけていないが、親王や摂家の家来らに「拝見札」が配られていたことは注目に値しよう。『桂宮日記』（宮内庁書陵部所蔵）元禄十二年（一六九九）九月二十八日条には、「明後二十八日於　禁裏有猿楽南殿庭上構舞台、依之御家臣為拝見穴門出入之切手五枚従土山淡路守千督取次也、到来、猿楽拝見之輩禁裏・院中御家来之外、雖為親王・摂家御家来不触常剣、然当御家有各別子細被許之、」とある。また、猿楽や能や即位礼の際には、禁裏取次から桂宮家に拝見札が届けられ、同家から拝見に出向く者の氏名が届けられた後、能の当日に家来が札を持って拝見に赴いている。[21]以上のような宮家の動向を踏まえれば、町人の場合も、まず町に札が配布され、町が拝見者を取りまとめた後、町から札が配られた町人が拝見に赴くような仕組みになっていたのではないかと推定される。

（二）拝見の場

次に、朝儀が開放されたとき、人々がどこでそれを拝見をしていたのかを確認してみたい。

中世後期、民衆は禁裏の南庭、もしくは東庭で朝儀を拝見することが許されていた。室町後期・戦国期には、「貴賤群集」と形容されるごとくさまざまな身分の人々が南庭に群集している。[22]また、『二水記』大永八年（一五二八）四月六日条に所収される道場図からは、清涼殿の前の庭（紫宸殿の北に位置する庭で東庭と称される）が、民衆の懺法講拝見の場であったことがわかる。

そして、この拝見の場は、近世にも継承される。寛永六年（一六二九）の明正天皇即位礼の様子を描いた「御即位行幸図屏風」（本扉図参照）からは、禁裏御所周辺で行幸の公卿らを眺める民衆の姿だけでなく、南庭の紫宸殿近くで裏頭を被り見物する女性や武士、僧らしき人物が確認できる。元和五年（一六一九）八月に行われた後陽成天皇三回忌懺法講では、「予散花役、主上御所作箏琴、御行道、法事役者無關所如初日中日、聴聞凡下男女僧俗群聚如市」（『泰重卿記』元和五年八月二十六日条）と記されるように、道場である清涼殿周辺がさまざまな身分の人々で混雑している。他にも、『基量卿記』（宮内庁書陵部所蔵）延宝八年（一六八〇）六月十三日条の東福門院三回忌懺法講道場図には、清涼殿の前庭（東庭）に「見物男女群集」の書き込みがある。

このように、近世前期においても、民衆は、散花殿上人が花をとり道場に入る動作がよく見える位置、つまり道場や会場に比較的近く、朝儀を行う公卿らを間近に見ることができる場に立ち入り、朝儀を拝見している。[23]しかし、十八世紀前期になると、「拝見場」と称される民衆が拝見するための囲われた場所の設定が確認できるようになる。

宝永七年（一七一〇）の中御門天皇の即位礼の様子を記した『資堯卿記』宝永七年十一月十一日条には、「雑人庭上結竹垣拝見頗群集隔人」とある。民衆は南庭に結われた竹垣で隔てられた位置から拝見していることがわかる。さらに、享保十八年（一七三三）の御八講にともなう新造仏体開眼供養について、『月堂見聞集』[24]は以下のように記す。

同十二日、今度御八講の本尊宝冠釈迦、（中略）三井寺円満院様御開帳被遊候由、禁裏四方御築地之御門往来を禁ず、且又切手の札を出す、奥に至ると、清涼殿の北の方に警固ありて札を改む、其次に竹にて仕切、拝見場あり、紫宸殿と清涼殿との間所々見越す所をば、幕を高く張て塞ぐ、白の布の幕に菊の丸を黒く出す、

札を所持するものが築地の門を通り禁裏御所内に立ち入り、清涼殿の北で札の検閲を受けた後、清涼殿の北側にあると考えられる竹で仕切られた拝見場に通されている。このような隔離されたともいえる拝見場の存在は近

世以前の開放朝儀では確認できない。つまり、十八世紀以降は、民衆の朝儀拝見が許されているとはいえ、その場は限定されたものであったことになる。

加えて、即位礼においては、舞台となる紫宸殿とその前庭を正面に見ることのできる南門越しからの見物に対しても規制が加えられるようになる。『基長卿記』[25]宝永七年十一月十日条には、中御門天皇の即位礼の様子が以下のように記される。

明日即位之時、南門通東西江諸人往反無用、東洞院通・日御門通往来無憚之由、右自武家伝奏下知之由、従番所従触来則伝相番了、伝聞今日庭上之飾物等雑人令拝見云々、明日南門通往来停止先々未聞、貞享度者於南門外諸人拝之、今年無其儀歟如何、

禁裏御所の東側に接する南北の通りである東洞院通と西側に接する日御門通の往来は許可される一方で、貞享四年（一六八七）の東山天皇の即位礼当日に許されていた南門からの諸人の拝見が禁じられている。さらに、続く享保二十年十一月三日に行われた桜町天皇の即位礼でも、以下のような町触が確認できる。

明三日、御即位拝見之儀、此度者切手札を以男ハ御台所門、女者日之御門より入レ候之条、其通可相心得候、切手札無之者ハ不罷成候、尤南門開候節、右御門前一切諸人通候儀不相成候、此旨可相触知者也、[26]

切手札を持った男女は別々の門から入り、即位礼が行われる禁裏御所の中に入ることができるが、南門が開いている間は南門通の前の往来が禁じられている[27]。

つまり、宝永度以降の即位礼からは、切手を持った人々は禁裏御所内の定められた場で拝見できるが、切手を持たない民衆は南門越しからの拝見すら禁止される。即位礼をみる限りでは、宝永度から拝見場を含め民衆の見物に関する規制が全般的に強化されているといえよう[28]。ただし、現在のところ、このような拝見場の設置は追善仏事と即位礼の事例で確認できるにとどまっており、他の事例に関する場の規制については今後さらに解明して

いく必要がある。

（三）規制の背景

では、追善仏事や即位礼において、民衆が拝見するための場の整備や南門通の規制などがなぜ必要とされたのであろうか。

①拝見者の多さと穢

まず、禁裏御所の開放には多くの人々が押し掛けた。そのなかで朝儀を滞りなく進めるには、拝見に来た民衆を混乱なく誘動する必要があった。

その上、近世中期の禁裏では、多数の見物人によって発生しうる穢が問題となっていた。大谷節子は、貞享四年六月に開催された申楽において、見物人の多さから内裏内で死穢が発生したことを関白近衛基煕が危惧していたことを挙げ、公家のなかには穢を排除し禁裏御所を聖域とする考えが根強くあったことを指摘する。(29)しかも、本書第二部第二章で指摘したとおり、触穢の発生は天皇の位の継承に関わる問題として延宝期ごろから認識されるようになっていた。また、後光明院三十三回忌御八講を記した『中院通茂日記』（東京大学史料編纂所所蔵）貞享三年九月十七日条には、公家が民衆と一緒に出入りすることは「御無用」とある。近世社会においては公家が民衆と空間を共有すること自体にも問題があると認識されていたのだろう。以上を総合的に判断すれば、切手札の管理や拝見場の設置は、大勢の人々が押しかけることによって生じうる穢から天皇と内侍所を守り、さらに身分の混同を回避するために必要とされた可能性が極めて高い。(30)

なお、町触からは民衆が出入りできる禁裏御所の門が指定される事例が多々確認できるが、これも、拝見者の出入りを円滑に進めるとともに、公家と民衆が同じ門から出入りすることを避けるための措置であると理解できる。

②天皇との距離

さらに、拝見できる朝儀が視覚的効果を伴っていたことは前述したとおりであるが、拝見場が設定された開放朝儀（追善仏事・即位礼）では、民衆が天皇自身の姿を一目見ようとする民衆の動きが度々確認できる。民衆が御簾のなかの天皇を直接目にする機会は少ないが、『泰重卿記』元和五年八月二十三日条には懺法講の開催時の民衆の様子が「為拝龍顔、諸人群集不斜候」と記される。しかも、寛永二十年の後光明天皇即位礼時には天皇の姿を見ようとした民衆が殺到し狼藉をはたらいたため、幕府が新たに禁裏諸門の閉門と見物人の出入り規制を行っている(31)。したがって、拝見に関する一連の規制・限定は、天皇を直視させないための対応でもあったことになる。

また、これらの対応は禁裏御所内に限ったことではない。即位礼の際、南門は公卿の出御などが行われる重要な空間であり(32)、その前に民衆が群集することは朝儀の進行に支障をきたす。そして何より、紫宸殿に天皇の御座がある場合、南門通からは天皇を真正面に見ることになる。すなわち、南門通の規制も、民衆が天皇を見ることを禁ずるための措置とみなすことができる(33)。

以上、十八世紀以降の禁裏御所での民衆の朝儀拝見は、近世以前から続く慣習の体裁を確保しながらも、穢の発生を避けつつ(34)、さらに直接かつ正面から天皇を見ることができないように、限定された場で限定された人々が禁裏の華やかな雰囲気を経験する機会となっていたことを確認した。

二　内侍所の開放と参詣

即位礼や仏事の拝見の場が整備される一方で、十八世紀初頭になると節分の日に民衆が禁裏御所のなかにある内侍所へ「参詣」するようになる。参詣者は他の神社と同様の所作を取り、禁裏も参詣者にもてなしをする。禁裏御所内に民衆が出入りできる機会のうち、このような対応が確認できるのは本事例のみである。次に、この禁裏御所・内侍所への民衆の参詣の特徴とその意義について考察してみたい。

二―一　信仰の場としての内侍所

内侍所が禁裏御所における信仰の場であり、さらに天皇の清浄性を象徴する場であったことは、前述のとおりである。

また、『基熙公記』（京都大学文学部所蔵謄写本）貞享四年（一六八七）十一月十三日条には、「禁中内侍所等悉吉田斎場所札其外神社之札放之云々、於寺家札者聊有其理、於神社者不知其謂、是又不可説、惣而此間之為体邪神得時也歟、歎可恐」とあり、吉田社と内侍所の関係が示唆される。なお、内侍所が発行していた札とは、『譚海』[35]に「平日も所知の人に託し乞へば（内侍所の）神符をえらるゝ也」とあるように、内侍所に通じる人に頼めば手に入れることができるものだったのだろう。ただし、この札がいつから民衆の間に流布していたのかは不明である。

二―二　内侍所への参詣

貞享二年ごろに書かれたとされる『日次紀事』[36]には、「同夜（節分）良賤詣神社仏閣、或到　内侍所憑御才御方而　上鈴是奉神楽之義也、則賜御供米或謂御久米、其人敬聴鈴音点祷仮為鶏鳴」とある。民衆は、節分の夜に内侍所へ参詣に赴き、御供米を賜り、鈴の音を聞くことができた。さらに、時代は下るが、『譚海』には「節分の夜衆庶民内侍所に参入し、銭十二文を入れ追儺の大豆を拝授しかへる事也」とある。民衆は、銭を投じて祈念した後、豆をもらっている。このように民衆が自ら所作を許され、朝廷からの振る舞いをうける行事は禁中においてほかにない。ゆえに民衆にとっては特別に貴重な経験であったに違いない[37]。

さらに、節分行事は民衆のなかで慣習としてすでに浸透しており、この身近な年中行事を禁裏御所のなかで追体験できたという点も影響していたのであろう。これらの要素が重なり、内侍所参詣は短期間で民衆の圧倒的支持を得ていくことになる。

実際、内侍所に多数の民衆が参じるようになったのは、貞享・元禄期のころからだと考えられる。『基量卿記』元禄四年（一六九一）正月八日条には、「節分近年雑人参於内侍所祝豆取蔵、此義近年当世上流布、洛中之雑人群衆」と記される。さらに同年十二月二十三日条には「節分也、内侍所献御鈴、諸人参詣為群、超過例年云々」とある。年を重ねるごとに多くの人々が参詣に訪れるようになっていた様子がうかがえる(38)。

また、節分の参詣を伝える町触の内容も興味深い。節分の参詣に関する町触のうち、現在確認できる最も古いものは元禄十六年のもので、「来正月内侍所江参詣人之儀、元日昼八つ時ゟ七つ時迄之内、参詣いたし候様ニ可申聞事(39)」とある。また、これに対応するように、『基量卿記』元禄十七年正月一日条には「一、今日節分之、内侍所参詣雑人、申刻以後小朝拝、節会会計之間、自未刻至申刻可参由、町奉行より洛中触示由也、然而小朝拝依深泥延引無益歟」とある。これらを併せて考えるならば、元禄期には町触で示す必要があるほどにその参詣が盛況であったと判断しても問題ないであろう。

なお、節分時に民衆が内侍所を参詣し神社と同じ所作を取るようになる由来は明らかではないが、宮地直一は、民衆の参詣の契機として、吉田社をはじめとする神社の節分行事が宮中に導入されたことを挙げる(40)。実際、吉田社社官である吉田兼見の日記『兼見卿記』（史料纂集）には、「節分也、自洛中洛外社参数輩」（天正八年（一五八〇）正月十一日条）、「節分、天晴、暖気也、当社参詣不知数、繁栄也」（天正十一年正月十四日条）とあるように、すでに十六世紀後期の時点で節分には神社に詣る習慣があった。ただし、宮地も内侍所への伝播の根拠となる史料を提示しておらず、真偽を確認することは困難である。

一方、戦国期から近世初期にかけて、公卿・公家の多くは、節分の日には般若心経を唱え、天皇や将軍・家中のために祈念していた。また、豆を打ち、食べる風習もあった。それが、近世初期になると民衆と同様に、吉田社や五条天神社、上京の産土神とされた御霊社に参るようになり、さらに十七世紀後半になると、公卿・公家のなかから節分の日に内侍所に参詣する者が目立ちはじめる。

特に、東園基量・基長父子は、度々節分に参詣している。『基量卿記』に出てくる最も早い時期の節分時の内侍所参詣の記録は、寛文十一年（一六七一）正月八日条である。また、『基長卿記』元禄四年十二月十八日条には、「節分祝儀如例、（中略）一、申之刻尹隆亭へ為礼向、（中略）先是参内侍所、大豆食之、(高辻)豊長・(白川)雅光・(四辻)公韶・予等也、（中略）内侍所へ諸人参詣如例年、於御牀下密々御見物」とある。記主の基長の他にも公家が参詣したことや、民衆の参詣を公家が見物していたことがわかる。

民衆はもちろん公卿・公家の節分時の内侍所の参詣の起源すら明確ではないが、内侍所が信仰の場としての性格を強めていくなかで、十七世紀になって公卿・公家が節分時に吉田社への参詣と同じく内侍所へ参詣するようになり、吉田社などで行われていた節分行事の所作が導入され、そしてそれが民衆へも開かれるようになったのではないだろうか。

二―三　内侍所参詣の特徴

以上、民衆の朝儀拝見（開放）の概要や特徴と内侍所参詣の概要を考察してきたが、最後に、これらを比較検討することで内侍所参詣の特徴を明らかにしておきたい。

まず、節分と朝儀が重なる場合、わざわざ内侍所参詣の代替日が設定され、その日時が町触で示される。たとえば、享保十二年（一七二七）正月の節分のときには、以下の記録が確認できる。

〔A〕昨十四日、内侍所節分参詣余大勢故、怪我等も可有之哉と御門早ク相〆り候、依之例年御供米頂戴致来候者之内、残り候輩有之、頂戴致度面々ハ明十六日朝五つ時ゟ八つ迄之内、日之御門ゟ内侍所御玄関へ勝手次第罷越候様、其内々江可申聞候、（『町触』二、享保十二年正月十五日条、No.1）

〔B〕一、御内侍所之御供頂戴致付たる者、十六日五つ時ゟ八つ時迄ノ内、御所へ参可奉頂者也

正月十四日年越ノ夜あまり多人数故、御所之御門内へ御入なされす候由、其夜もれたる者共之ためニ右之御触歟、誠ニ有難御代也、（『町触』二、享保十二年正月十六日条、No.2）

〔C〕正月十六日五ツ時より八ツ時迄、内侍所御供頂戴仕度者在之候へば、禁裏へ参上可致候由、町代口上を以て町々へ御触在之候、是は当十四日節分故、例年御門御免之処に御修法之結願故、雑人の混雑を禁候、町人之参詣をとゞむ、依之今日町人之参詣御免也、（『月堂見聞集』巻之十九、享保十二年正月）

〔A〕〔B〕では多数の参詣者に配慮して閉門したとある。一方、〔C〕では享保十二年正月十四日の節分当日は後七日御修法の結願日で、多くの民衆が入ることが法会の妨げになったため、十五日は閉門し、翌十六日に代替の参詣日を設定したとする。

まず、このように、民衆に対しわざわざ禁裏開放の代替日を設定する事例はこの節分の内侍所参詣の他にない点は強調しておきたい（表2）。ただし、節分の日は毎年異なるため、開催日が定められている朝儀と重なることはやむを得ず、仕方なく代替日を設定したとも考えられる。しかし、民衆側には禁裏側の都合による閉門の本当の理由〔C〕は告げられない。しかも〔A〕のように前の日に参詣できない人がいたために代替日が設けられたことを「有難御代也」とする、つまり入ることのできなかった民衆への配慮も示される。このような禁裏の態度に着目すれば、禁裏側は民衆の内侍所への参詣をうながしていたのではないかと考えられるのである(42)。

さらに、時代が下るが、次の事例からも禁裏側の意図が読み取れる。『執次所日記』（宮内庁書陵部所蔵）寛政

表2　節分参詣日に代替日が設けられた事例

節分年月日	代替日	理由
享保12年(1726)1月14日	1月16日	怪我人発生(14日は御修法)
享保19年(1733)1月1日	1月2日	「定式」
明和9年(1771)1月1日	1月2日	節会
寛政9年(1797)1月9日	1月8日	白馬節会
寛政10年(1798)12月31日	(寛政11年)1月2日	清祓
文政12年(1828)1月1日	1月2日	「御差支」
天保6年(1835)1月7日	1月8日	「参詣不相成候」
天保7年(1836)12月29日	(天保8年)1月2日	「参詣不相成候」
弘化4年(1847)12月30日	(弘化5年)1月2日	「参詣不相成候」

(典拠『町触』)

三年（一七九一）正月二日条によると、内侍所へ参詣に来た民衆は、南門（建礼門）脇にある道喜門から入り、日御門代（日御門の脇）から出ることになっていた。しかし当日になってみると道喜門あたりまで混雑したので、申刻ごろから四ツ脚門（日御門）から入り御台所門（御唐門の北側の門）から退出することになり、警固にあたっていた与力同心にその旨が伝えられる。[43]このように、朝廷は参詣に規制を加えるのではなく、多くの参詣者をそのまま受け入れるための臨時措置をとることもあった。

加えて、内侍所は特別に穢を忌み嫌う場であったにもかかわらず、参詣者が出入りする門が決められているだけで、多くの参詣者の身分の限定や内侍所前庭での行動を規制する記録を確認できない点も興味深い。しかも、多くの人々が訪れた即位礼や法会では拝見場という装置が設置されていたのに対し、節分時には民衆は内侍所のすぐ近くまで来て参詣の所作をしており、限られた空間であるとはいえ人々は築地に囲まれた禁裏御所の内部を比較的自由に行動している。

では禁裏はなぜこのような参詣形態を内侍所に導入したのだろうか。これも示す史料はないが、禁裏側は、即位礼などの朝儀開放とは対照的に内侍所開放については多くの民衆を積極的に受け入れようとしていたことから、他の神社と同様に民衆を参詣させることで、天皇の姿を見せることはなくとも、禁裏御所という空間が信仰の対象となることを多くの人々に経験させようとしたのではないだろうか。

ただし、最後に確認しておきたいのは、内侍所開放が朝儀であったのかという問題である。内侍所の開放において、天皇が出御もしくは所作することはない。また、内侍所の神事は別に執行されており、開放された行事は直接的に天皇や国家の安泰に結びつく神事とはいいがたい。すなわち、禁裏側が民衆に提示したものは禁裏側が重視していたものではなく、内侍所という天皇を象徴する神聖な場をかりて民衆に見せるために演出し直した「行事」とみなすべきであろう。この問題については、第三部第四章の天皇の内裏遷幸の問題ともあわせて、最後で改めて考えることにしたい。

おわりに

民衆にとっての禁裏御所での朝儀拝見は近世以前からあこがれであった。朝儀拝見は日常的な行事というわけではない。しかも、それは視覚的に華やかなものである。ゆえに多くの人々が興味を抱くのは当然であった。

しかし、近世になると、その拝見には切手札の所持が必要とされ、さらには場も限定される。これは、見物人が集まることで発生しうる穢から天皇、そして清浄でなければならなかった内侍所を守り、天皇を近くや正面から見ようとする民衆の行動を規制するために取られた対応である。これによって、天皇と民衆の距離は遠ざけられることになった。

その一方で、元禄期ころからは、年中行事であった節分の日に内侍所が開放される。民衆はこれまで参詣することがなかった禁裏御所のなかの「神社」に参詣することができるようになる。朝儀拝見が規制され天皇の姿を見る機会が失われつつあるなかでの内侍所参詣は、民衆が禁裏の神聖性や天皇のありがたさを禁裏御所内で経験する貴重な機会となっていく。

なお、この禁裏側の内侍所開放の背景は、史料の限界もあって、十分に明らかではないが、朝儀の開放を規制する以上、代わりとなる禁裏との接点を設定する必要があったのではないかと考える。実際、京都では度重なる火災のたびに禁裏御所の造営が行われる。造営費用は幕府が負担するが、造営中は火の管理や鳴物禁止など様々な規制が課される。そのなかで、禁裏御所に対する信仰もしくは天皇への関心を涵養する機会が失われれば、禁裏の空間やその社会構造を維持できなくなる可能性すらある。そこで町と共存しつつ京都の空間や社会を維持していくために禁裏が生み出した手段（装置）が、民衆の間に浸透していた信仰を取り入れた内侍所開放という「行事」であったとみることができるのではないだろうか(44)。

ただし、これらの背景を確定するには、禁裏側の内侍所開放の意図をさらに詳しく検討していく必要がある。特に、内侍所は白川家が管理し、刀自や斎などの女官が取り仕切っている。よって、禁裏組織のありかたや幕府・禁裏両者の宗教政策もあわせみながら、かかる検討を深めていかなければならないと考えている。

(1)　藤岡通夫『京都御所』新訂版、中央公論美術出版、一九八七年。平井聖編『中井家文書の研究』中央公論美術出版、一九七七年。大工組織に関しては、谷直樹『中井家大工支配の研究』（思文閣出版、一九九二年）などがある。

(2)　戦国期の禁裏と禁裏六町の社会的・経済的密接な関係を指摘した研究として、高橋康夫「町組『六町』の成立と構造」（『京都中世都市史研究』、思文閣出版、一九八三年）がある。

(3)　本書第一部第二章参照。

(4)　宮地直一「内侍所神鏡考」『神道史学』一、一九四七年。安丸良夫『近代天皇像の研究』岩波書店、一九九二年。飛鳥井雅道「近代天皇像の展開」『岩波講座　日本通史一七』、岩波書店、一九九四年。飛鳥井は、禁裏への参詣は天子（天皇）信仰のあらわれであり、京都では十八世紀後半から十九世紀前半から庶民の中で禁裏や天子の存在が大きくなっていたことを指摘する。

（5）清水克行「戦国期における禁裏空間と民衆」（『室町社会の騒擾と秩序』、吉川弘文館、二〇〇四年、初出一九九八年）。ほかにも、開放された朝儀事例を多数抽出し、開放朝儀に対する朝廷の動向や意図を分析した石田俊「近世中期における朝儀・行幸の開放」（京都大学大学院文学研究科修士論文、二〇〇五年三月）がある。

（6）高埜利彦「江戸時代の朝廷支配」『日本史研究』三一九、一九八九年三月。

（7）北川一郎「近世後期の民衆と朝廷――天明七年御所千度参りの再検討――」『新しい歴史学のために』二四一、二〇〇一年四月。

（8）小野将「国学者」横田冬彦編『シリーズ 近世の身分的周縁二　芸能・文化の世界』、吉川弘文館、二〇〇〇年。

（9）高木博志「近代の内裏空間・近代の京都御苑」小森陽一他編『岩波講座　近代日本の文化史二　コスモロジーの「近世」』、岩波書店、二〇〇一年。本章での高木の指摘は本論文に依る。

（10）前掲清水『室町社会の騒擾と秩序』。

（11）三浦周行は、治承四年（一一八〇）安徳天皇即位礼の事例などを挙げ、「職員外の人々」（一三九頁）も即位礼を拝見できたことを指摘する（『即位礼と大嘗祭』、京都府教育委員会、一九一四年）。また、慶長度即位礼（後水尾天皇）の徳川家康や寛永度即位礼（明正天皇）の酒井忠世・土井利勝の拝観を事例に挙げ、「内々拝観を許されることはあった」上、拝観者が群れをなして押し寄せた現象なども指摘する。実際、応仁・文明の乱を契機に即位礼の場が太政官庁から紫宸殿へ移った大永元年（一五二一）三月の後柏原天皇の即位礼は、「見物衆男女簇参、物忩無是非」（『二水記』（大日本古記録）大永元年三月二十一日条）「老若男女如雲霞」（『二水記』大永元年三月二十二日条）と表現される。

　また、三島暁子は「御懺法講の定着過程にみる公武権威の主導権争いについて――南北朝から室町後期まで――」（『芸能史研究』一六二、二〇〇三年）、「室町時代宮中御八講の開催とその記録――真名記と仮名記――」（『武蔵文化論叢』二、二〇〇二年）のなかで、懺法講や御八講の見物人の存在を指摘する。小川剛生は「雲井の御法」（『南北朝の宮廷誌――二条良基の仮名日記』臨川書店、二〇〇三年）のなかで、康暦二年（一三八〇）の後光厳院七回忌を記す仮名記である『雲井の御法』（『群書類従』所収）を解説する。『雲井の御法』は老尼が宮中法会を見物に訪れる様を描いたものであり、物語としてこの状況が成立したことを確認した上で、見物人の存在は公認されていたものであり、民衆の視線や興味が意識された朝儀が行われていた状況を指摘する。

（12）『言経卿記』（大日本古記録）慶長九年（一六〇四）二月三十日条。

（13）『京都町触集成』（岩波書店、一九八三〜八九年）別巻二、貞享四年、№636。以下、本章では『町触』二、などと表記し、史料番号を示す。

（14）下橋敬長『幕末の宮廷』平凡社、一九七九年。

（15）前掲小川「雲井の御法」等参照。

（16）即位礼の空間については、前掲三浦『即位礼と大嘗祭』や溝口正人「中世即位式の空間構造」（上野邦一他編『建築史の想像力』、学芸出版社、一九九六年）に詳しい。また、明正天皇即位礼を描く「御即位行幸図屏風」（毎日新聞社至宝委員会事務局編『皇室の至宝二　御物　絵画Ⅱ』（毎日新聞社、一九九一年）所収、本書本扉図参照）には、紫宸殿に帽額、南庭に幢や旛が描かれている。

（17）二条城米蔵の蔵奉行を務める旗本の松崎権三郎の日記『（二条城米蔵）仮御役中日記』（京都府立総合資料館所蔵）享保十六年（一七三一）正月十日条には、後七日御修法の見物の様子が以下のとおり記される。

禁裏御修法之護摩七日ゟ十三日迄有之、其内ハ毎日諸人ヲ入レ拝見為仕候由ニ付、九ツ時源五同道罷越拝見仕候、桑山丹州組同心之小頭世話仕候、東ノ日ノ御門ゟ入リ紫宸殿へ上り拝見仕候、（中略）公家衆ハ不見、出家も休息之間ニ而見へ不申候、参詣ノ男女多し、長上下、麻上下之者世話仕候体也、

儀式の間は拝見が許されていないったが、それ以外の時間においては紫宸殿の上での装飾等の拝見が許されていたことがうかがえる。

（18）即位礼の民衆の拝見の様相については、町触を用いて明らかにした森田登代子「近世民衆、天皇即位式拝見——遊楽としての即位儀礼見物」（『日本研究』三十二、二〇〇六年三月）で切手札の役割が述べられている。

（19）切手部屋の設置等については、野村玄氏にご教示いただいた。その位置等は、前掲藤岡『京都御所』に詳しい。なお、切手札の発行の背景として、その発行により収入を得ていた可能性も考えられるが、詳細は不明である。また、『非蔵人日記公事抜粋　智』五二（宮内庁書陵部所蔵）には、「享保二十年十月廿九日　御即位当日雑人拝見札之事」と記されていることから、非蔵人も警備等の役目にあった可能性がある。

（20）『国史大辞典』（吉川弘文館）「禁裏附」。『平日閑話』（『日本随筆大成』第一期第八巻（吉川弘文館、一九七五年）所

収）「禁裏附勤方」の項には、「禁門の儀役人の外公家衆たりとも、禁裏附之衆え不被断しては出入不被成」とある。また、『禁裏附武家百ヶ条』（東京大学史料編纂所所蔵）には、「一、都而雑人拝見有之節者、倅罷出候而不苦伺出之間之致同道拝見所ハ、但ニ達円座相廻々廻廊外ニテ拝見被致候、御田植千秋万歳闘鶏等廻廊之外之義ニ候へ者、着座之次ニ罷出候者も不苦候」とあり、民衆に混じって禁裏附の関係者も朝儀を見物できたことがわかる。

(21)『桂宮日記』には、元禄十三年十月七日に「御能之札」が五枚、享保五年（一七二〇）八月八日に禁裏取次から「拝見札」が五枚、届けられたとされる。さらに、元禄十四年八月二十五日条からは、この年から禁裏取次が直接桂宮家まで札を持参するようになったことがわかる。

(22)前掲清水「戦国期における禁裏空間と民衆」ならびに本書第一部第一章参照。たとえば、『二水記』大永五年（一五二五）正月十六日条には民衆が御神楽に集まったことが記される。

(23)第二部補章1参照。

(24)『続日本随筆大成　別巻近世風俗見聞集』二―四（吉川弘文館、一九八一年）所収。

(25)東京大学史料編纂所所蔵謄写本。東園基長は、貞享四年の即位礼当時、正五位下（十二歳）であった（『日本古典全集　諸家伝』一二―一五、一九四〇年）。

(26)『町触』一、No.818。

(27)安永九年の御元服の時の町触にも、南門を開く間は「御門外往来停止」が示される（『町触』六、No.373）。また、野村玄は、後光明天皇の即位時、禁裏の門がすべて閉められていたことを指摘する（野村玄「後光明天皇の即位と江戸幕府」『日本史研究』四六七、二〇〇一年七月）。

(28)禁裏御所の警固は幕府の管轄であり、拝見場の管理や通行の規制等は禁裏附やその与力同心らの役目であったものと考えられる。

(29)大谷節子「近世禁裏仙洞能一見」『芸能史研究』一一三、一九九一年四月。

(30)近世初・中期の禁裏御所と「穢」に関しては、宝永七年（一七一〇）の即位礼に関する町触（『町触』一、宝永七年、No.565）のなかで即位礼に僧尼が参加してはいけないとされる記述も注目される。

(31)前掲野村「後光明天皇の即位と江戸幕府」。

（32）飯淵康一他「近世内裏の空間的秩序――承明門、日・月華門の性格からの検討――」『日本建築学会計画系論文集』五三八、二〇〇〇年十二月。
（33）これは、前掲高埜が指摘する近世の天皇の行幸が幕府によって規制されていたこととも関係しよう。今後は、天皇の可視性についても分析する必要がある。なお、『譚海』巻三（『日本庶民生活史料集成』八（三一書房、一九六九年）所収、天明五年ごろの記録とされる）には、「（著者註：拝見が許される節会の日）廊より紫宸殿へ渡御の時、女嬬前後に扈従し、ひあふぎを開き連接して龍顔を障翳し奉る、一片の霞の如し、唯衰敝以下を拝み奉る事也とぞ」とある。行事を拝見する民衆はほんの少し天皇を垣間見ることができたとあるが、天皇を見ようとする人々の間で混乱が生じるような状況は確認できない。
（34）『光格院御日記案』（京都御所東山御文庫記録乙十九、日本学士院編『帝室制度史』（吉川弘文館、一九七九年）所収）寛政九年（一七九七）正月十五日条には、実際の穢の発生と対処が記される。「寛政九年正月十五日丙辰、今日有清祓、去八日賢所群参之時、警衛武士制止過度、其辺及血故有此義者也」、つまり節分参詣人と警護にあたっていた武家との間の衝突で血が流れたため、後日に内侍所で清祓が行われている。
（35）原田伴彦他編『日本庶民生活史料集成』八（三一書房、一九六九年）所収。
（36）野間光辰編『新修京都叢書』四（臨川書店、一九九四年）所収。
（37）前掲清水「戦国期における禁裏空間と民衆」は、『言経卿記』慶長十年七月十五日条の灯籠見物に関する記録「雑人見物ニ御庭マテ参る、各召之、清涼殿ニテ、ホシ飯ニテ御酒各被下了、忝者也」を挙げて、「この頃、禁裏では、規制を強める一方で灯籠見物を許された「雑人」に清涼殿で天皇から「ホシ飯」と「御酒」が下賜されるという演出まで行われるようになっていた」（四五頁）とする。しかし、『言経卿記』の記述は、雑人がホシ飯等を下されたとは記述されておらず、灯籠見物時に雑人が御酒等を下されたという根拠はない。記主である山科言経が天皇からホシ飯等を下されたと理解するのが妥当であろう。
（38）前掲『幕末の宮廷』によると、内侍所での舞御覧の際には、一般人民は、「日之門」の外で下の袴を持っていないものには袴を、高下駄のものには藁草履を貸し出した上で、日之門の北隅の穴門から内侍所へと通していたという。
（39）『町触』一、No.380。

(40)　前掲宮地「内侍所神鏡考」。
(41)　宝永七年（一七一〇）の節分は十二月十七日であったが、節会と重なったために参詣「無用」とされた（『町触』一、No.571）。ただし、本事例については、代替の参詣が設定されたことは確認できない。
(42)　節分時に内侍所が開放された要因のひとつとして、民衆がおさめる賽銭を収入源とすることが考えられる。また、幕末の記録である「勢多章甫筆記」（『帝室制度史』五所収）によると、参詣人がいただく米や大豆は「出入方の商人是を取扱ふ」とあるように、出入りの御用商人の関与も考えられる。しかし、内侍所の収支に関しては不明な点が多く、御用商人の関与も含めて、今後の課題としたい。
(43)　平井誠二「下橋敬長談「年中行事」――翻刻と解題――」（『芸林』五四―二、二〇〇五年十月）に所収される下橋敬長談「維新以前年中行事」によると、節分の日には、与力同心が麻上下で内侍所の玄関に座って御豆を民衆に渡していたという。このような幕府関係者の役割は、今後明らかにする必要がある。与力同心を含めた節分行事の役目の分担も今後明らかにしていく必要がある。
(44)　朝廷権威の再検討の必要性に関しては本書序章参照。

〈追記〉

本章論文（初出）発表後、森田登代子「近世民衆、天皇即位の礼拝見」（笠谷和比古編『公家と武家Ⅲ――王権と儀礼の比較文明史的考察』、思文閣出版、二〇〇六年）が発表された。文献史料や絵画史料を用い、鳴り物禁止令等の制限下での朝儀拝見の重要性を指摘されたほか、民衆の即位礼の拝見を親近感のある祝祭と表現する。近世禁裏御所に存在した開放的な側面を明らかにした点は評価できるが、親近感の具体的内容やその感覚が必要とされる背景などが明らかにされておらず、実証性に欠けると言わざるをえない。

また、同じ時期に、吉岡拓「近世後期における京都町人と朝廷――祇園祭山鉾町を主な事例として――」（『日本歴史』七〇三、二〇〇六年十二月）が発表された。本論文は、天皇権威という概念の質の重要性に着目し、近世後期の祇園祭にみられる町人のなかにある天皇への畏敬の念という身体化された感覚を具体的に明らかにする。近世中後期の朝廷・天皇権威が町や町人の動向と関与することが明らかとなる興味深い論考である。

補章1　室町・戦国期における宮中御八講・懺法講の場

はじめに

室町・戦国期、天皇や皇后の追善仏事（回忌法会）として宮中において御八講と懺法講が営まれた(1)。このうち、三島暁子は、応仁・文明の乱後の懺法講に注目し、天皇自らの所作や行道が天皇の権威を示すために重要であったことを指摘する(2)。また、曽根原理は、法勝寺の法会が公家や僧を統括する機能を担っていたのと同様に(3)、宮中御八講も僧や公家らを統括する役割を果たしていたことを示唆する(4)。しかし、これらの研究では、権威の顕示や統括の舞台となった場の様相は明らかにされていない。道場の平面構成や使い方に着目することで、権威や結束が強調された背景や影響などをさらに明らかにできるのではないだろうか。

そこで、本章では、宮中法会のなかでも天皇・皇后の追善仏事として営まれた御八講・懺法講の場に着目し、追善仏事の特性と公卿・公家が多く参仕する意義について再考察してみたい。

一　清涼殿における追善仏事

表1は室町・戦国期に宮中で行われた追善仏事の一覧である。簡単に開催の経緯と場所を整理しておく。

応安元年（一三六八）の懺法講は、後に『仲光卿記』や『花幕記』(5)で「希代の御興善」「厳儀の初例」(6)と評されるものであった。このとき、道場は議定所とされた。議定所は僧や廷臣との対面の場であり、仏事道場として使用しても支障がなかったという[7]。

一方、約二年後の応安三年には、清涼殿において御八講が行われる。三島暁子は、天皇の常所であり死穢を最も忌み嫌う清涼殿は仏事の場として望ましくなかったが、正親町東洞院の内裏が狭かったために清涼殿を道場とせざるをえなかったことを指摘する[8]。

続いて、康暦二年（一三八〇）、応永六年（一三九九）の懺法講は、議定所で行われる。

さらに、応永十二年の御八講は、応安三年を先例とし、清涼殿が道場として用いられる。このとき、足利義満が薪の行道に参加している。

翌応永十三年の懺法講は、議定所ではなく清涼殿で行われる。これは、懺法講が私的な内々の儀から公的な厳儀となったことを意味するという指摘もある[9]。

二　御八講の場

では、清涼殿は道場としてどのように用いられていたのだろうか。まず、御八講から確認してみたい。

次の史料は、『実隆公記』延徳二年夏紙背文書にある中院通秀書状の一部である[10]。

月朔幸甚々々、御八講無為無事惣別珍重候、病気与雨気不及一日聴聞候、三億類無申計候、結願日通世（中院）卿参仕、違失万端之由申候、就其行香之時、為入母屋道場撤剣笏候、布施取同入道場之事候之間、幸撤剣笏之便不可及帯剣之由、

御八講の行香において清涼殿の「母屋道場」で剣を解き笏を置いている。また、「道場」での布施のときは剣と笏の所持が問題となっているが、結局帯剣には及んでいない[11]。このように、道場、さらには母屋では剣と笏を

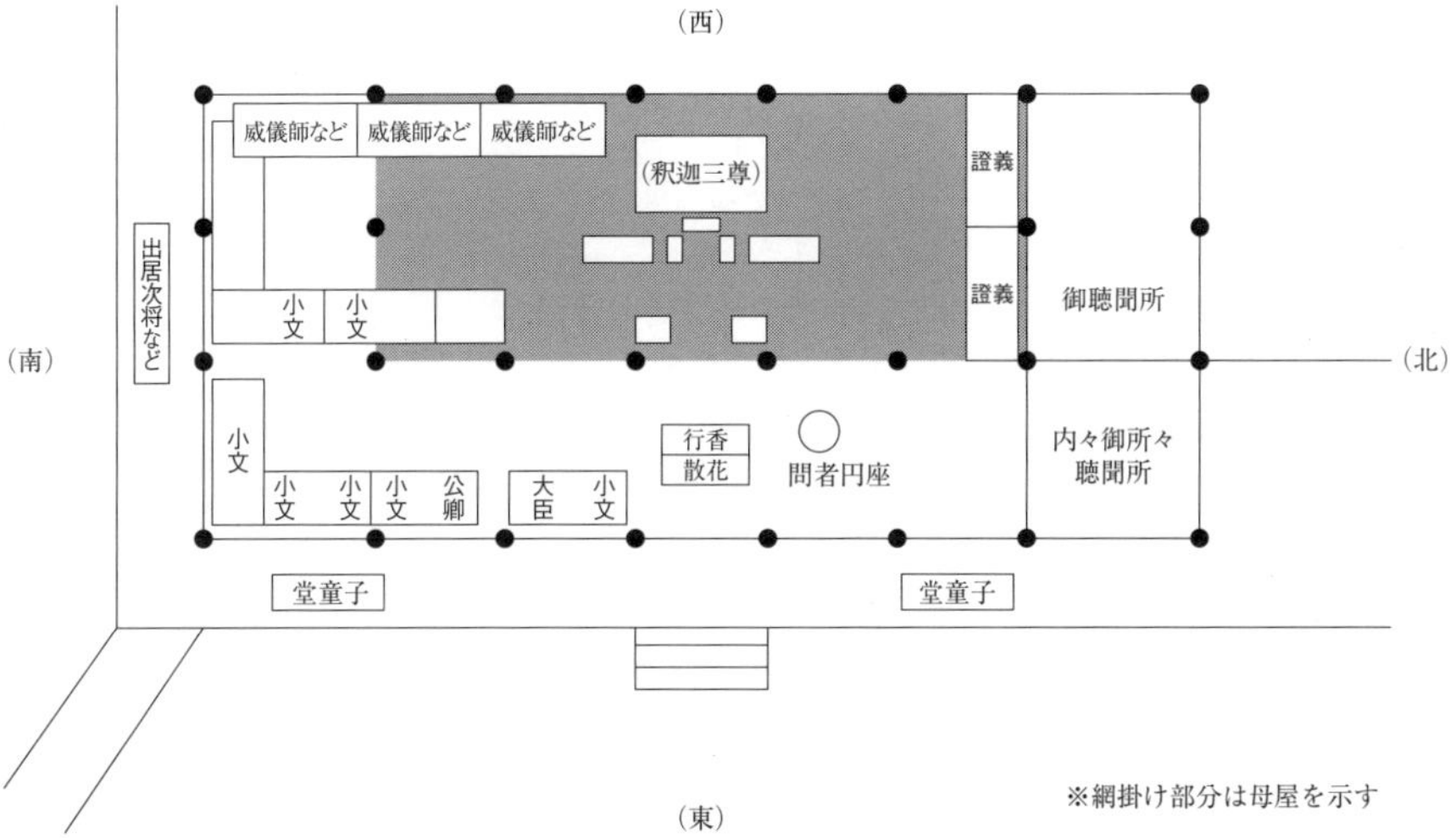

図1　延徳2年御八講道場模式図
（『御八講次第』をもとに著者作図）

置くなど明らかな対応の差異が求められていたことがわかる。

また、延徳二年（一四九〇）の『御八講次第』[12]には、一枚の指図が所収される（図1）。母屋には本尊を置き、證義や威儀師の座を配置する。そして母屋の脇に、安禅宮や外様の聴聞所のほか、天皇の御聴聞所を設ける。一方、弘庇には大臣や公卿らの座が設置され、簀子には堂童子や出居次将の座がしつらえられた[13]。

ただし、この弘庇は、仏事を行う場を決める上で重要な要素であった。それがわかるのが、応永十二年（一四〇五）の御八講を記した『荒暦』（『大日本史料』七―七所収）四月二十六日条の記述である。

> 自去二十一日遷御東小御所、書御座、朝餉、台盤所以下、仮設其所、以記録所擬殿上、以本殿、清涼殿代、暫為道場、偏是任応安近例、所有沙汰也、旨趣同見先日記、而此皇居御殿相替先度事等繁多、廊渡殿弘庇以下無其所之間、於事難治、就中今度准三后可有御著座、五巻日可令立大行道給之由治定了、是又希代厳儀、臨時処分也、（中略）南行次第行香、自呪願至聴衆、僧侶十七人一列進立、仍其所狭少之間、聴衆下﨟両三人列及弘庇南第一間、無術計間、如此列立之由、威厳師諭示、予是存内事也、凡一列進立事、応

安度別儀之由見或記、如最勝講者、講師已下於本座前行之歟、且安元此御八講行香不及聴衆之由、見上卿御記、然者今度人数多間狭、事予不発言、所令後悔也、上卿奉行以下、又不及此儀、可謂遺恨、為之如何、

道場となる殿舎には「廊渡殿弘庇以下」が必要であることが挙げられる。つまり、道場として適しているかは、弘庇等の有無が大きく影響すると考えられていたのである。しかも、参加人数の多さから、その場所の狭さなども問題とされていた。これは、応永十三年の御八講も同様で、大勢の参仕によって場が狭いことが記される[14]。

では、なぜ公卿らの座が設けられる弘庇の確保が重視され、しかも確保した場ですら狭いというほどの参仕者が集う状況になったのだろうか。

それを示す史料はないが、庇に座を設けられた公卿らが担う所作に注目してみたい。応永十二年の御八講では薪の行道が最も華やかな所作であった。その行列には、公卿以下二十人、侍臣（公家）十九人が参加している[15]。一方、応仁・文明の乱後、延徳二年に営まれた御八講では薪の行道は省略されるが[16]、行香は実施された。また、延徳二年『禁中御八講次第[17]』には、行香を行う公卿が不足したので殿上人を加えたとある。

しかも、時代は下るが、『泰重卿記[18]』元和九年（一六二三）八月二十四日条に「行香作法如初日、見物貴賤驚耳目候、綺麗風流筆舌難尽也、見物古今不及聞、億万人満庭上」とあるように、御八講のなかでも行香などは貴族や民衆の見物の対象となっていた。

以上から、人々の見物の対象となるような追善仏事における華やかな所作を担う公卿らの座の確保が、道場の選定やしつらいにも影響を与えていた可能性を指摘できる。ただし、御八講の事例は少なく、比較検討が難しい。そこで、次に懺法講に着目して、この所作の演出と場の変容の関係性についてさらに考えてみたい。

三　懺法講の場

多くの朝儀が応仁・文明の乱後に中断するなかで、御八講は文明十四年（一四八二）に再興され、さらにその八年後の延徳二年（一四九〇）にも営まれた。このとき、宸筆ではないが御斎会に准じることが示されたように、宮中はその執行を重視していた。しかし、南都衆の不参や多大な費用の問題から、御八講はそれ以後ほとんど催されなくなる。その代わりに開催されるようになるのが、懺法講である[19]。

三―一　懺法講の演出

西教寺所蔵『御懺法講記』（東京大学史料編纂所所蔵謄写本）に所収される文安二年（一四四五）の道場の指図には、清涼殿の階の左側に「仮庇地下所作人」とある。一方、文明十四年の『御懺法講記』[20]所収の道場図（図2）には、清涼殿の階の左右に仮庇が描かれる。なお、同書十二月五日条に「地下伶人着仮庇座、楽器等兼而置之、今度階左右構庇、先例大略為一方歟」と記されるように、図2のしつらえが正式なものであり、文安二年時は省略されていた可能性がある。

ところが、永正九年（一五一二）には、「殿上人不足、重役之、楽所作、殿上人重役除之」（『宣秀卿記』（『大日本史料』所収）永正九年九月二十三日条）とあるように、殿上人が不足し、楽所作などの役を重ねる必要があったという。実際、『二水記』（大日本古記録）の大永八年（一五二八）の懺法講の道場図（図3）を見ると、楽人の座に階の南側だけになっている。しかし、規模は拡張されており、文明十四年時と同じ程度の面積が確保されていることがわかる。

加えて、図2には殿上人散花路が書き込まれている点も注目しておきたい。文安二年の道場には散花殿上人に

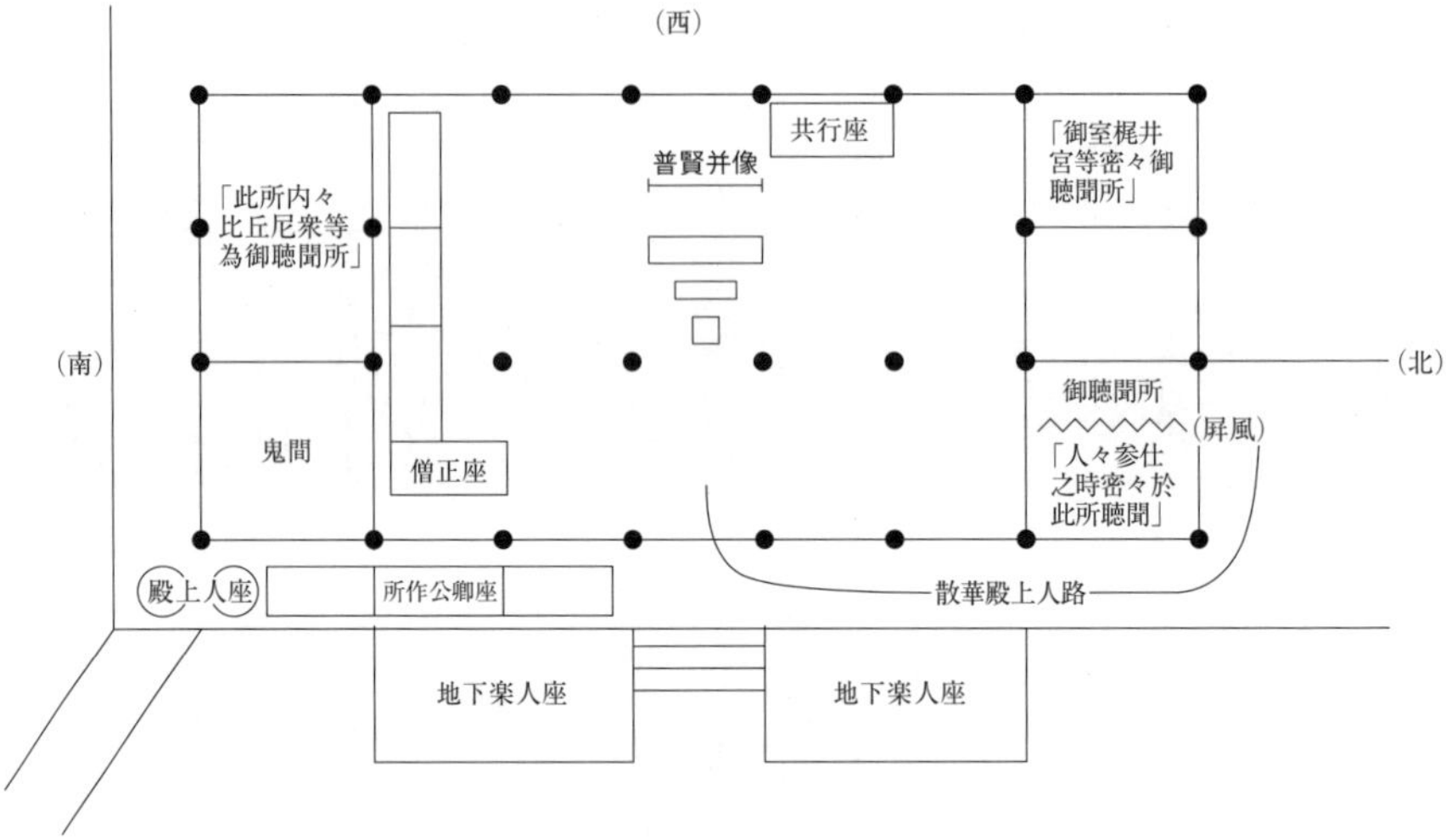

図２　文明14年（1482）懺法講道場模式図
（『御懺法講記』をもとに著者作図）

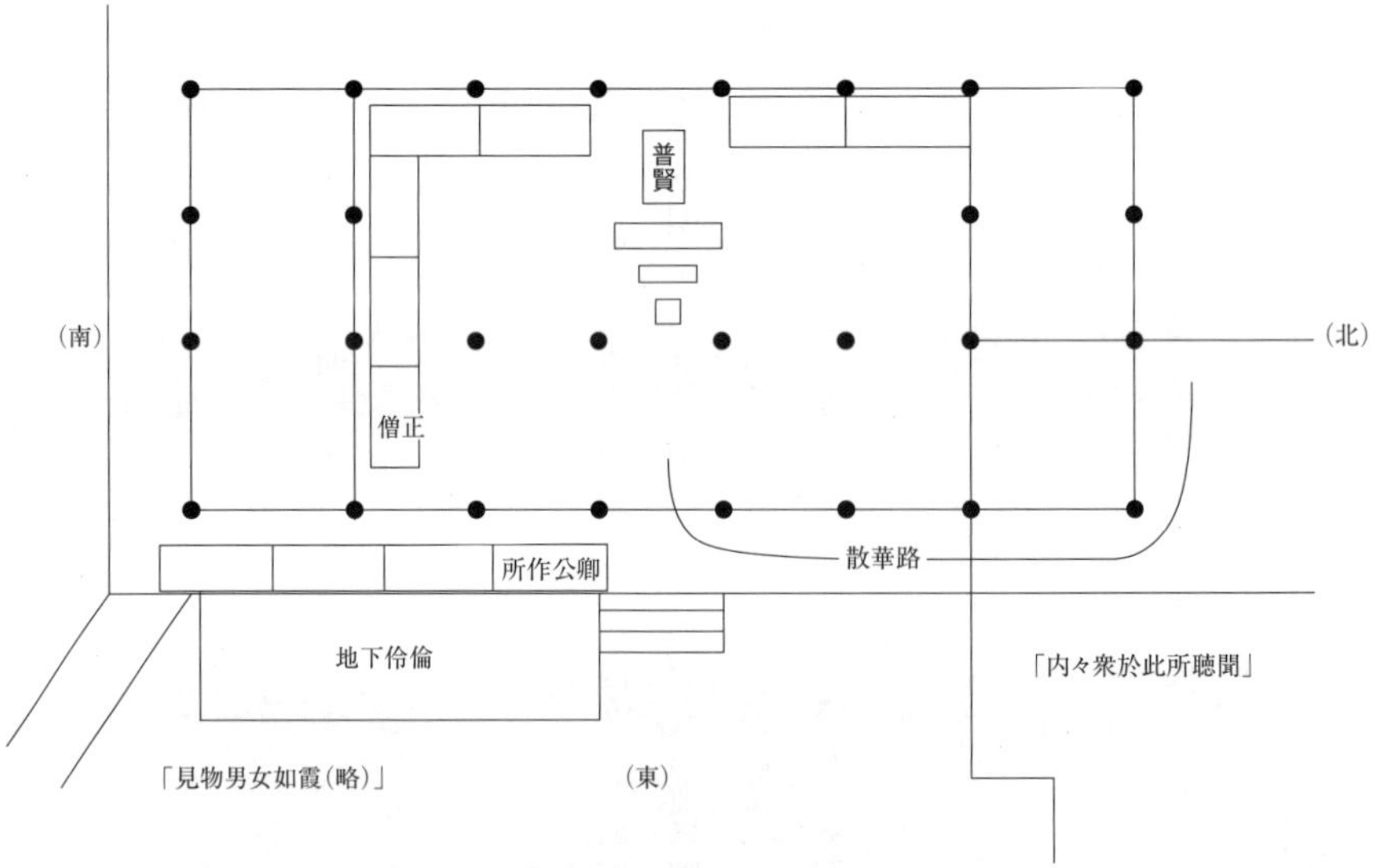

図３　大永８年（1528）懺法講道場模式図
（『二水記』をもとに著者作図）

関する書き込みはない。しかも、両図を比較すると、文明十四年には公卿の座が散花の通路の妨げにならない位置に移動されている。

では、そこまでしてなぜ楽人や散華の場が確保もしくは強調されるのであろうか。

御八講の行道や行香と同じく、懺法講の所作は視覚的効果を伴うために天皇らの権威を表す手段となりうる。しかも、懺法講は散花などの視覚的効果に加え、荘厳を高めるために天皇の御所作（笙）、大原衆の声明など聴覚的効果が大きいという。(21) 酒井信彦は、応仁・文明の乱後、「世俗的」と表現される朝儀が盛行していたと指摘する。(22) 実際、『御懺法講雑記』(23) 永正三年九月二十三日条の「一、退出之間、唐門武家御直戸之前人々群集無骨之間、密々経南庭方、出自北門、中御門亜相《宣胤》同道談今日事等」、『実隆公記』同月二十五日条の「凡上下群集如稲麻竹葦、三ヶ日無為無事尤珍重之事也」という記述からは、多くの人々が懺法講に集まっていたことが確認できる。

さらに、懺法講を見物・聴聞を行うために禁裏に出入りできたのは、公卿や公家、僧だけではなく、都市民衆も含まれていた。(24)『二水記』に所収される享禄元年の懺法講の道場図に、(25) 清涼殿の東庭に「見物男女如霞、甚以物忩也」という書き込みがある（図3参照）。したがって、「男女」の都市民衆が清涼殿のかなり近くで見物していたと考えられる。

ただし、道場には荘厳のための装具や御簾が掲げられており、民衆が一段高いところにある清涼殿の母屋の様子は見ることができたかどうかは疑問が残る。しかし、散花殿上人が花を取り道場に入る通路は庭と接近する位置にあるゆえに、人々は散華などの雰囲気や、楽人が奏でる音楽等の音を体験することができる。加えて、懺法講では、所作公卿や殿上人はともに簀子に座し、地下伶人の座は仮庇に設置されている。人々は正装して座する公卿や楽人の様子ぐらいは間近に見物できたのではないだろうか。

三―二　公家参仕の場としての懺法講

ここまで、視覚・聴覚的に華やかな所作をともなう懺法講では、参加する公卿だけでなく、民衆にも祝祭としての印象を強く与えるべく工夫がなされていたことを確認してきた。

最後に、これらの法会が公家らに与えた影響についても言及しておきたい。

懺法講は、参仕をうながすことで公家らを統括する機能をもっていたことは間違いない。ただし、それは他の朝儀も同様である。しかし、懺法講に関していえば、天皇・公卿・公家・僧・都市民衆らが見物するなかで実施されたことは重要であったと考えられる。なぜならば、多くの人が見守るなかで天皇の常所である清涼殿で御八講や懺法講の所作をすることで、公家らは自らが朝廷機構の一員であることをより強く自覚することになるからである。

ただし、内々衆と呼ばれる天皇の近臣については、この法会を介してさらに強く天皇とのつながりを感じることができた点は注目しておきたい。大永八年の懺法講の道場図（図3）には、清涼殿の東に「内々衆於此所聴聞」の場が設置されている。この「内々衆」とは、禁裏小番衆の内々衆を指すもの考えられる[26]。禁裏小番衆は結番して内裏に参仕する公家集団であり、当時の朝廷政治の制度的な手続きには必要不可欠な存在であった。その上、天皇の公私の行事に同席し酒宴を共にするなど、天皇との個人的つながりを重視していたという。また、禁裏小番衆が天皇との一体感を強める動きは内侍所参詣というかたちでも表れていた[27]。すなわち、禁裏小番衆のなかでも特に近臣とされた内々衆は、楽がよく聴こえ、散華がよく見える位置に座することで、懺法講を介しても優越感や天皇とのより私的なつながりを感じることができるようになっていたのではないだろうか。

おわりに――小括と展望――

以上、本章の考察をまとめると以下のとおりとなる。
①御八講では母屋に本尊が置かれる一方で、弘庇の場も重視されていた。そこには公卿の座があった。
②略儀となった御八講では視覚的効果が減少したとされるが、行香は人々の関心を集めるものであり、その所作は主に公卿が担っていた。一方、懺法講は、公家らだけではなく、民衆も惹き付ける祝祭的な要素を兼ね備えた朝儀であった。ここでは、散華や奏楽などの視覚・聴覚的効果が高い所作がさらに重視される傾向にあり、その場・空間の広さやしつらいにも影響した。
③懺法講には公卿だけではなく公家らも参加（参仕・所作・見物）することができ、公家を統括する機能を果たしていた。また、そのなかでも内々衆は特別な座が用意されるなど、天皇とのつながりを感じることができる場にもなっていた。
ところで、応仁・文明の乱後の延徳二年の御八講は、等持寺御八講に準じるとされる。これは、宮中御八講や懺法講が、対公卿・公家だけではなく対武家への演出効果も果たしていたことも影響しているのであろう[28]。室町後期・戦国期の宮中の追善仏事は、天皇・公卿・公家・武家・都市民衆らに天皇の存在を示す場として重要な役割を果たしていたことになる。

最後に、このように追善仏事が祝祭や統括の場として活用されていたことを踏まえて、道場となった清涼殿の配置の変化について、展望を含めて述べておきたい。

応安三年（一三七〇）の御八講は土御門内裏の清涼殿で、応安元年、康暦二年（一三八〇）、応永六年（一三九九）の懺法講は議定所で行われた。このときの土御門内裏については藤田勝也が復元図を示している[29]。内裏の

宮中以外での仏事		備考	典拠※
		義詮百ヶ日も兼、光厳院三十三回忌との誤記あり(「応永十三年禁裏御懺法講記」)	
		道場清涼殿の初例(御八講)	

宮中以外での仏事		備考	典拠※
			雲井の御法
安楽光院	後光厳院七回忌　法華八講		続史愚抄

宮中以外での仏事		備考	典拠※
安楽光院	後円融院七回忌　御八講		
		宸筆法華八講、義満の着座、費用も負担	
		道場清涼殿の初例(懺法講)	

宮中以外での仏事		備考	典拠※
安楽光院	後小松院七回忌　御八講		続史愚抄
			続史愚抄
		※※	続史愚抄
安楽光院	後小松院十三回忌　御八講		続史愚抄
		詳細不明	続史愚抄

宮中以外での仏事		備考	典拠※
般舟三昧院	後花園院十三回忌　往生講		実隆公記
		応仁・文明の乱後の再興(懺法講)	実隆公記
般舟三昧院	後花園院十三回忌　御経供養		実隆公記
		応仁・文明の乱後の再興(御八講)	
	喜楽門院三回忌　御経供養		
			実隆公記

宮中以外での仏事		備考	典拠※
			実隆公記
般舟三昧院	後土御門院三回忌　御経供養		実隆公記
			実隆公記
般舟三昧院	後土御門院七回忌　御経供養		実隆公記
般舟三昧院	後土御門院十三回忌　御経供養		
		嘉楽門院追善	実隆公記
	贈皇太后三十三回忌　御経供養		実隆公記

宮中以外での仏事		備考	典拠※
			実隆公記
般舟三昧院	後柏原院三回忌　御経供養		実隆公記
			実隆公記
般舟三昧院	後柏原院七回忌　御経供養		実隆公記
			続史愚抄
般舟三昧院	後柏原院十三回忌　御経供養		続史愚抄

宮中以外での仏事		備考	典拠※
			言継卿記
般舟三昧院	後奈良院三回忌　御経供養		言継卿記
			言継卿記
般舟三昧院	後奈良院七回忌　御経供養		言継卿記

※※永享12年7月20日、称光院十三回忌の曼荼羅供と御経供養が宮中で開催された。

表1　天皇・皇后の追善仏事（後光厳天皇～正親町天皇）
（天皇が願主の事例を抜粋。院御所開催の法会は除く）

和暦	西暦	月・日	期間	道場	宮中御八講	宮中懺法講
後光厳天皇（在位期間・観応３年～応安４年）						
応安元年	1368	3・10	7日	議定所		後伏見院三十三回忌
3年	1370	7・3	4日	清涼殿	光厳院七回忌	
後円融天皇（応安４年～永徳２年）						
康暦２年	1380	1・29	7日	議定所		後光厳院七回忌
		1・29	5日			
後小松天皇（永徳２年～応永19年）						
応永６年	1399	4・20	5日			
		4・26	7日	議定所		後円融院七回忌
12年	1405	4・26	4日	清涼殿	後円融院十三回忌	
13年	1406	1・29	7日	清涼殿		後光厳院三十三回忌
15年	1408	12・24	7日	宮中		通陽門院三十三回忌
称光天皇（応永19年～正長元年）						
後花園天皇（正長元年～寛正５年）						
永享11年	1439	10・11	5日			
		10・16	7日	清涼殿		後小松院七回忌
文安２年	1445	10・14	7日	清涼殿		後小松院十三回忌
		10・21	5日			
寛正元年	1460	7		清涼殿	称光院三十三回忌	
後土御門天皇（寛正５年～明応９年）						
文明14年	1482	10・27				
		12・5	3日	清涼殿		後花園院十三回忌
		12・27				
延徳２年	1490	4・26	5日	清涼殿	喜楽門院三回忌	
		4・28		宮中		
明応３年	1494	2・24	5日	清涼殿	喜楽門院七回忌	
後柏原天皇（明応９年～大永６年）						
文亀２年	1502	9・18	3日	清涼殿		後土御門院三回忌
		9・28				
永正３年	1506	9・23	3日	清涼殿		後土御門院七回忌
		9・28				
9年	1512	9・23	3日	清涼殿		後土御門院十三回忌
		9・28				
大永４年	1524	7・17	5日	清涼殿	贈皇太后三十三回忌	
		7・20		宮中		
後奈良天皇（大永６年～弘治３年）						
享禄元年	1528	4・6	3日	清涼殿		後柏原院三回忌
		4・7				
元文元年	1532	4・4	3日	清涼殿		後柏原院七回忌
		4・7				
天文７年	1538	4・4	3日	清涼殿		後柏原院十三回忌
		4・7				
正親町天皇（弘治３年～天正14年）						
永禄２年	1559	9・2	3日	小御所		後奈良院三回忌
		9・5				
6年	1563	7		宮中		後奈良院七回忌
		9・5				

※典拠は代表的な史料を記す。特に記されていないものは『大日本史料』を参照。※※

中心には寝殿があり、紫宸殿と清涼殿を兼ねる昼御座が寝殿の南、議定所（二間四間）が寝殿の北東にあった。しかし、この内裏は応永八年に焼失したため、同年には新たな内裏（応永度内裏）が造営される。この応永度内裏の特徴としては、紫宸殿と清涼殿が分離されたことが知られるが[30]、その清涼殿は南北朝時代の土御門内裏にあった議定所と対応する位置に置かれたことも注目される[31]。

この清涼殿の配置の変化の理由については史料がなく明らかではないが、追善仏事の道場の変遷に着目するならば、以下のように説明することも可能であろう。

通常、仏事の道場は東向きであることが重視される。たとえば、『迎陽記』応永六年四月二十六日条[32]には懺法講の道場について、「自今日於禁中被行御懺法、奉行蔵人権弁定顕也、以東向議定所為其所」とあり、東向きであることが議定所を道場とした理由とわかる。さらに、応安七年の後光厳院崩御後の仏事（例時作法）でも、「道場小御所東向、北端、例時・懺法・日仏・七日々々御経供養・臨時御仏事等、皆同道場也[33]」とある。すなわち宮中の仏事の道場は東向きであることが求められたことが多々あった。

一方、清涼殿で行われた追善仏事は、天皇・武家権威をより強く示す傾向があった。応安三年の御八講開催は、願主である後光厳天皇が南朝に対して正統性を顕示するとともに、北朝内へも正統性を顕示するためであったとされる[34]。また、足利義満も、康暦二年の懺法講では笙を吹くなど、懺法講にも影響力を及ぼすようになっていた。加えて、応永度内裏での追善仏事の初例である応永十二年の御八講は、厳儀として清涼殿で行われ、義満が積極的に関わっていた[35]。では、天皇・武家ともになぜこのような意図を持った法会を清涼殿で実施したのかという問題を考えなければならないが、それは清涼殿が天皇の寝所などを兼ねた日条の生活空間であると同時に、公卿定などの儀式も執り行われるような内裏のなかでも重要な公的空間となっていたことが強く影響していると考えられる。

以上のような追善仏事の場の条件と清涼殿の位置付けをあわせて考慮すれば、御八講・懺法講という仏事において正統かつ公的な権威を表すために、道場は議定所よりも清涼殿が適当とされた。そこで、応永度の清涼殿は位置は踏襲しつつも東向きに配置した。このような可能性を考えてもいいのではないだろうか。ただし、かかる想定を確定するには、清涼殿の使い方をさらに検討していくとともに、他の殿舎のありかたなども総合的に考察していく必要があることはいうまでもない。

なお、本章は公家らを統括する機能を持つ宮中御八講・懺法講の特性を明らかにすることを目的としたため、特に仏事の詳細な内容（追善仏事に参仕する僧の問題や寺院との関係など）の分析が不十分である。なかでも、般舟三昧院[36]、泉涌寺で行われる宮中に関する法会は、宮中追善仏事とも深く関わる。前掲表1からもわかるように、懺法講の開催と同時期の正忌日には、同じ願主・対象で康暦二年からは安楽光院において御八講が、文明七年（一四七五）の安楽光院の焼失以降（文明十四年の懺法講時から）は般舟三昧院で御経供養が営まれている。

しかも、延徳二年の宮中御八講の中日に御経供養導師を務めたのは尊勝院光什であるが、前掲「御懺法講雑記」永正三年九月二十六日条には「一、今日御正忌、於般舟三昧院有御経供養云々、御導師　光什僧都　題名僧二口」とあり、同じ光什が般舟三昧院の御経供養で導師を務めていることがわかる。これは、般舟三昧院での法会が宮中法会と同じ格・性格を持つことを意味しているのではないだろうか。宮中での追善仏事が一種の祝祭の性格を強めていく一方で、般舟三昧院での仏事の機能が定着・強化していったものと考えられるが、詳細については後稿としたい。

（1）　院政期に御八講が国忌として定着した過程や各法会の概要については、高木豊『平安時代法華仏教史研究』（平楽寺書店、一九七三年）に詳しい。

（2）三島暁子の研究は以下のものがある。「室町時代宮中御八講の開催とその記録――真名記と仮名記――」（『武蔵文化論叢』二、二〇〇二年三月。以下、三島①）、「南北朝・室町時代の追善儀礼に見る公武関係」（『武蔵文化論叢』三、二〇〇三年三月。以下、三島②）、「御懺法講の定着過程にみる公武権威の主導権争いについて――南北朝から室町後期まで――」（『芸能史研究』一六二、二〇〇三年。以下、三島③）。天皇権威への言及は三島③（三二頁）に詳しい。なお、これらの論考は、後に『天皇・将軍・地下楽人の室町音楽史』（思文閣出版、二〇一二年）に所収されている。

（3）山岸常人「法勝寺の評価をめぐって」『日本史研究』四二六、一九九八年。後に『中世寺院の僧団・法会・文書』（東京大学出版会、二〇〇三年）所収。

（4）曽根原理「室町時代の御八講論義」『南都仏教』七七、一九九九年。

（5）『大日本史料』所収。

（6）「厳儀」とは、公的手続きを経て執り行われるという意味と、おごそかに行われるという意味があるという（三島③二五頁参照）。

（7）藤田勝也「南北朝時代の土御門東洞院内裏について」（『日本建築学会計画系論文集』五四〇、二〇〇一年二月）。川上貢『日本中世住宅史の研究』（新訂版、中央公論美術出版、二〇〇二年）。三島③二一頁。

（8）三島①八頁。清涼殿を道場とするために天皇は小御所に遷座し常の御所を移した。なお、それまでの宮中御八講の道場は弘徽殿（長治元年）や寝殿（文永七年）、安福殿（元応二年）である。ただし、法会によって穢が生じ伝染するかについては、本書第二部第一章で述べたように、当時の禁裏内の触穢観念のありかたを踏まえた上で慎重に判断する必要がある。

（9）三島③参照。厳儀となったことは、応永十三年からは御懺法から懺法講へと名称が変化したことにも表れるとされる。

（10）本書状は、延徳二年の御八講は応仁・文明の乱後に再興されたものであったため、剣笏の扱いの確認を記したものと考えられる。

（11）行香時の所作については、応永度以前も同様であったことが確認できる。たとえば、応安三年『応安三年宸筆御八講記』（『続群書類従』所収）からも、行香時には剣笏を取っていることがわかる。

(12)『大日本史料』所収。
(13)御八講では、清涼殿の南隣にある「鬼間」「朝干飯」と称される部屋も小文の座として用いられる。
(14)『花幕記』応永十三年正月二十九日条。
(15)『荒暦』応永十二年四月二十八日条。
(16)三島③参照。なお、『荒暦』応永十二年四月二十八日条には、「経筵道上、過北方給之間、日野大納言・藤中納言等、猶相従御後、自余公卿殿上人等留東門辺歟、但鼓騒群集之間、不委見及」とあり、薪の行道の様子が見えないほどの群集があったことことがわかる。
(17)『大日本史料』所収。
(18)史料纂集。
(19)『宣秀卿記』永正九年（一五一二）九月二十五日条（『大日本史料』所収）に、「今度可為御八講之処、当時御料所等依難参著、為御懺法講」とあるように、費用の問題から御八講が懺法講に変更されたこともあった。
(20)『実隆公記』（続群書類従完成会）所収。
(21)三島③三二頁。
(22)酒井信彦「応仁の乱と朝儀再興――正月三節会を中心に」（『東京大学史料編纂所研究紀要』五、一九九五年三月）。
(23)『実隆公記』所収。
(24)三島①ならびに小川剛生「雲井の御法」（『南北朝の宮廷誌――二条良基の仮名日記――』、臨川書店、二〇〇三年）。なお、図2には御室や比丘尼などが道場内で「密に」聴聞している様子が描かれる。
(25)享禄元年四月六日条。
(26)禁裏小番衆については池亨「戦国・織豊期の朝廷政治」（『一橋大学研究年報・経済学研究』三三、一九九二年。後に同『戦国・織豊期の武家と天皇』（校倉書房、二〇〇三年）所収）、明石治郎「室町禁裏小番――内々小番の成立に関して――」（『歴史』七六、一九九一年）に詳しく、本章でも参照した。
(27)本書第一部第一章参照。
(28)三島①ならびに、前掲曽根原「室町時代の御八講論義」では宮中御八講と武家八講の関係が指摘される。さらに、冨島義幸「等持寺仏殿と相国寺八講堂——顕密仏教空間としての評価について——」(『仏教芸術』二七三、二〇〇四年三月)は、等持寺・相国寺の法会は室町幕府の対顕密仏事・対公家という効果があったことを指摘する。

(29) 前掲藤田「南北朝時代の土御門東洞院内裏について」。

(30) 藤岡通夫『京都御所』(新訂版、中央公論美術出版、一九八七年)。なお、康正度内裏の清涼殿と議定所の位置は応永度内裏とほぼ変わらない。南北朝時代および室町時代の内裏については、前掲川上『日本中世住宅史の研究』にも詳しい。また、戦国時代の内裏については、奥野高広『戦国時代の宮廷生活』(群書類従完成会、二〇〇四年)に概説がある。

(31) 前掲藤岡『京都御所』に応永度内裏の図が掲載される。根拠とされるのは『福照院関白記』に所収される指図である。

(32) 『大日本史料』所収。

(33) 『後愚昧記』(大日本古記録)応安七年二月二日条。

(34) 前掲曽根原「室町時代の御八講論義」。

(35) 三島②③参照。

(36) 般舟三昧院の建築形態については、川上貢「般舟三昧院について」(『日本建築学会論文報告集』六六—二、一九六〇年十月)に詳しい。

補章2　近世安楽寿院の鳥羽法皇遠忌法会

はじめに

京都市伏見区にある安楽寿院は、鳥羽法皇の御願で鳥羽東殿に建てられた寺院である。保元元年（一一五六）に崩御した鳥羽法皇は、ここに葬られている。中世後期の同院は衰退傾向にあったが、慶長年間に新御塔の一子院であった前松院を中心に再興された。このとき境内の整備も行われ、豊臣秀頼によって新御塔跡に二重塔が建立されたほか、現在の本御塔や庫裏なども建設された。また、近世には境内に多数の院家も存在した。近世に存在した院家の多くは、本御塔・新御塔に割り当てられていた。なお、現在の本御塔・新御塔は鳥羽天皇陵ならびに近衛天皇陵として宮内庁の管轄下にある(1)。

この安楽寿院では、江戸時代に鳥羽法皇遠忌法会が計六回営まれている（表1参照）。そして、同院はそのなかの明暦元年（一六五五）の五百回忌、宝暦五年（一七五五）の六百回忌、文化二年（一八〇五）の六百五十回忌、安政二年（一八五五）の七百回忌、の四回の法会に関する文書を所蔵する(2)。

まず、明暦元年の五百回忌法会に関しては、六月二十一日に開催された曼荼羅供職衆請定一通が確認できる。次に、宝暦五年の六百回忌法会に関しては、同年二月十五日より五十日間行われた開帳に関する文書が多く残

表1　安楽寿院で執り行われた鳥羽法皇遠忌法会（慶長～嘉永度）

開催年月日	回忌	法要	史料（安楽寿院所蔵文書を除く）	開帳	勅会	備考
慶長10年(1605)	四百五十回忌	不明				
明暦元年(1655) 7月2日	五百回忌	曼荼羅供	続史愚抄	○		開帳期間4月2日～7月2日(90日間)
宝永元年(1704) 7月2日	五百五十回忌	不明	続史愚抄	○		開帳期間6月26日～7月2日(17日間)
宝暦5年(1755) 4月2日	六百回忌	曼荼羅供	続史愚抄	○		開帳期間2月15日～(30日間)
文化2年(1805) 4月2日	六百五十回忌	曼荼羅供	光格天皇実録 定業卿記　伊光記		○	
安政2年(1855) 4月2日	七百回忌	曼荼羅供			○	3月29日法華八講・4月1日理趣三昧

表2　近世安楽寿院で開催された鳥羽法皇遠忌法会に関する文書一覧

史料番号	所蔵・架蔵	仮文書名	
史料①	安楽寿院文書	「鳥羽上皇六百年御遠忌開帳奉願口上書ならびに例書」	宝暦5年 六百回忌
史料②		「開帳勘例届書案」	
史料③		「開帳窺口上書覚」	
史料④		「安楽寿院願書」（開帳中仮屋ノ儀ニ付）	
史料⑤		「安楽寿院口上書」	
史料⑥	城南宮文書	（当院奉願鳥羽院尊儀六百五十回聖忌勅会後法事ニ付諸願届書等委細之記）	文化2年 六百五十回忌
史料⑦	安楽寿院文書	「安楽寿院御遠忌由来例書および勅使参向願書」	
史料⑧		「安楽寿院年預願書」（奉願口上書）	
史料⑨		「勅会曼荼羅供記録抜書」	
史料⑩		「鳥羽法皇七百回御忌勅使参向奉願口上覚書」	安政2年 七百回忌
史料⑪		「安楽寿院由緒例書」	

る。また、同年四月二日に開催された曼荼羅供の職衆請定もある。

文化二年の六百五十回忌法会に関しては、法会への勅使参向の再興の願書が数通ある。さらに、道場厳飾や式次第を含む曼荼羅供の記録抜書も確認できる。

最後に、安政二年の七百回忌法会に関しては、文化度と同様、勅使参向を願い出る文書と三月二十九日から四月二日まで三日間行われた法要の記録がある。

本章では、安楽寿院が所蔵するこれらの文書をもとに近世の同院での鳥羽法皇遠忌法会の実態を確認していきたいが、史料の制約が大きく、全体像はなかなか把握できない。そこで、比較的詳しい記録が残されている宝暦五年の鳥羽法皇六百回御忌法会に先駆けて行われた開帳と文化二年の鳥羽法皇六百五十回忌法会での勅使（勅会）の再興、の二点を重点的に取り上げ、安楽寿院の特徴を明らかにするための基礎的考察を試みたい。

なお、本章で参照した遠忌法会に関する文書を表2に一覧した。同院の文書調査は現在も進行中であるため、同院所蔵の文書は仮名称で示している。また、本文では、文書に①～⑪までの番号を付け、史料①のように表記する。史料①～⑤までは宝暦五年の六百回忌、史料⑥～⑨は文化二年の六百五十回忌、史料⑩⑪は安政二年の七百回忌の際に作成されたものである。史料⑥は城南宮文書（京都市歴史資料館所蔵写真帳）に所収される。(3)

一　遠忌法会と開帳――宝暦五年（一七五五）六百回忌法会――

一―一　法会と開帳

宝暦五年（一七五五）四月二日、鳥羽法皇六百回忌の曼荼羅供が営まれた。この宝暦五年の曼荼羅供の職衆は安楽寿院所蔵「鳥羽法皇六百回御遠忌大曼荼羅供職衆請定」に次のように記される。傍線は本御塔の寺院を示す。

導師　明照院運智法印
廻向　大善院法淵法印
誦経　遍照院園栄法印
呪願　宝珠院恭周法印
唄匿　福園院法倫法印　玉蔵院秀仙法印
後讃　慈尊院実智法印
散華　千手院元智権律師
前讃　妙音院実来権律師
後讃　宝光院寛晃大法師
堂達　治部卿専淳大法師

一方、曼荼羅供に先駆けて、宝暦五年二月二十五日からは同院の本御塔・新御塔・金堂で各本尊の開帳が行われた。鳥羽法皇遠忌法会にあわせて開帳が行われた事例として、史料①には、明暦元年五百回忌、宝永元年五百五十回忌、宝暦五年六百回忌の三回が挙がる。なお、史料⑪の由緒例書には慶長十年（一六〇五）の四百五十回忌法会においても開帳が行われたとある。また、史料②では、寛永十四年（一六三七）と寛文九年（一六六九）の開帳の事例が示される。両事例ともに三十三年毎に開催されていたという恒例の開帳の一環であったとされるが、寛永以前の事例については他の文書から確認できないため、実施の有無も含めて詳細は不明である。

一―二　開帳開催の経緯

安楽寿院所蔵文書のなかには、開帳の開催に際し作成された願書もしくは口上書（案文）が数通確認できる。

宝暦四年六月、安楽寿院は、翌宝暦五年の六百回忌法会の前の二月二十五日から五十日間の開帳を願い出る町奉行所宛の口上書を作成した（史料①）[4]。ここには開帳の先例も記された。

さらに、同月には、「勧例書」として開帳の先例を記したものを再度作成している（史料②）。しかし、町奉行所からなかなか返答がなかったのだろうか。九月には、再度、町奉行所宛に開帳の開催を願い出ている（史料③）。その後十一月ごろに奉行所から開帳の許可が下りたのだろうか。開帳中に境内に設置する仮屋などの実施に向けての具体的なしつらえに関する願書が安楽寿院から提出される（史料④）。この開帳の会場配置等については、次節で詳しく述べる。

翌宝暦五年一月には、開帳中に本御塔・新御塔に掲げる幕や「灯燈」（行灯か）などに菊の紋を用いることを願い出る奉行所宛の口上書が作成されている（史料⑤）。これを受けて、金堂には葵の紋の入った幕が、境内ならびに勧化所となった前松院と福音院には葵の紋の入った瓦や「灯燈」が掛けられることになった。

以上が、開帳に至るまでの寺院側の動向である。もちろん、確認できた文書が安楽寿院から出された書類のすべてではないだろうから全体を把握できたとは言い難いが、寺側が開帳の開催を町奉行所宛に必死に願い出ている様子はうかがえよう。しかも、史料⑤で菊や葵の紋の使用が願い出られていることからもわかるように、天皇・朝廷・幕府に由縁のある寺院においても、そのつながりを公開する際には奉行所への届け出が必要であったことは興味深い。時代は下るが、海住山寺の開帳に際し、武家伝奏であった広橋伊光の日記『伊光記』（東京大学史料編纂所架蔵謄写本）文化元年（一八〇四）十二月二十一日条には、以下の記述がある。

一、城州瓶原海住山寺来三月二十七日間開帳建札　聖武天皇御願所与可書付相願候へ共、勅願所与斗書付候様申渡無差支哉、町奉行伺候旨附武士示達殿下へ申入、可為此通被命候、

聖武天皇の御願所である旨を建札で示すことに対して町奉行所を通してうかがいがたてられている。ただし、

これは単なる手続きの問題だけではなかったと思われる。なぜならば、寺院側にとっては、天皇に関わる由緒の確かさが公的に認められたことを意味し、一方の朝廷・幕府側にとっては天皇の由緒の乱用を防ぐことができるからである。ただしいずれにせよ、天皇とのつながりを公に示すということが、寺院・禁裏両者にとって重要かつ貴重なものであったことは間違いないであろう。

一—三　開帳の建物

次に、開帳中の境内の様子を確認したい。史料④は、開帳中の仮屋設営の許可申請の願書である。

開帳中仮屋之御願　　城州紀伊郡竹田村
　　　　　　　　　　　安楽寿院

（図1）

当寺諸堂来亥二月十五日ゟ三十日之間開帳仕度旨、先達而　西御役所江奉願御免被　成下難有奉存候、依之
此度所々仮屋仮庇仕度奉願候覚

一、当寺北東二ケ所之入口石橋ニ仮橋掛ケ足シ、当小屋建申度、朱引之通奉願候、
一、新御塔ニ人除之ため三方打廻シ竹垣仕、東之方ニ二間ニ三間仮庇すへり段付、同北之方ニ一間半ニ二間
勧化所建申度、朱引之通奉願候、
一、勧化所西之方ニ一間半ニ五間仮庇すへり段付、同南之方ニ二間半ニ八間仮屋ヲ建霊宝場ニ仕、并寺役所北
之方ニ上り段付申度、朱引之通奉願候、
一、本御塔東之方ニ一間半ニ六間仮庇すへり段付、南之方ニ二間ニ三間仮庇付申度、朱引之通奉願候、

一、金堂南ノ方ニ間ニ三間すへり段、同東南ノ方ニ一間半ニ二間半御膳場、同南ニ一間半ニ二間勧化所建申度、朱引之通奉願候、
一、小社北之方ニ番小屋一ケ所并南東之方有来雪隠之際ニ一間四方之仮雪隠建申度、朱引之通奉願候、右之通奉願候、開帳相済候ハヽ、早速仮屋等取払御断可申上候間、御許容被　成下候ハヽ、難有可奉存候、以上、

竹田村
宝暦四年戊十一月二十五日　　安楽寿院（黒印）
御奉行所

表題と差出の次に、境内指図（図1）が入り、そのあとに仮屋の説明が続く。

この史料をもとに、敷地の北側から境内の様子を見てみよう。

図1は二紙からなり、一紙目に境内の北にある門と東にあった門が描かれている。この北門には、従来ある石橋の東西両隣に仮設の土橋が付き、仮の番小屋が計画されている。また、境内の東にある門にも、北の門と同様に土橋と番小屋が仮設される。

二紙目には新御塔・本御塔・金堂ならびに勤行所を中心とした開帳のためにしつらえられた施設や仮設の建物が描かれている。既存の新御塔と本御塔の前面の階段「すへり段」部分にはそれぞれ三間と六間の仮庇が設置される。さらに、新御塔の左右と後方の三方を人除けとして竹垣で囲う。また、境内の東方には勤行所とある。史料①に「尤右之内新御塔本尊阿弥陀如来霊宝等ハ勤行所寺内前松院客殿ニ指置開帳仕度候」と記されていることから、勤行所は前松院の客殿があてられていたことが判明する。勧化所には西面の階段部分に五間の仮庇を仮設し、南面に桁行八間梁間二間半の霊宝場と仮屋を設ける。また、この霊宝場と仮屋と記された部分の南西面には

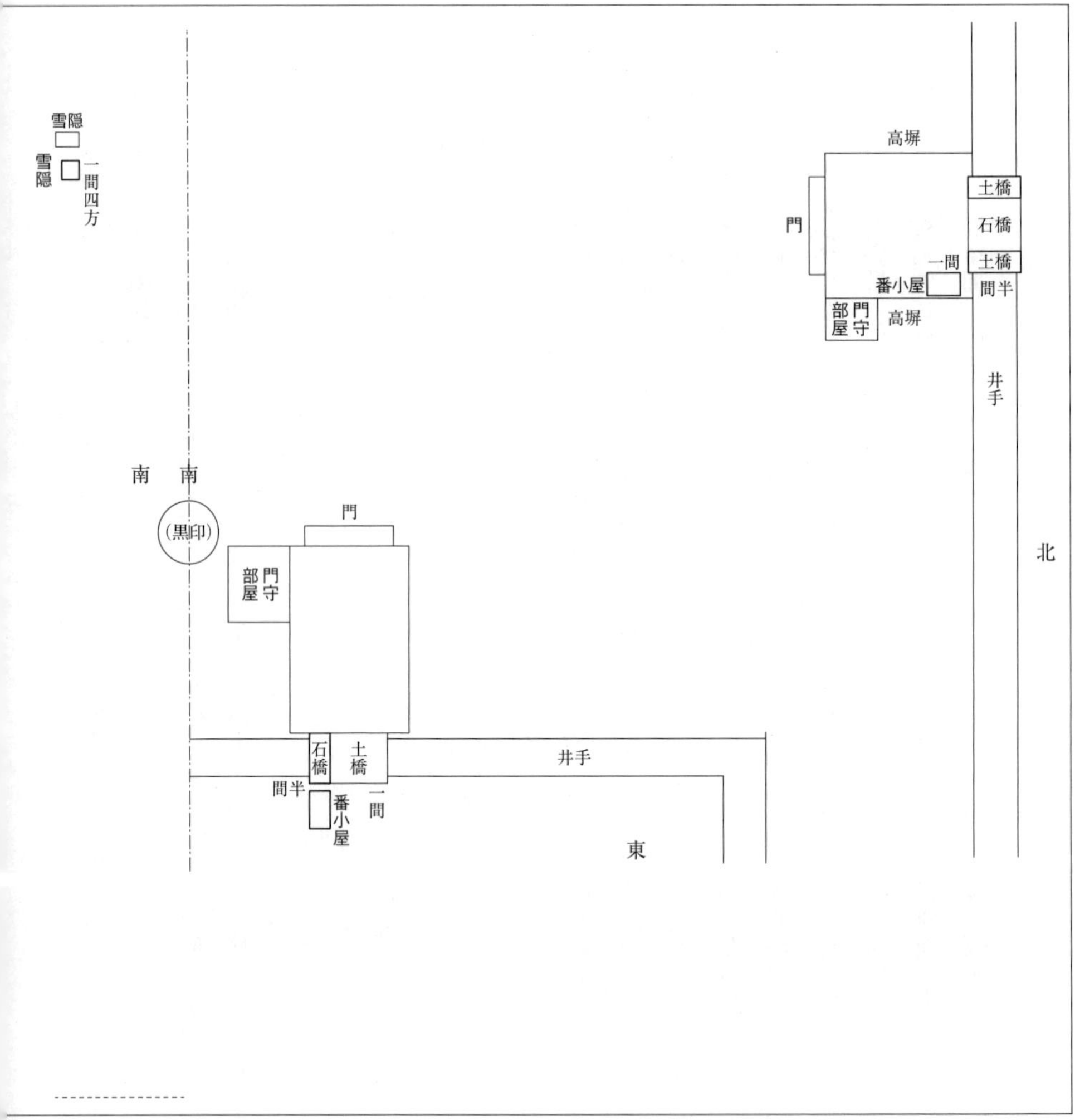
雪隠
雪隠
一間四方
高塀
門
土橋
石橋
土橋
一間
番小屋
間半
門守部屋
高塀
井手
北
南
南
(黒印)
門
門守部屋
石橋
土橋
井手
間半
番小屋
一間
東

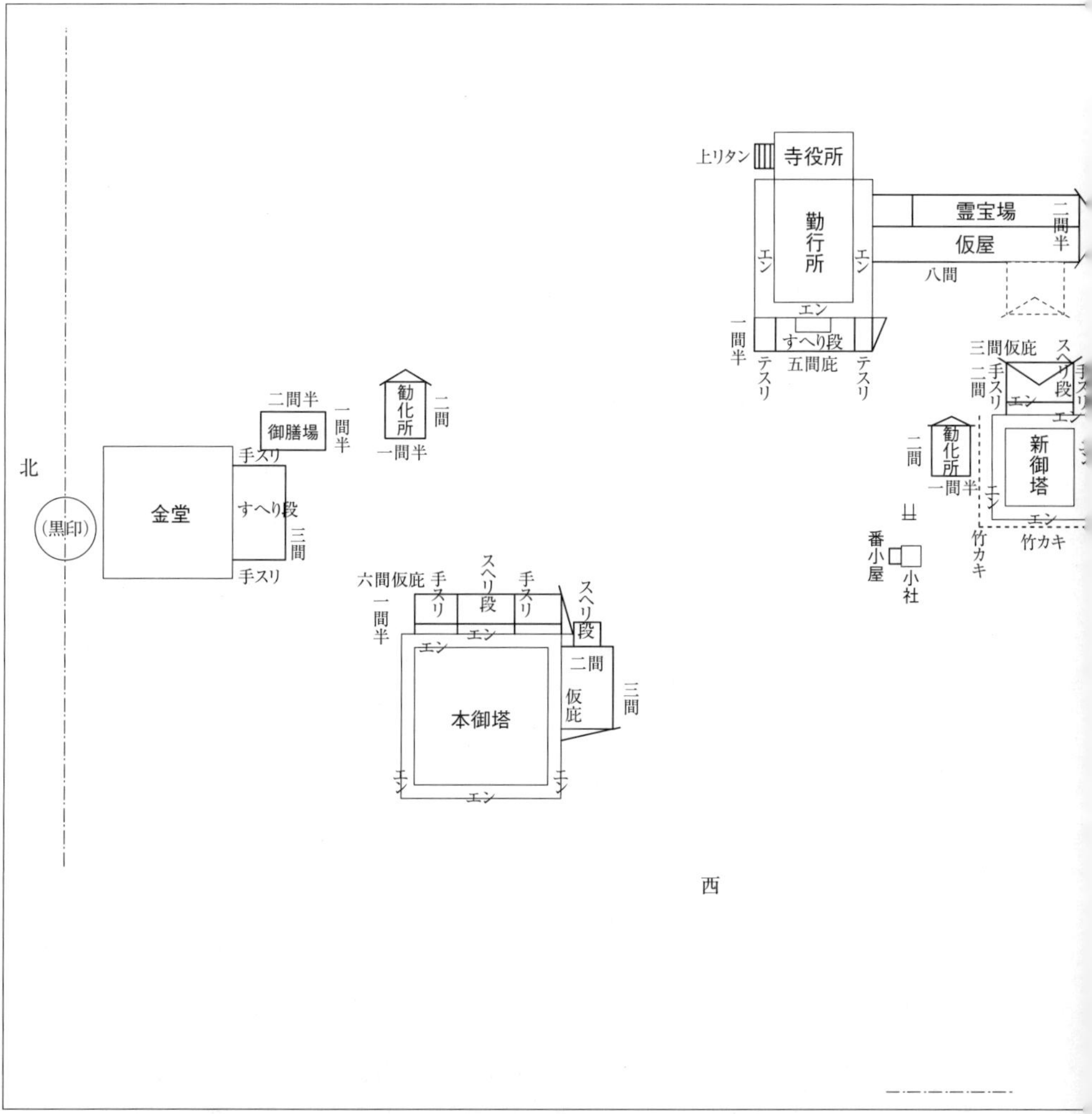

図1　史料④「安楽寿院願書（開帳中仮屋ノ儀ニ付）」指図

指図にある文字の位置や大きさは適宜修正し、建物名称はゴシックで表記した。

太線は朱書部分（仮屋）、—·—は紙の継ぎ目、-----は貼紙に書かれた建物を示す。

貼紙が付いており、二間半の階段が書き加えられる。

金堂の南面には三間の階段を仮設する。なお、各階段には手すりの表記が付く。

新御塔の北隣には桁行二間梁間一間半の仮屋の勧化所を設置する。金堂の南隣にも同様の規模の仮の勧化所を設ける。さらに、本御塔の南面にも仮庇が描かれるが、この部分の用途は不明である。

他にも、金堂の南東には御膳場、境内の南東にある雪隠の西隣には仮設の雪隠を置く。

以上が開帳時の境内の様子であるが、各堂塔の内部にある本尊を参詣・見物する場として、仮設・仮屋が多くしつらえられていることがわかる。そのなかでも、特筆すべきは、新御塔のしつらえである。前面の階段部分の仮庇や建物の三方を囲う人よけのための竹垣の設置など、多数の参詣人を想定した計画がみてとれる。さらに、勧行所には比較的大規模な仮設の霊宝場が付随している。そして、この霊宝場のある前松院は新御塔に属しているが、その新御塔の横には本御塔等にはない番小屋も仮設されている。このように、宝暦度の開帳では、新御塔を中心に大勢の参詣人を想定した開帳のための空間が構成・計画されていたといえる。

一―四　開帳の目的と収支

では、安楽寿院はなぜ開帳を実施したのだろうか。

安楽寿院が開帳を実施した背景には、寺が所有する霊宝を展示・公開することで、寺院の由緒を広く知らしめる目的があったことは間違いない。

ただし、同院の開帳の開催には、遠忌法会が勅会ではないという事情も影響していた。史料⑪には、開帳と勅会との関係が以下のとおり記される。

由緒例書

（略）

一、当院儀者

鳥羽帝城南離宮内ニ御建立被為在　崩御之後　御尊骸奉葬候、御陵ニ而往古者毎月二日　勅会御法事被行
上皇臨幸厳重之御法会有之候旨、御月忌之御次第ニ相見へ申候、御祥忌者勿論之儀ニ御座候、委細之儀者
官庫之御記録諸御家之御記ニ顕然仕候、年久敷相成候御座候へ共、連綿相続仕候、然レ共度々回録仕候故
旧記連続不仕候へ共、天文年中焼亡之節被　下置候造営之御倫旨等ハ相伝所蔵仕候、

一、五十年度毎々聖忌ニ者

勅会御法事被　行候義旧記ニ相見申候、然ル所慶長十年四百五十回聖忌之節ゟ宝暦五年六百回聖忌迄四ケ
度ハ　勅会之御沙汰も無御座中絶仕、寺門銀ニ而御法事相勤諸堂開帳等仕候旨、当記ニ相見ヘ申候、

一、文化二丑年六百五十回聖忌前条　勅会御法事中絶之儀歎ヶ数奉存再興之志願申立候所、
御崇敬之御趣意ヲ以　勅会奏楽之曼荼羅供御法事之義蒙　宣下　勅使御参向有之候、

右之通相違無御座候、以上、

嘉永七寅年　安楽寿院
八月
年預　大善院（黒印）
同　宝光院
代延寿坊（黒印）

遠忌法会が勅会ではない場合は、寺門銀での法会開催を余儀なくされる。しかも、非勅会となれば、勅使の参向や御所や公家からの参詣・御供が滞るような事態も危惧される。ゆえに、寺側としては、法会の費用を調達するための手段が必要であり、それが開帳であったことになる。

ただし、安楽寿院の開帳の場合、特に宝暦五年の事例に関していえば法会の費用を捻出するほどの利益はなかった可能性が高い。

宝暦五年の安楽寿院の経済状況を記録した記録として、「(仮)安楽寿院本御塔納払帳」、「(仮)安楽寿院新御塔上米納払帳」、「(仮)新御塔領納払勘定帳」、「(仮)安楽寿院新堂納払帳」がある。また、本御塔で行われた開帳の詳細が記された「(仮)安楽寿院本御塔御忌開帳雑記」もある。

本御塔の開帳の収入は、銭合二貫九三匁四分、銀合一貫六五匁五分四厘五毛、金合七四匁一分二厘五毛であり、合わせて三貫二三三匁七厘が計上されている。一方、開帳の支出は、銀払方が四貫八二二匁二分三毛、米払方が六斗五升五合、計四貫八七一匁九分八厘三毛であった。したがって、収支としては一貫六三八匁九分一厘三毛の赤字となる。そして、この開帳の収入と支出は「(仮)安楽寿院本御塔納払帳」のなかで納方・払方として記入されていることから、本御塔の全体の収支のなかで処理・補塡されたことがわかる。

一方、「(仮)安楽寿院新堂納払帳」には、新堂の開帳の納方と払方が記されている。銀納払方に「開帳納銀幷散物等」として三貫二五九匁四分九厘六毛が、払方には「開帳払銀」として四貫七七三匁六分九厘が記される。したがって、新堂においても、本御塔とほぼ同額の赤字が出て、新堂の全体の収支のなかで補塡されたことになる。なお、前述した開帳の境内の様子から、新堂とは金堂を指すものと考えられる。

新御塔に関しては宝暦五年の納払が不明であるが、翌宝暦六年の「(仮)新御塔物納払勘定帳」の銀納方のなかに「亥年開帳入用別帳面余銀」として二二三匁四分があがる。よって、少額ではあるが宝暦五年（亥年）の新御塔の開帳は黒字であったと推測される。これは、新御塔が勤行所や霊宝所を併設し、開帳の中心的役割を果たしていたために、収入が他所に比べて多かったからであろう。ただし、繰り返しになるが、開帳は新御塔にとっても決して多大な利益がでるような事業ではなかった。

なお、表3は、安楽寿院所蔵文書に所蔵される宝暦年間の本御塔・新御塔・新堂の納払と上米納払を一覧したものである。一年の納払を精算した後に残ったお金は翌年の年預に繰り越されるが、開帳と法会が行われた宝暦五年の本御塔と新堂の繰り越し金が少なくなっている。一方、新御塔に関しては、宝暦六年の繰り越し金が突出しているが、これは開帳の収入に加え、金蔵院刑部卿の得度奉物銀などの臨時収入があったためであると考えられる。

二　鳥羽法皇六百五十回忌法会における勅会再興

二―一　勅会曼荼羅供と開帳の中止

文化二年（一八〇五）には、安楽寿院において鳥羽法皇六百五十回御忌法会が行われる。このとき、勅使参向が再興され、遠忌法会は勅会として営まれた。

文化二年の遠忌法会に関しては、同院が所蔵する「(仮)勅会曼荼羅供記録抜書」に詳細な記録がある。勅使や職衆などが記されているほか、道場となった本御塔の仮屋、道場の厳飾、当日の庭儀奏楽曼荼羅供の次第などが記される。

なお、史料⑥には、明暦度からの導師が記される。慶長十年の四百五十回忌法会から勅会が中断し、それまで続いていた仁和寺宮からの導師のつとめも中止される。ゆえに慶長度以降は、寺内の差配を任されていたという両御塔の一﨟が遠忌法会の導師をつとめてきたという。

一、明暦元年　法皇五百年御忌ニ付四月二日ゟ両御塔諸堂開帳七月二日於本御塔御追福曼荼羅供修行、導師
　明照院法印運敞、職衆十二口、此運敞儀由緒有之智積院へ移転仕僧正拝任仕候事、

一、宝永元年　法皇五百五十年御忌ニ付、十七日之間開帳法事仕、七月二日於本御塔曼荼羅供修行、導師大

表3　宝暦年間の本御塔・新御塔・新堂の（物）納払ならびに上米納払

（1）本御塔納払

	銀納方	米納方	銀払方	米払方	次年預への繰り越し
宝暦4年	10貫448匁8分　4毛	12石2斗9升6合8勺	2貫272匁4分5厘3毛	9石4斗3升5合9勺3才	8貫319匁4分
5年	11貫872匁6分7厘8毛	11石6斗9升6合8勺	5貫141匁6分1厘3毛	6石2斗8升5合9勺3才	7貫142匁3分
7年	8貫151匁3分	13石6斗9升6合8勺	467匁6分5厘	6石2斗4升3合9勺3才	7貫938匁8分
8年	8貫388匁5分1厘	11石　1升6合8勺	821匁2分9厘6毛	6石1升8合　9勺4才	7貫874匁9分
9年	8貫238匁6分　3毛	11石5斗1升　8勺	587匁9分6厘	7石2斗2升3合5勺1才	7貫869匁3分

（2）本御塔上米納払

	銀納方	米納方	銀払方	米払方	次年預への繰り越し
宝暦2年	668匁4分4厘8毛	8石4斗7升2合9勺2才	745匁4分3厘	6石5斗3升7合6勺1才	4匁3分
4年	826匁6分7厘6毛	8石4斗7升2合9勺2才	939匁8分6厘3毛	6石2斗4升7合4勺4才	3匁
9年	835匁5分2厘	8石4斗6升8合7勺6才	928匁6分5厘9毛	6石4斗6升8合7勺6才	9匁1分

（3）新御塔物納払

	銀納方	米納方	銀払方	米払方	次年預への繰り越し
宝暦4年	4貫403匁1分6厘3毛	11石6斗　4勺	4貫334匁4分3厘	10石9斗8升4合	97匁2分
5年	2貫762匁9分3厘2毛	11石7斗　7合4勺	2貫750匁9分3厘2毛	7石9斗3升6合5勺	12匁
6年	3貫484匁6分8厘6毛	11石7斗8升　4勺	2貫596匁2分　5毛	7石8斗2升3合8勺6才	1貫 55匁5分
7年	2貫269匁2分5厘	12石9斗8升　4勺	2貫225匁3分1厘	8石9斗6升5合2勺2才	274匁3分
9年	3貫581匁8分8厘1毛	13石　6升5合8勺9才	2貫908匁5分5厘	10石2斗6升4合6勺	815匁6分

（4）新御塔上米納払

	銀納方	米納方	銀払方	米払方	次年預への繰り越し
宝暦5年	1貫538匁7分8厘	13石4斗5升9合　4才	1貫464匁9分5厘4毛	9石3斗1升3合2勺4才	73匁8分
6年	1貫750匁1分7厘6毛	13石4斗5升9合　4才	1貫 95匁4分9厘4毛	9石7斗1升6合7勺4才	7匁3分
9年	1貫602匁4分5厘	13石4斗5升9合　4才	1貫786匁5分8厘	9石6斗7升9合1勺2才	8匁7分

（5）新堂納払

	銀納方	米納方	銀払方	米払方	次年預への繰り越し
宝暦元年	3貫681匁6分2厘6毛	6石6斗4升　9勺3才	62匁1分9厘	2石8斗4升9合8勺2才	3貫824匁1分
2年	4貫 28匁4分7厘4毛	6石6斗4升　9勺3才	77匁5分8厘	2石9斗7升3合8勺2才	4貫 78匁9分
5年	8貫411匁　6厘2毛	6石6斗4升　9勺3才	4貫808匁5分4厘2毛	2石3斗8升6合7勺2才	3貫602匁5分
8年	4貫462匁4分9厘8毛	6石6升　4合8勺2才	43匁2分	2石　9升4合8勺2才	4貫643匁5分

善院法印義真、
一、宝暦五年　法皇六百年御忌ニ付二月十五日ゟ諸堂開帳、四月二日ゟ理趣三昧修行結願者曼荼羅供修行導師明照院法印運智、職衆十二口、但シ開闔中日結願三ヵ度奏楽法事修行仕候、
一、来ル享和五年　法皇六百五十年御忌尤七月二日御正当極暑之節ニ付、宝暦五年之任先例四月二日を結願ニ仕三ヵ日之間御追福御法事修行仕度願心ニ御座候、先三月晦日者、久敷中絶仕候、法華八講再興修行仕度、四月朔日ニ者理趣三昧、同二日ニ者庭儀奏楽曼荼羅供修行仕度願心ニ御座候、前々御年忌度毎ニ者諸堂開帳仕候得共、今般者開帳等之浮華之儀者相止、誠実ニ御追福法会修行仕度、衆従等存念ニ罷在候、

明暦度、宝永度、宝暦度の鳥羽法皇御遠忌の曼荼羅供では安楽寿院の一臈が導師をつとめている。そして、勅会となった文化二年、曼陀羅供の導師は当時の両御塔の一臈である前松院法船がつとめた。つまり、導師に関しては、慶長度の勅会の如くには再興されていないことになる。

一方、勅使に関しては、『禁裏執次詰所日記』（宮内庁書陵部所蔵）文化二年四月二日条[5]に以下のような記述がある。

今日於竹田安楽寿院、鳥羽院六百五十回聖忌御法会有之、御廟所江　白銀五枚附台付御備御代参、土山淡路守右相勤、巳刻過出立、途中麻上下院内慈尊院休所ニ設有之着之上狩衣ニ改、御廟前御法会相済候上案内有之、御備台相備、堂内ニ而奉拝、御銀者役者江相渡、安楽寿院役者輪番持ニ而、一臈前松院大僧都始、二臈三臈休所江罷出、御請御礼申聞ル、於休所非時菓子等出ル、役者惣門前迄出迎見送リ出ル、暮時過帰宅、

史料⑪から勅使は万里小路建房、執奏は高倉永雅がつとめたことがわかるが、さらに本史料からは禁裏御所からの御備の白銀を持って代参した執次の土山淡路守が丁寧に接待されていたことや、新御塔の慈尊院に休憩所が設置されていたこともわかる。

なお、史料⑪には、勅会である曼荼羅供の開催に際し、勅使の道順や会場周辺に厳重な警備があったとある。後述する長講堂で勅会として行われた後白河院六百五十回忌法会のときも、厳重な警備があった[6]。法会が勅会となることは、境内ならびにその周辺の空間構成にも影響を与える事象であったことになる。

二―二　勅会再興と僧位

では、勅会再興に至る経緯はどのようなものであったのだろうか。

この勅会の再興は、安楽寿院の長年の念願であった。史料⑥では、法会開催の二年前の享和三年（一八〇三）、広橋家等宛てに由緒書や願書が提出されていたことが記される。安楽寿院の庄屋役をつとめた長谷川家の出身者（長谷川有則の妹）が近衛基前の母円台院の御乳人をつとめており、その縁故を通じて円台院や近衛基前、さらには武家伝奏である広橋伊光に安楽寿院からの勅会再興の願いが伝えられたのだろう。

また、経済的な面で開帳が勅会と関係していることは前述のとおりであるが、史料⑥の傍線部をみると、「開帳」を「浮華之儀」と評し、中止したことを「誠実」な法会の実行と記している点は興味深い。寺院にとって、開帳はあくまで資金調達のための手段であり、特に勅会となればその開催が防げになると考え、わざわざこのように記したのであろう。換言すれば、これほどまでして、寺院側は勅会を再興したかったともいえる。

では、安楽寿院にとって、なぜ勅会再興がそれほど重要であったのだろうか。それは、勅会の実施とそれにかかわる準備が寺格上昇につながるからである。それが最もよく現れるのが、史料⑥や⑪で示される導師以下の各院の僧の僧位に関する願出である。史料⑥をみると、文化度の曼荼羅供の導師をつとめた前松院法船は寛政元年に権大僧都、寛政五年に法印の御令旨を仁和寺宮から頂戴していたが、当時の安楽寿院に現住の他の僧は法皇の法会を行うに相応の僧位を持っていないので、各僧に一階ずつ勅許を賜りたいという意向を安楽寿院は示している。勅願所とはいえ門跡寺院に比べて規模の小さい安楽寿院にとって、勅使の参向や勅会に必要とされた僧位の授与は、寺院儀式の再興だけでなく寺格の維持もしくは向上を図るためにも必要であったのだろう。

しかし、僧位に関する安楽寿院の願出は受理されなかった可能性が高い。ここで、『伊光記』を確認してみたい。文化元年十二月二十一日条には、「一、安楽寿院事殿下仁門可尋合被命候」とある。法会開催の一年以上前から安楽寿院の勅使の参向に関して何らかの動きがあったのだろう。そして、文化二年二月十六日条には以下の記述がある。

一、鳥羽安楽寿院　鳥羽院御年忌ニ付　勅会願出候、旧例故可返候へ共、若　御崇敬ニ而被　仰出度　御沙汰ニ候ハヽ、可願出被申候、若椎僧正願等之事有之候へハ差支可任僧正寺格ニハ決無候旨、内々町奉行（森川俊尹）申旨安芸守（小島孫右衛門）申聞候、殿下ゟ申入置了、後刻御年忌且　御崇敬之事故武辺無差支願出候ハヽ、勅会被　仰出度御沙汰云々、官位之儀ハ願出候共不及御沙汰之旨、宜申答被命候、十七日安芸守被申渡候、

安楽寿院から京都町奉行森川俊尹に、内々の勅会の願出があったという。それに対し、幕府側は旧例にもとづき返答をする。天皇の崇敬があるのであれば安楽寿院から勅会を正式に願い出るべきであること、さらに二﨟等の僧正の官位を申し出る安楽寿院はその「寺格」にないため差し支えがあること、の二点が内々に京都町奉行森川俊尹から禁裏附の小島孫右衛門に伝えられ、さらに関白鷹司政熙から武家伝奏広橋伊光にも伝達された。そして、後刻になってさらに幕府側から、遠忌法会と天皇の御崇敬つまり勅使参向・勅会については認めるが、二﨟以下の官位の願出については許可しないとの返答があった。なお、『伊光記』では「官位」となっているが、内容からみて史料⑥にある僧位の問題と同じ事象をさしていると判断した。

おわりに

以上、鳥羽法皇御遠忌法会にあわせて行われた開帳と勅会再興について、安楽寿院所蔵文書から判明すること

を整理してきた。これまで、同院で行われた開帳の場の特性や十九世紀の勅会再興の経緯や背景などは指摘されておらず、これらの史料が明らかとなってきたことは今後の近世朝廷・寺院研究の進展の一助となろう。

なお、六百五十回忌時に寺僧の官位取得や寺格上昇がうまく運ばなかったことは確認したとおりであるが、同院では安政二年（一八五五）四月二日に鳥羽法皇七百回忌として勅会庭儀曼荼羅供が行われている。この七百回忌では、三月二十九日に法華八講が、四月朔日には理趣三昧が行われており、三日間にわたる法会が盛大に営まれている。史料⑥から、享和二年の段階ですでに法華八講と理趣三昧の開催が計画されていたことがわかるが、本章でとりあげた文化二年の六百五十回忌法会において、その二種類の法要が開催された記録は確認できない。勅会の再興を契機に同院で行われる法会の規模や体裁がさらに整えられていく可能性があるが、同院の幕末期の動向については改めて確認することにしたい。

また、安楽寿院と同様に、院の遠忌法会を内裏の外の寺院で五十年ごとに行っていた事例として、長講堂で行われる後白河法皇の遠忌法会がある。ここでも、寛保元年（一七四一）の五百五十回忌や寛政三年（一七九一）の六百回忌の法会は勅会ではなかった。[7] しかし、天保十二年（一八四一）三月十三日・十四日に執り行われた六百五十回忌は、以下のように記される。

一、法皇様五拾年ニ御遠忌毎ニ御法事勅会、去ル天保十二丑年三月十三日十四日両日　御勅使庭田殿（重能）・綾小路殿（公遂）、執奏勧修寺（顕彰）殿ハ勅封御尊影前後両日　御解封御用掛、尤御法事之節ハ御着座院庁官ハ御膳具調進之御役、御楽人拾弐人参勤、武家より敬固御厳重之御法事　奉勤修候、則御導師現住園空、

（前掲「慶応四辰年四月　御由緒書」）

勅使の庭田重能と綾小路公遂を迎え、勅会として盛大な法会が執り行われている。このように、十九世紀になると、禁裏御所外の寺院で行われた法皇の遠忌に再び勅使が参向するようになる。ここには、朝儀の復古や朝廷

権力の強化を図ろうとする禁裏側の意図が反映されているのだろう。今後は、安楽寿院、長講堂、延暦寺や東寺、仁和寺などで行われる勅会の事例を総合的に検討することで、かかる背景をより明確にしていく必要がある。

（1）安楽寿院の解説は、『京都市の地名』（平凡社、一九七九年）を参照した。
（2）これまでの安楽寿院所蔵文書調査においては、慶長十年（一六〇五）四百五十回忌と宝永元年（一七〇四）五百五十回忌に関する記録は未確認である。ただし、『続史愚抄』には、宝永元年六月二日に本尊ならびに鳥羽院の御影の開帳、また七月二日に五百五十回忌法会が執り行われたことが記されている。
（3）城南文化研究会編『城南――鳥羽離宮址を中心とする――』（城南宮、一九六七年）に掲載される「安楽寿院由緒書」（一六二、一六四頁）は、史料⑥の一部とほぼ一致する。
（4）「(仮) 鳥羽法皇六百年御忌開帳ニ付口上書」「安楽寿院口上書」「開帳願口上覚書写」はいずれもその案文であると考えられる。また、史料①に記される御遠忌法会開催年月日は、同史料中に年月日等の委細は不明であると書かれているとおり、いずれも誤記が認められる。
（5）藤井譲治他編監修『光格天皇実録』（ゆまに書房、二〇〇六年）にも所収される。
（6）「慶応四辰年四月　御由緒書」（『長講堂文書』東京大学史料編纂所架蔵写真帳所収）。
（7）『続史愚抄』参照。

〈付記〉

本章執筆にあたり、安楽寺院住職斉藤亮秋師に史料調査・閲覧のご協力をいただきました。心より御礼申し上げます。

第三部　禁裏と都市——造営・遷幸・祭礼——

扉写真　再興された京都御所朔平門前での上御霊神社の神輿振りの様子　二〇〇九年五月十八日　著者撮影

上御霊神社御霊祭での京都御苑への巡幸は二〇〇九年に再興された。開門された御所の朔平門前の前で、三基の神輿振りが披露された。

第一章　承応度・寛文度内裏造営と非蔵人
――伏見稲荷社目代・非蔵人羽倉延重の活動を中心に――

はじめに

重要文化財である伏見稲荷大社御茶屋（以下、御茶屋）は、伏見稲荷社目代の羽倉延次が寛永十八年（一六四一）に禁中の古御殿を拝領したものといわれている(1)。非蔵人でもあった羽倉延次は、後に後水尾院の上北面をつとめた人物である。ゆえに、本書第一部で述べた禁裏との縁故が深い公家や寺院、神社などへの禁裏建物の下賜の事例と同じく、伏見稲荷へも羽倉家を通して禁中の建物が下賜された可能性は十分に想定される。しかし、御茶屋に関しては、史料の制約が大きく、下賜の経緯はもちろん、禁裏御所の建物のどの部分を拝領したのかなどの詳細は不明である。

ただし、神社にこのような由来が残る背景を探ることは可能である。その手がかりとしてここで注目したいのが、非蔵人であった羽倉家の禁裏での活動である。

後陽成天皇によって再興された近世の非蔵人は、天皇や院の近臣として御所に詰め、禁裏の諸事を担っていた。非蔵人の活動については解明されていない点も多いが、羽倉家に残る日記からは日々の活動のほか、内裏（禁裏御所）火災後の非蔵人としての対応や焼け残った石などの拝領を確認できる。この石の拝領は、御殿とは規模や質が異なるかもしれないが、羽倉家と禁裏との関係性や禁裏御所造営時の拝領物の活用方法などが確認で

表１　近世の内裏造営一覧

	完成年月日	焼失年月日
慶長度内裏	慶長18年(1613)12月19日	
寛永度内裏	寛永19年(1642) 6 月18日	承応 2 年(1653) 6 月23日焼失
承応度内裏	承応 4 年(1655)11月10日	万治 4 年(1661) 1 月15日焼失
寛文度内裏	寛文 3 年(1663) 1 月21日	延宝元年(1673) 5 月 9 日焼失
延宝度内裏	延宝 3 年(1675)11月27日	宝永 5 年(1708) 3 月 8 日焼失
宝永度内裏	宝永 6 年(1709)11月16日	天明 8 年(1788) 1 月30日焼失
寛政度内裏	寛政 2 年(1790)11月22日	嘉永 7 年(1854) 4 月 6 日焼失
安政度内裏	安政 2 年(1855)11月23日	

(完成年月日は、還幸もしくは内侍所渡御の年月日)

きる事例であると考える。

そこで、本章では、延次の息子であり非蔵人であった羽倉延重が活躍した時期に行われた承応度・寛文度の内裏造営に着目し、非蔵人としての羽倉延重の禁裏御所造営中の活動を整理することで、禁裏御所の廃材の配分とそこからわかる禁裏社会のネットワークの様相を明らかにしたい。

一　承応度・寛文度内裏造営

近世に行われた内裏造営は、表1に示したとおりである。(2)慶長度・寛永度内裏をのぞいて、内裏の焼失後に造営が行われている。このうち、本章で対象とする承応度・寛文度禁裏御所の造営について、その経緯を簡単にまとめてみたい。

承応二年（一六五三）六月二十三日、清所から出た火災によって、御文庫・米蔵・御輿宿・台所門など一部の御殿を除いた禁裏のほとんどが焼失した（以下、承応度火災とする）。後光明天皇は火災の難を逃れるため後水尾院の御所に渡御する。その後、幕府は永井尚政を筆頭に内裏造営奉行を任命し、内裏造営を始めた。途中、承応三年九月には後光明天皇が崩御したことで造営が一時停止されたが、その後再開され、承応四年十一月十日に承応度内裏が完成した。

しかし、その約四年後の万治四年（寛文元年＝一六六一）一月十五日、二条家の屋敷より再び出火する。その火は禁裏御所や明正院御所、後水尾院御所、東福門院御所まで拡がり、ほとんどの御殿を焼いてしまう（以下、寛文度火災とする）。その後、それぞれの御所の造営奉行が任命され、造営が進められた。寛文二年（一六六二）五月に起こった地震時には明正院や後水尾院、東福門院が焼け跡の御殿に移ったが、内裏（寛文度内裏）は寛文二年十一月に、明正院御所は寛文二年十月に、後水尾院と東福門院の御所は寛文三年七月に上棟している。

二　内裏の火災と非蔵人の活動

二―一　近世の非蔵人

近世の非蔵人は、慶長十一年（一六〇六）、後陽成天皇によって再興された役職である。禁裏御所で天皇につかえる非蔵人は内ノ非蔵人と称され、仙洞御所で院につかえたものは院非蔵人と呼ばれていた。近世に再興された非蔵人の多くは、京都周辺の神社の社家出身であった。非蔵人は公事の奉行は行わず、御所の掃除や建物の管理、関白や議奏らの御用の書留や親王らの出迎え、諸家のとりつぎなどを職務とした(3)。

また、再興当初の非蔵人は神職と非蔵人の職を兼務していた。しかし、各神社の行事・祭礼が再興・増加するに従い神職に専念する非蔵人も出てくるようになる。一方、禁裏御所への出仕の都合から禁裏御所周辺に住居を構え、次第に非蔵人の職に徹する家もあった。さらに、神職を兼務する非蔵人のなかには、神社の行事等を優先し、非蔵人の職を度々欠席するものも確認できるという(4)。

さて、伏見稲荷社は再興当初から非蔵人出仕に応じており、その人数も多い。特に、後陽成天皇から後光明天皇治世時に多くの非蔵人を輩出している(5)。そして、伏見稲荷社のなかで最も多くの非蔵人を輩出した社家が、目代をつとめた羽倉家である(6)。

二―二　非蔵人・羽倉延重の活動

　では、羽倉延重は、内裏の火災という非常事態に際し、非蔵人としてどのような活動を行っていたのだろうか。本節では、京都大学文学部所蔵謄写本『羽倉延重日記』（以下、延重日記と略す）を中心に、その実態を概観してみたい。

○承応度の場合

　承応度火災が発生した当日、内ノ非蔵人の御番として禁裏御所に参仕していた延重は、火事を避けるため院御所へ向かう後光明天皇の行幸に同行する。その後、番所から物品を運びだし、夜には公家や地下官人、ほかの非蔵人とともに仮御所に詰めた（惣詰）。

　そして、翌日の六月二十四日、延重日記には「延重《（羽倉）》・盈久《（井關）》・信吉《（羽倉）》・親忠《（大西）》・斯祐《（梨木）》、禁中火事ノ御蔵ノやけかねひろいニ仰被付参ル、取上ル二箱」と記される。非蔵人に対し、焼失した禁裏御所の焼け跡から金物（銭もしくは建物の金具）を拾い集めるよう指示があったのだろう。焼け残った金物を拾う作業は翌二十五日や二十七日にも行われ、そこで拾い集めた箱二箱には二貫目が入っていたという。さらに、閏六月一日には、禁裏御所焼け跡で銀三箱を取り出し、岩倉中納言具家等に報告した後、延重・親忠・親賢《（大西）》の三名が仙洞御蔵へ納めに行っている。この禁裏御所で金物を拾う作業は閏六月十三日までの間に計九回確認できる。[7]

　その後、延重は仮御所の御番（非蔵人が輪番で参仕する）の日に参内するほか、仮御所への移徙や内侍所仮殿造営にかかわる行事の時などに惣詰に加わっている。ただし、焼失した内裏の後始末や内裏造営に直接関わるような職務については管見の限り確認できなかった。

○寛文度の場合

　寛文度火災発生時、延重は内ノ非蔵人であった。火災当日の万治四年一月十五日の延重日記には「一、禁中

内侍所　仙洞白川照高院様へ申ノ刻ニ行幸供奉せいくわ衆家非蔵人供奉申、延重も供奉申候也」とある。延重は御番ではなかったが、非常事態を受けて参内し、行幸に供奉した。そして、延重日記同年一月二十八日条には以下の記述がある。

一、禁中火事ノ御屋敷へ参ル、火入申候銀子二箱ニ符付申候、延重・親忠次ニ御台所ノ加賀三人即槻木遠江へ渡し、即牧野佐渡守（親成）へ遣しあつけ置申候也、禁中御蔵ニ入申候やけ銀也、

承応度と同様、焼け残った銀子などを禁中の御蔵に入れる作業を行っている。ただし、その後はこのような作業に関する記述はなく、承応度と同じく行事への参仕と通常の非蔵人の職務をつとめている。

なお、延重日記には伏見稲荷社の社務にかかわる記述が多くみられることから、延重は非蔵人を専職とはせず、稲荷社日代としての神職を兼任していたことがわかる。

また、延重日記には禁裏御所の南に近接していた新在家町の町汁や普請に関する記事が多くみられるが、延重が同町内に屋敷地を所有・居住していたかについては確認できなかった。ただし、延重日記の万治四年二月六日条に「新在家ノ火事ノ事、勧修寺大納言（経廣）御公儀ノ帳ニ御書付也、但羽倉豊後守（信辰）分ニ」とあることから、延重の実弟であり同じく院非蔵人であった羽倉信辰が新在家町に屋敷を構えていたことがわかる。また、時代は下るが、宝永元年（一七〇四）五月に発生した火災によって焼失した新在家町の屋敷地のなかには、延重のいとこで非蔵人であった羽倉信成のものも確認できる[8]。

三　非蔵人への下賜

禁裏御所の造営・修理に際し、禁裏と関係の深い寺社が御所の御殿を拝領する事例は数多い（本書第一部参照）。また、御所の御殿の修理後に残った仮設建物なども諸所に下賜されている。たとえば、内侍所本殿を造

営・修理する場合、神鏡を移すための仮殿を本殿の横に建てるが、本殿造営・修理完成後に不用となった仮殿の主な部材が上・下御霊社に下賜された。そして内侍所仮殿の残った檜皮材などは大工頭であった中井家や内侍所に仕える女官の斎に分け与えられている[9]。

一方、内裏火災の場合、そこで焼け残った部材のうち材木や石が公家や非蔵人に譲られた。承応度の火災から約一年半後の承応三年二月二十九日の延重日記には以下のように記されている。

　御番延重、清閑寺中納言《照房》殿御申渡也、禁中御火事ノやけさいもく非蔵二十六に拝領可申由御申披渡候也、即
　延重うけたまはり候也、
　一、禁中やけ石、吉見能登介《正伸》石百拝領被申候ヲ、延重四十とり申候也、

火災で焼け残った材木を非蔵人に下賜されることが申し渡され、延重にも通知されている。また、北野天満宮の社家出身の非蔵人吉見能登介正伸に下賜された禁中の焼け残った石百個のうち四十個ほどを延重が譲り受けることになったという。その後、延重日記の同年三月二日条には、「禁中御石四十、車六りやうニ而取、だちん十七匁候、吉見能登介拝領之内もらい申候也」とあり、吉見からもらった石四十個を車六両で引き取っている。ところが、禁中の焼け残った石については、地下官人である小槻（壬生）忠利の日記『忠利宿禰記』（宮内庁書陵部所蔵）同年二月十九日に「禁中石百拝領」し、車六両で運んだことが記される。つまり、非蔵人が焼け残った石を拝領する前に、地下官人の小槻（壬生）忠利はさらに多くの石を拝領していたのである。

一方、焼け残った材木については、拝領を申し出た非蔵人が同年三月四日に寄合を設けている。そして、翌五日の延重日記には、「禁中様やけ材木非蔵人十八人拝領申、延重も内也」とある。さらに、翌六日条には「禁中様か拝領申やけ材木、取車六りようあり、新在家迄志やりき五匁、内一りやう羽倉伯耆殿《信成》へ遣之」とある。すなわち、拝領した焼け残りの材木はまず新在家町まで運ばれ、そのうちの一両分の材木が羽倉信成まで届けられた

ことになる。

次に、寛文度の禁裏御所造営時の対応を確認してみたい。

『忠利宿禰記』寛文二年三月十八日条には、禁中の庭の焼石に対し方々から拝領の申し出があったこと、そのなかで小槻家は御文庫の敷石七十と御楽屋の石を拝領したことが記される。

そして、承応度と同様、まず地下官人に焼け残った石が譲り渡された後、非蔵人にも石が譲られる。延重日記の寛文二年三月二十二日条には、「非蔵人十三日《(ママ)》、禁中火事ノ御屋敷ノ石拝領申、即南門ノ石也」とある。南門といえば規模も大きく、十三名で割ることが可能な大きさがあったのであろう。しかも、南門は、朝儀に用いられる禁裏御所のなかで最も重要な門である。このような門の礎石を拝領することは名誉でもあったに違いない。

実際の引き取りは、同月二十四日から始まった。延重日記には、「禁中火事屋敷へ非蔵人十三人分石とりニ参ル、延重も参ル、かの門也」とあり、拝領した石を引き取りに延重自身が出向いたことがわかる。さらに、翌二十五日と二十六日にも拝領した南門の石を新在家町まで運んでいる。そして、延重日記三月晦日条には、「禁中南門ノはしらノ石一つ、豊光《(鴨脚)》・延重両人拝領申、石やニ渡し八ツにはり候て渡ス、代三十匁ニ」とあり、柱の礎石のひとつを鴨脚豊光（讃岐介秀俊の別名）と共に拝領し、延重はその拝領した石を石屋に渡してさらに八つに分割していることが判明する。そして、その約一週間後、延重日記四月七日条には「禁中拝領ノ石四本、新在家へ取三匁六分ニ而」とある。つまり、延重が鴨脚豊光とともに拝領して石屋に加工させた八つの石のうちの四つを引き取り、新在家町まで運んでいる。

おわりに

以上、羽倉延重が禁裏御所の火災後に行った活動と、禁裏御所の焼け残った石や材木を拝領した経緯について確認した。著者の力量が足りず、一部の事実確認に終始してしまったが、最後に、本章の簡単なまとめと非蔵人の活動に関する研究の今後の課題と展望について述べておきたい。

内裏火災後に残った材木や石は、非蔵人に分け与えられていた。さらに、石については、まず地下官人が拝領し、その後非蔵人に配分されるというシステムができあがっていた。なかでも、地下官人の小槻家は多くの石を拝領している。

一方、非蔵人の羽倉家は承応度には焼け残った石を直接拝領した記録はないが、寛文度には拝領を申し出ている。しかも、延重が石を拝領できない場合は他の非蔵人から石を譲り受けている。加えて、延重は拝領した石を親戚の非蔵人に譲り渡している。ただし、羽倉延重の記録からは、拝領した石を延重の屋敷等で活用したのか、他所において転用したのか、さらには伏見稲荷社の目代として伏見稲荷社に持ち帰ったのかなど、石の具体的な使用・活用方法は明らかにならない。しかし、かかる状況を総合的に判断すれば、禁裏御所の焼け残った石を拝領した地下官人や非蔵人は、他所に譲渡もしくは転売する、または建築資材に活用するなどして、社会的・経済的な利益を得ていたのではないかと考えられる。

しかも、寛文二年三月に実際に拝領を願い出た非蔵人については、松尾社から出仕していた非蔵人松尾相氏の日記に、羽倉内記延重（伏見稲荷社から出仕、以下同様）、廣庭志摩介斯祐（下鴨社）、松尾日向介相基（松尾社）、吉見能登守正伸（北野天満宮）、毛利三河介公吏（伏見稲荷社）、大西備前守親栄（伏見稲荷社）、橋本長門介公武（伏見稲荷社、後に毛利と解明）、松本信濃介高廣（伏見稲荷社）、祓川美濃守親豊（伏見稲荷社）、鴨脚讃岐守秀俊（下鴨社）、松室下野殿（松尾月読社、詳細不明）などの名前が列挙されている(10)。いずれも、京都の大社から出仕していた非蔵人であった点は注目に値しよう。拝領した石材を神社内の殿舎等の建設に使用することもあったであろうが、大社出身で有力な非蔵人らは、率先して禁裏御所の廃材を拝領し、経済的・社会的な利益を得ようとしていたのではないだろうか。

とまれ、禁裏御所の火災という非常事態において、廃材を拝領できた地下官人や非蔵人が、禁裏御所と町を結ぶ役割を果たし、都市の復興をうながしていた可能性は否定できない。今後は、事例検討を重ねることで、このような非蔵人を介した禁裏と町とのつながり、さらには都市の復興の様相をさらに明らかにしていく必要があろう。

なお、羽倉家が新在家町に屋敷地をかまえていたことは前述のとおりであるが、特に羽倉信辰は、町人として町汁（町の運営を決める集会）に参加しており、町人としての役目も果たしている。また、新在家町が火災に見舞われ羽倉家の屋敷が焼失した際には、朝廷や幕府から配られる見舞い金が町老を通して羽倉家にも届けられている。このような町の構成員である羽倉家の屋敷に禁裏御所から材木や石が運び込まれることは、町にどのような影響を与えていたのであろうか。町に居住する人々に対し、非蔵人である羽倉家の家職の特権を認識させ、さらには禁裏への親近感をうながしていたのではないだろうか。いずれにせよ町人として新在家町の運営にまで関わっていた非蔵人の役割とその影響に関しては今後明らかにすべき課題は多い。

（1）　京都府教育委員会編『重要文化財伏見稲荷大社御茶屋修理工事報告書』京都府教育委員会、一九六四年。ほかにも、御茶屋の由来に言及した論考として、藤岡通夫「伏見稲荷大社御茶屋」（『朱』一四、一九七二年）や中村昌生「稲荷大社の御茶屋とその写し」（同上）、日向進「荷田春満旧宅と御茶屋」（『朱』二四、一九八〇年）がある。

（2）　本表は、平井聖他編『中井家文書の研究　内匠寮本図面編』（一～一〇、中央公論美術出版、一九七六～八五年）に所収される内裏仙頭御所造営関係略年表を参照した。以下の禁裏御所の造営年月日等に関しても、同書を参照した。また、禁裏御所の造営に関しては、藤岡通夫『京都御所』（新訂版、中央公論美術出版、一九八七年）にも詳しい。

（3）　非蔵人の職務については、羽倉敬尚編『非蔵人文書』（非売品、一九三五年）による。また、本書で用いた非蔵人の氏名や出所は同書所収の「非蔵人座次惣次第」による。

（4）廣庭基介「江戸時代非蔵人の考察」『花園史学』二三、二〇〇二年。

（5）間瀬久美子「神社と天皇」永原慶二他編『講座・前近代の天皇』三、青木書店、一九九三年。

（6）前掲廣庭「江戸時代非蔵人の考察」。

（7）延重日記の以下の条に記される。承応二年六月二十四日条、同年六月二十五日条、同年六月二十七日条、同年閏六月一日条、同年閏六月三日条、同年閏六月五日条、同年閏六月七日条、同年閏六月九日条、同年閏六月十三日条。

（8）『中院通茂日記』（東京大学史料編纂所所蔵）宝永元年五月八日条。

（9）本書第一部第二章・第三章参照。なお、上・下御霊社は、内侍所仮殿を拝領した後、禁裏御所内で建てられていたものとほぼ同じ形態の本殿を再建している。これは、両社が内侍所仮殿の主要部分のほぼすべての部材を拝領できたためであると考えられる。

（10）『松尾相氏日記』（東京大学史料編纂所所蔵写真帳）寛文二年三月二十二日条。

第二章　近世京都の都市空間再生と禁裏御所普請——三井家と町——

はじめに

災害に見舞われた都市が復興していくとき、さまざまな建造物が造営される。たとえば、近世京都は幾度となく大火に見舞われた。このとき、最優先に復興・造営されたのが禁裏御所である。この禁裏御所造営（普請）には、幕府・禁裏主導のもと、全国から大工等が集められた。また、御用商人、そして洛中の町や畿内の御料所のはたらきにも支えられていた。禁裏御所普請はいわば国の経済や技術・文化の力を結集した事業であったといえる。

そのなかで、豪商として有名な御為替三井組（三井家京両替店）は、幕府公金請払御用の一環として、宝永四年（一七〇七）から禁裏御所御普請御入用銀請払御用をつとめていた。また、普請費用が超過する場合には京都町中から町夫代銀等を集める掛改御用もつとめた。

その三井家の幕府公金請払御用については、『三井事業史』[1]ならびに賀川隆行[2]が概略をまとめている。しかし、これらは禁裏御所普請に主眼を置くものではないため、禁裏御所普請事業関連の御用の特徴やその御用時にみられる禁裏とのやりとりなどは明らかにされていない。また、三井家の掛改御用を介してみえてくる町人と禁裏御所普請との関係性なども考察の対象となっていない。

そこで、本章では、三井文庫に所蔵される禁裏御所御普請御入用銀請払御用・掛改御用に関する史料を用いて、禁裏御所造営に関わる幕府・三井家・町人・町の動向や意図を明らかにしていく。

一　禁裏御所普請と三井家御用の特徴

三井文庫が所蔵する禁裏御所普請関連の文書で使用される「普請」は、造営と修理を含む。禁裏御所が焼失した場合に行われる造営（再興）はもちろん、即位や譲位にともなう天皇・院御所の整備、各御所の御殿の破損にともなう修理なども「普請」とされる。宝永四年（一七〇七）以降に行われた普請事業とそのなかで三井家が禁裏御所普請御入用銀請払御用・掛改御用を引き受けた事例は、表1のとおりである。

まず、先行研究をもとに三井家の禁裏御所御普請御入用銀請払御用の概要をまとめておきたい(3)。

幕府公金請払御用は、京都に財政運用の機関をもたない幕府が御為替組に普請入用銀などの取り扱いを命じたものである。三井家は、京都町奉行が幕府の費用で行う比叡山山門・知恩院などの寺社修復のための公金請払御用や、大川筋国役御用・京都の株仲間冥加銀御用を担っていた。

一方、近世の禁裏御所普請については、その費用のほとんどを幕府が負担した。そして、近世中期までは、その費用の管理も幕府が行っていた。しかし、宝永四年の春宮（東宮）御殿御作事を契機に、幕府の大阪御金蔵から普請入用金（公金）を受け取り、必要に応じて幕府に支払うという御用を御為替三井組が一手に引き受けるようになった。また、同時に、普請費用が超過する場合、五畿内御料所からは割賦銀を、そして京都町中からは町夫代銀を集める掛改御用も同組がつとめるようになる。

この禁裏御所普請の御入用銀の請払の御用は、三井家が行っていた公金請払御用のなかでも最も重要とされていた。それは、職務は煩雑であるが、大阪御金蔵から預かった普請費用（公金）を一定期間運営することがで

表１　内裏仙洞御所ならびに主な殿舎の普請（造営・修理）一覧（宝永４年〜嘉永７年）

和暦	西暦	造営	修理	普請期間 （釿始〜上棟もしくは還幸）
宝永４年	1707	春宮様（慶仁親王）御殿		宝永４/８/５〜５/１/26
５年	1708	禁裏様御所方		宝永５/９/２〜６/11/16
		仙洞御所、女院御所、親王御所		
正徳４年	1714	女御様御殿		正徳５/２/21〜９/13
６年	1716	八十宮様御殿		正徳６/閏２/18〜９/３
享保５年	1720	霊元院御所御庭山神社		
９年	1724	霊元院御所鎮守柿本社		
12年	1727	昭仁親王御所		享保12/11/23〜13/５/16
14年	1729		霊元院御所御庭山神社	
18年	1733		内侍所	享保18/６/３〜11/18
20年	1735	中和門院御所		〜享保20/３
元文元年	1736	桜町天皇女御御里御殿		元文元/６/３〜８/28
			女御御殿	〜元文元/９
延享３年	1746		仙洞様（桜町院）御所	延享３/11/９〜（４/３）
		中宮様（青綺門院）御殿		延享３/11/16〜４/３/27
寛延３年	1750		常御殿	
宝暦４年	1754		女御御殿、女御御里御殿	宝暦４/10/17〜５/10/28 （女御御殿、女御御里御殿）
５年	1755		内侍所	宝暦５/３/５〜９/17
６年	1756		御小座敷	
10年	1760	緋宮親王御所		宝暦10/７/22〜11/30
			常御殿	
11年	1761		常御殿	
12年	1762		常御殿、御三間	
13年	1763		清涼殿・常御殿	
明和２年	1765	御涼殿		
３年	1766	准后様（恭礼門院）御別殿		明和４/１/７〜６/28
７年	1770	御庫		
		仙洞様（後桜町院）御所		明和７/３/28〜９/28

明和７年	1770	開明門院御所		明和７/12/15～８/12/５
８年	1771		女御御殿、女御御里御殿	
安永３年	1774		内侍所	安永３/４/27～９/19
９年	1780	清涼殿・常御殿		～安永９/９/５
天明元年	1781	盛化門院御所		天明元/１/26～２/28
２年	1782		後桜町院御所唐門・透垣	
４年	1784		後桜町院御所広御所、小御所、鎮守社	
６年	1786		後桜町院御所鎮守本社	
７年	1787		後桜町院御所鎮守本社	
８年	1788	禁裏様御所方		寛政元/７/４～２/８/26
		仙洞御所、女院御所		
寛政３年	1791	神嘉殿		寛政３/９/２～11/３
５年	1793	皇后様御殿		寛政５/９/18～11/18
８年	1796		後桜町院御所柿本社	
11年	1800		後桜町院御所鎮守末社	
12年	1800	後桜町院御所寿山御茶屋	後桜町院御所寿山御茶屋	寛政12/９/１～９/26
		禁裏様御三間・御献之間		文化２/６/19～10/18
文化２年	1805	禁裏様御学問所		
３年	1806		後桜町院御所鎮守末社	
４年	1807	後桜町院御所醒花亭		文化４/12/14～５/３/13
６年	1809		東宮様御殿(院の御殿を移す)	文化６/３/７～４/26
７年	1810		内侍所	文化７/４/８～12/７
			後桜町院御所鎮守本社	
９年	1812		後桜町院御所柿本社	
10年	1813		常御殿	
12年	1815	中宮様（新清和門院）御殿	仙洞様（光格院）御殿	文化13/５/15～12/16
14年	1817	（女御）御里御殿	女御様御殿	文化14/11/８～15/２/８(御里御殿)
文政元年	1818		常御殿	
３年	1820		光格院御所常御殿	
５年	1822		光格院御所鎮守本社・鎮守北小社	

文政７年	1824	**修学院御茶屋**		
8年	1825		**女御様御殿・(女御) 御里御殿**	
9年	1826		光格院御所柿本社	
12年	1829		常御殿	
13年	1830	**内侍所**		文政13/６/13～10/16
天保３年	1832		常御殿、光格院御所常御殿	
6年	1835		光格院御所柿本社	
8年	1837		光格院御所鎮守本社	
10年	1839	光格院御所止々斎	光格院御所鎮守北小社	天保10/10/16～12/２（止々斎）
弘化３年	1846		**清涼殿・常御殿**	弘化３/閏５～４/９/15
嘉永元年	1848		**女御様御殿・御里御殿**	
2年	1849		清涼殿・常御殿	
4年	1851		**内侍所**	嘉永４/７/１～11/12
6年	1853		**東宮御殿**	
7年	1854	**禁裏様御所方**		安政２/４/８～８/24

※ゴシック体は三井家が普請御入用銀請払御用をつとめた事例（典拠：『御造営御用一巻』（三井文庫所蔵、追602)。同書に所収される嘉永７年に三井三郎助より御奉行宛に提出された「旧例書」による。御殿名などは同書から引用した）。内裏仙洞御所造営・修復については、平井聖編『中井家文書の研究』10（中央公論美術出版、1985年）を典拠とした。

き、資金運用の面で有利であったためである。[4]

しかし、その反面、普請費用が大阪御金蔵から受け取った額を超過した場合、すなわち五畿内御料所から割賦銀、京都町中から町夫代銀を集める必要性が出てきた場合、その集金期間中の必要経費を三井家が用立てる必要があった。つまり、この御用は三井家にとってメリットもデメリットも想定されるものであったことになる。

さて、前掲の先行研究では、三井家の禁裏御所御普請御入用銀請払御用の特徴として、天明八年の大火後の禁裏御所方御作事から文化期にかけてその御用の件数が増加していったことが挙げられる。[5]

しかし、改めて表1を分析すると、三井家の御用の内容の変化ならびに禁裏御所普請に対する幕府側の事情や意図をみいだすことができる。

宝永期から天明期ごろまで、三井家は禁裏御所全体の造営や院・東宮の御殿など比較的大規模な造営事業の御用をつとめている。それが、十九世紀、特に寛政・天明期になると、禁裏御所や女御御殿の普請に加え、女御御殿などの修理や御学問所の造営、さらには清涼殿や常御殿、内侍所の修理の御用もつとめるようになっている。

一方、院御所の鎮守社や茶亭の普請などでは三井家の御用は確認できない。また、常御殿単独の普請に関しても三井家の御用はない。しかし、清涼殿と常御殿を同時に修理する場合は同家が御用をつとめている。

以上から、三井家の御用は、禁裏御所や院御所などの御所全体の普請事業から御殿の普請事業を対象とするようになり、さらに御殿のなかでも私的かつ小規模なものではなく清涼殿や内侍所、さらに二つの御殿の普請といった比較的公的で大規模な普請を対象とするようになっていたことが指摘できる。

このような変化の背景には、大阪御金蔵御為替銀が急減するなど幕府財政の悪化の影響が考えられる。費用等の工面などを考えると御殿の造営や修理であっても、三井家の御用に頼らざるをえなかったのだろう。

しかし、これらの変化には経済的な理由のみが影響しているのであろうか。そこで着目したいのが、内侍所の事例である。

内侍所の造営・修理に関しては、享保十八年や安永三年時には三井家の御用は確認できない。しかし、文政十三年の造営や嘉永四年の修理時には三井家が御用をつとめるようになっている。

この変化の背景には、まず内侍所の普請の経済性が影響していると考えられる。内侍所普請に際しては、仮殿を新造し、そこに神鏡を遷した上で、本殿の造営・修理を行う必要がある。ゆえに、たとえ修理であっても普請の工期・費用ともに比較的大規模となる。そのために三井家の掛改御用等が必要とされたのだろう(6)。

加えて、近世後期の内侍所については幕府・朝廷内においてその建物・空間の重要性が再認識される状況に

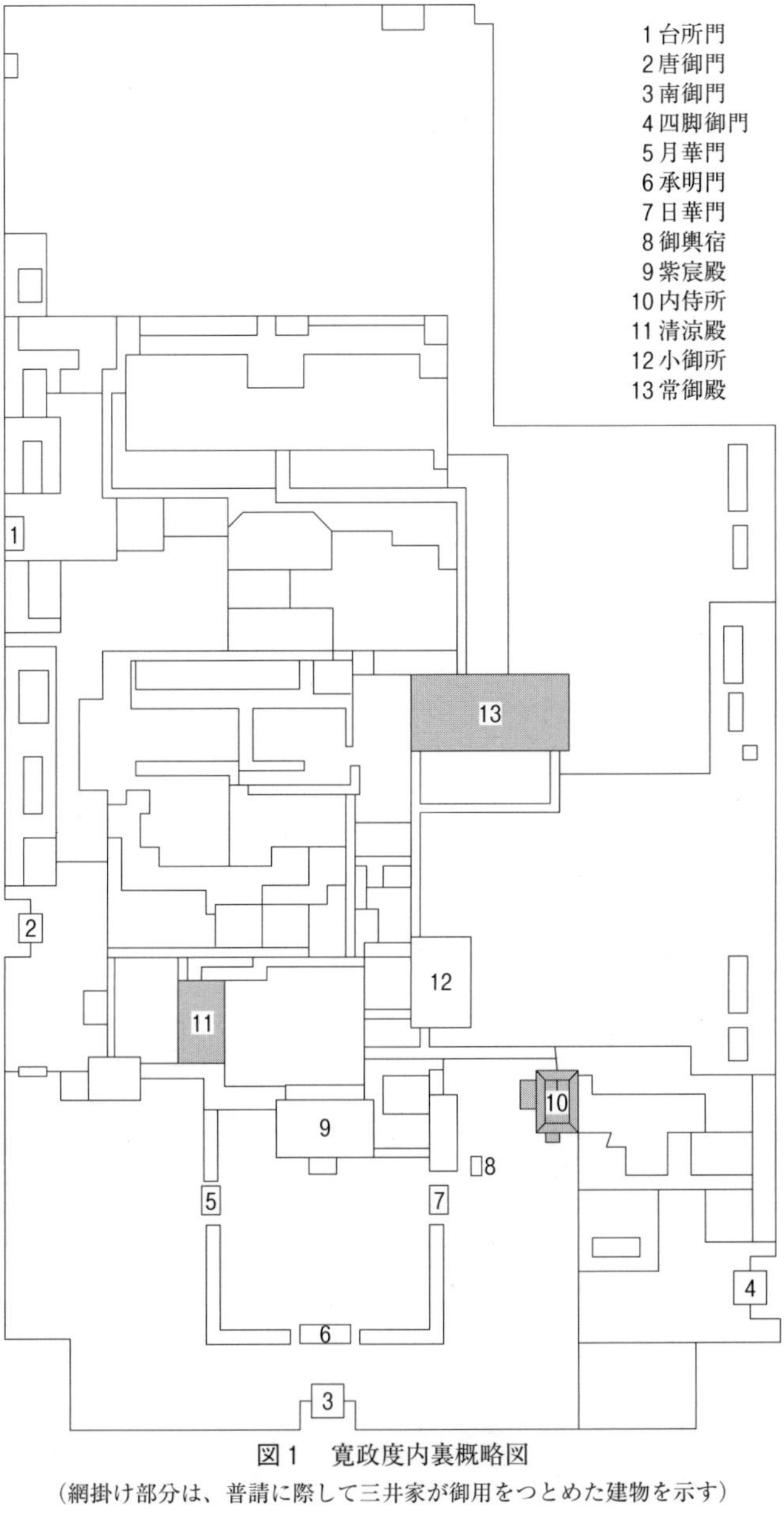

図１　寛政度内裏概略図
（網掛け部分は、普請に際して三井家が御用をつとめた建物を示す）

あったことも留意しておきたい。

内侍所は神鏡を祀り神事を行う。禁裏御所内の信仰空間であり、朝儀においても重要な役割を果たす場所であった。それが十八世紀中期からは、禁裏において最も重要とされた清浄性を確保するための中心となる空間となるべく、制度の整備などが進められる(7)。さらに、寛政度に再興された神嘉殿の造営に際しては、幕府・禁裏内でそれぞれに内侍所の重要性が議論されている(8)。

とすれば、儀礼や信仰の場である重要な御殿である普請については、速やかかつ無事に終了させなければならないという幕府・禁裏側の意向もこの三井家の御用に影響していたのではないだろうか。

実際、一般に、禁裏御所のなかでは紫宸殿を中心とした朝儀を行い天皇が出御する場を「オモテ」、天皇の常所や女官らが従事する場を「ウラ（オク）」とみなしていたが、三井家が御用をつとめた清涼殿や内侍所はいわゆる「オモテ」の空間である（図1参照）。朝儀の場となるこのオモテの普請が遅延・中断するような事態だけは避けなければならなかったのだろう。

なお、寛政三年に朝廷が幕府の反対を押し切って実行した神嘉殿の再興（造営）に関しては、三井家が御用をつとめた史料は確認できない。幕府は、朝廷の神嘉殿再興という単独行動を許しておらず、経済的にも援助しないという姿勢を貫いていたため、幕府から三井家へ御用が命じられることもなかった。

二　禁裏御所普請御用と「特典」

次に、三井家側に目を向けてみたい。

禁裏御所御普請御入用銀請払御用に関する三井家の記録には、実際の公金の出納のほかに、三井家の当主もしくは名代の禁裏御所内の参観に関する記述が多い。

その一例を少し詳しく紹介してみよう。

「御造営御用一巻」（三井文庫所蔵、追591）は、寛政度の禁裏御所・仙洞御所造営の御用の内容と経緯を記したものである。

天明八年（一七八八）一月十三日、市内から生じた大火により禁裏御所・仙洞御所は全焼した。幕府はすぐに再建にとりかかり、同年三月二十五日、御所の造営を管轄するための新造御用掛（中山愛親）と造内裏奉行（日野資親）を決定した。

一方、三井家は、四月二十五日に京都御奉行宛の書付案を作成する。「旧例書」として宝永四年東宮御所御作事からの一連の三井家の禁裏御所御普請御入用銀請払御用を書き上げ、これらの御用を首尾良く勤めたことや、御奉行様から先規のとおり御入銀請払御用を仰せつかったことに対する御礼と御用への忠心などを記している。寛政度内裏造営以前の経験から三井家の禁裏御所御普請御入用銀請払御用は信用されるものであったため、普請開始後の早い段階において（四月二十五日以前に）幕府から御用の打診があり、これらの書付を作成・提出するに至ったのであろう。

そして、これ以後、御会所からの普請費用の支払い要請に対し、大阪御金蔵から禁裏御所御普請御入用銀を受け取った三井家が公金を支払って（届けて）いる。

この禁裏御所造営は順調に進み、木造始など普請関係の儀式も先例通りに行われた。そして、この儀礼に際し、三井家（名代　三井次郎左衛門）から御普請御用掛御諸人中様宛に儀式拝見願いの口上書が提出された。寛政度内裏造営時に三井家の当主や名代が参観できた儀式は次のとおりである。

・寛政元年（一七八九）七月四日　禁裏御所木造始・御地曳
・寛政元年八月一日　　　　　　　仙洞御所木造始・御地曳

・寛政元年九月十九日　　　　女院御所木造始
・寛政二年九月五日　　　　女院御所御上棟
ただし、三井家の願い出とおりにこれらの儀式の拝見が許されたわけではなかった。

寛政度の禁裏御所の木造始の場合、三井家は木造始前日の七月三日、町奉行菱沼組与力西尾信太郎宛に木造始の拝見を願い出る口上書を提出する。これを受けて、翌四日、つまり木造始当日、菱沼組から御入用御吟味所の御代官小堀縫殿宛に、三井家名代の次郎左衛門以下三名を、定職人と同じ上席で拝見させて欲しい旨が伝えられる。このように儀式当日に口上書が提出されたのは、拝見の前例があったためにその許可には問題がないという認識が三井家側にあったからであろう。

しかし、禁裏附からは、定職人は上席、三井家の三名は次席であっても拝見できないという見解が示される。ただし、結局、定職人と三井家が拝見を許可された前例があるという理由で、三井家と定職人のための拝見場所を別に設置することで拝見が許されることになる。

また、禁裏御所普請時に三井家が拝見したのは、儀式だけではない。

寛政度の禁裏御所造営がほぼ終了した寛政三年九月二十七日、三井家の助九郎は中尾彦兵衛宅と町奉行所与力の西尾信太郎のもとに禁裏御所の新造御殿の見学の申し出ならびに相談に出向いている。しかし、その後、西尾より、見学が許可されるかどうかは不確定であるとの見解が示される。そこで、三井家は、改めて禁裏御用掛の御勘定御組頭の鈴木門三郎に願書を提出する。この願書には、三井家が御殿拝見を許された前例（宝永六年、寛政二年）が記された。すると、十月一日になって、御殿の見学を全員に許可することはできないが、御用をつとめた三井家には格別に取りはからうので、翌日二日に上下を着用して参内するようにとの申し渡しがあった。結局、十月二日、当主の三井三郎助は名代の次郎左衛門、助九郎、助七郎を連れて参内し、最初に仲介してくれた西尾のもとに寄った後、棟梁の案内のもとで「上場所」を拝見する。この「上場所」の詳細は不明であるが、禁裏御所のなかでも一番格の高い紫宸殿や清涼殿、内侍所などを指している可能性がある。

このように、三井家では複雑な手続を経てまでも禁裏御所内での儀式や新造御殿の見物を実現させる。では、前例があるとはいえ、三井家がここまでして儀礼や御殿を拝見する意味はどこにあるのだろうか。

基本的に町人が禁裏御所へ出入りすることは許されない。特に、葬送時などは築地之内を囲む惣門が閉門される。これにより、人々は築地之内への出入りすら禁止される(9)。

そのような状況のなかでは、御用の節に禁裏御所内に入ることが許されていたとはいえ、荘厳な儀式や新築の御殿を拝見できることが三井家にとっても貴重な経験であったのだろう。

さらに「上場所」など他の町人は決して見ることのできない場所の拝見を特別に許可されたことは、町社会において大変な名誉であり、町人としての家格の上昇につながる。つまり、三井家側では社会的な利益があると認識していたために、当主等がわざわざ出向いてまで拝見を継続させていたのではないだろうか。

なお、本事例からもわかるように、この拝見を三井家と直接調整・許可したのは、幕府側の役人である。特に同心中尾彦兵衛と与力西尾信太郎は、三井家が儀式の拝見を願い出るときには禁裏との連絡役を度々つとめている。おそらく、三井家の日常的な交流・交際関係のなかにこれらの与力・同心も入っており、この交流があったからこそ拝見も実現できたのであろう。

三　禁裏御所普請と町・町人の「人気」

次に、三井家の禁裏御所普請御用に関する史料から、禁裏御所普請に関わる町や町人の動向を確認してみたい。

京都町夫代銀(C)	割賦銀と町夫代銀の総額(B＋C)	(B＋C)/A	B/(B＋C)
銀２貫444匁６分７里３毛	銀６貫114匁１分２里２毛	0.040	0.4
銀４貫479匁３分２里６毛	銀11貫119匁９分７里３毛	0.044	0.4
銀２貫214匁６分９里７毛	銀５貫537匁　８里８毛	0.045	0.4

禁裏御所の普請には、莫大な普請費用がかかる。たとえば、寛政度内裏造営の場合、三井家は普請入用銀として大阪御金蔵から銀一万七〇〇貫目と金一万五〇〇〇両を受け取り、その都度払い出している。さらに、普請費用として市中手当金や御所や所司代への入用銀も合わせて銀一万三二〇九貫目と金一万六三七四両が計上されている[10]。

そのなかで、(a)天明八年（一七八八）の禁裏御所造営（寛政度禁裏御所造営[11]）、(b)寛政十二年（一八〇〇）の御三間御献間造営[12]、(c)文化二年（一八〇五）の禁裏様御学問所造営[13]、(d)文化七年の内侍所修理[14]、の事例については、三井家の掛改御用の記録から町の負担の詳細が確認できる。

まず、町夫代銀の特徴をみてみよう。

町夫代銀は、町毎に町夫人足をもとに割り当てられた。たとえば、(d)の文化七年の内侍所修理では、町夫人百人に付き銀七匁九分七厘一毛があてられる。それらは町単位で集められ、町代がとりまとめている。

(d)内侍所修理では、(a)の御所全体の再建に比べて工事総額は低いにもかかわらず、各町組の負担（人足高）はほぼ同額が設定されている。この根拠は不明であるが、三井家の御用の回数の増加に伴い御殿普請時の町夫代銀の徴収の頻度が増していたとするならば、町・町人にとって禁裏御所の御殿の普請の都度の課金は相当な負担となっていたと推定される。

一方、表2は、御殿の普請である(b)(c)(d)の事例をまとめたものであるが、これからは、普請費用の規模にかかわらず以下の二点の基準のもとで町夫代銀と割賦銀が集められていたことが指摘できる。

表２　禁裏御所普請費用と五畿内割賦銀・京都町夫代銀

	普請費用総額(A)	五畿内割賦銀(B)
(b)御三間御献間造営	銀152貫517匁３分５里	銀３貫669匁４分４里９毛
(c)御学問所造営	銀250貫 12匁６分５里５毛	銀６貫719匁６分４里７毛
(d)内侍所修理	銀124貫306匁４分８里８毛	銀３貫322匁３分９里１毛

①五畿内御料所からの割賦銀と町からの町夫代銀の総額は普請費用全体の四％程度とする
②割賦銀と町夫代銀の総額に対して割賦銀は四割となるように設定する

まず、①は、普請費用総額は多額であり、そのなかで割賦銀と町夫代銀の割合は決して高いものではなかったことを示している。また、②については、五畿内御料所の割賦銀と京都の町の町夫代銀はそれほど大差がなく設定されていたことを示す。

ただし、この町夫代銀等の割合については、額面、つまり経済的側面のみ評価すべきではないと考える。なぜならば、結果的にではあるが、これは五畿内御料所や京都の町が禁裏御所やその御殿の普請に関与していること、つまり間接的にではあるが禁裏と都市社会がつながっていることを町側等に実感させる機会となっていたと考えることも可能だからである。では、これらの町の構成員である町人個人は、どのようなかたちで禁裏御所普請に関わっていたのだろうか。

町人の負担については、安政度の内裏造営において町人個人に対して普請費用のための献金が求められたことが明らかとなっている。牧知宏によると、近世京都において初めて町人個人からの献金の申諭がなされたのが安政度内裏造営時であり、「中分」クラスまでの「身元宜町人」を対象として行われたという[15]。この際、献金者は上京の御所近辺だけに集中していたわけではなく、下京などの町人も対象となっている。

そして、牧の指摘のなかでさらに注目すべきは、禁裏御所普請献金に関わるべく町人の経済状態を調査する際、実際に献金を募る所司代や町奉行が町人の「人気」に配慮していたという点である。

ただし、牧が指摘するように、町人の「人気」への配慮の主体は幕府側だけにあるのだろうか。

実際に京都の中心にある禁裏御所に住むのは天皇である。さらに朝儀の際には町に対して規制を課すなど、町と禁裏は決して無関係ではない。よって、幕府側ですら抱いていた町人の「人気」の配慮については禁裏側の関与も検討すべきではないだろうか。

そこで再度注目したいのが、前述した三井家の儀式・新造御殿の見物である。これを禁裏側が用意した「人気」への配慮の一事例として捉えてみたい。

三井家の見物を直接許可したのは、施主である幕府側である。しかし、見分前とはいえ禁裏御所は天皇の居所であり、特に「上場所」のような場所の見物に関して禁裏側の関与・許可がなかったとは考えにくい。ゆえに、御用商人の三井家が禁裏御所の「上場所」を拝見できるという特典の背景には、御用商人らに禁裏の「上場所」を見学させることで、禁裏御用の名誉や禁裏へのあこがれを涵養しようとするという禁裏側の意図があったのではないだろうか。

一方、町・町人に対しては、三井家のように御所内での儀礼や新造御殿の見物が許されていたわけではない。そこで、不特定多数である町人に許されていた特典として注目すべき事例が、新たに建設された御所への天皇の遷幸である。

近世の天皇が京都の町中を通って仮御所から新造御所へ還るのは寛政度が初例であり、その遷幸を見物するために多くの人々が参集した。そして、安政度内裏遷幸の際にも多くの見物人がかけつけた。この安政度内裏遷幸の詳細は次章で考察するが、ここでは規制をかけつつも町人の見物を前提とした演出が施されている。

つまり、禁裏側は、都市社会の「人気」に配慮し、三井家のような特別な御用をつとめた商人（町人）には建築儀礼や新造御殿を、そして町人らには遷幸を拝見する機会＝特典を用意した。そして、その「人気」に配慮せざるを得ない背景には、天皇の存在の貴重さを示すことで禁裏御所という空間の維持を可能にしようとする幕府・禁裏双方の認識があったと考えるが、その詳細は第三部第四章でも検討していきたい。

おわりに

以上、禁裏御所普請に関する三井家の御用の様相から、幕府・町・町人、そして禁裏の動向を考察してきた。幕府が三井家に命じる禁裏御所御普請御入用銀請払御用は、宝永期以後、その回数が増えていった。経済的理由等からその御用は次第に修理にまで及ぶようになる。加えて、清涼殿や内侍所といった「オモテ」の公の御殿の普請にも三井家の御用が必要とされた。一方で、神嘉殿や院御所の茶室など禁裏の私的かつ独自な御殿の普請については、三井家は関与しない。

最後に、禁裏御所普請時にみられる三井家や町・町人への関与についてもまとめておきたい。

近世中期・後期の禁裏御所は、焼失・再建や修理の必要性が次々と発生していた。そのなかで、信用の厚い御用商人・三井家の役割は必然的に大きくなっていた。

確かに、禁裏の造営に協力し、費用を負担することは町人としての十分条件であるという一面もある。しかし、禁裏御所普請の費用がかさむにつれ、幕府や禁裏には、もはや町の協力なしには禁裏御所の造営・修理が成立しないという認識があったのではないだろうか。そこで、幕府側、さらに禁裏側も「人気」に配慮して、御用商人には名誉を伴うような特別な儀式の参観や新築御殿の見学という特典を、また町人には天皇の存在を実感し、普段見ることができないものを見られる、優越感を伴う還幸の見学という特典を提供したのではないかと考える。

なお、このような特典の設定は、先に指摘したような節分時の都市民衆の内侍所参詣などとも関連してくると思われる(16)。ただし、ここで重要なのは、近世京都においては、一方的に支配されるだけではなく、禁裏が示す特典を享受できるような都市社会があったからこそ、禁裏は都市のなかで優位な存在となりえたのではないという点である。この点をさらに明らかにしていくためにも、近世京都の都市社会の特性、特に禁裏の社会とその空間が物理的・経済的・社会的な町との交流に支えられていたという社会構造のありかたについて史料に基づいてさらに検証を重ねていかなければならない。

（1）三井文庫編『三井事業史』三井文庫、一九八〇年。
（2）賀川隆行『近世三井経営史の研究』吉川弘文館、一九八五年。
（3）前掲『三井事業史』、賀川『近世三井経営史の研究』参照。
（4）前掲賀川『近世三井経営史の研究』参照。
（5）前掲『三井事業史』、賀川『近世三井経営史の研究』参照。
（6）本書第一部第二章参照。
（7）本書第一部ならびに第二部参照。
（8）本書第一部第三章参照。
（9）本書第一部ならびに第二部参照。
（10）前掲賀川『近世三井経営史の研究』参照。
（11）三井文庫所蔵「御造営ニ付割賦銀京都町中町夫人足高銀」（別１６０８）、三井文庫所蔵「御造営ニ付割賦銀五畿内近江丹波播磨御料所役高帳」（別１６３４）。
（12）三井文庫所蔵「御三間御献間御造立御用留」（本538―2）。
（13）三井文庫所蔵「御学問所御造建御用留」（追594）。
（14）三井文庫所蔵「内侍所御修復並御仮殿御造立御用留」（追595）。

（15）牧知宏「安政度内裏造営における京都町人の献金について」近世災害研究会編『嘉永七年京都大火・安政度内裏造営関係史料』立命館大学グローバルCOEプログラム　歴史都市を守る「文化遺産防災学」推進拠点　平成二二年度報告書、二〇一一年三月。

（16）本書第二部第三章参照。

第三章　安政度内裏遷幸と都市空間

はじめに

本書序章で紹介した藤田覚の解説にあるように、近世の天皇は、禁裏御所の外に出る機会がほとんどなかった。いわば、確かに存在するが姿が見えない存在であった。そのなかで、寛政二年（一七九〇）、光格天皇は仮御所から内裏へ遷幸した。このとき、京都の町には多くの見物人が集ったといわれている。また、内裏への遷幸は、安政二年（一八五五）にも行われた（以下、安政度内裏遷幸とする）。仮御所（桂皇居）にいた孝明天皇は、今出川御門を出て、室町通・三条通・堺町通を通って新造内裏に還った。このときも、多くの人々が見物に集まった(1)。

このような内裏への天皇の遷幸に関しては、建築史学の分野において、寛政度および安政度の沿道のしつらえや町家の特徴に着目した研究の蓄積がある(2)。だが、これらの研究は遷幸の沿道、町家や築地之内という限定された地区の景観復元に留まっており、遷幸の道筋（経路）の決定の背景などは明らかにされていない。

一方、近年、立命館大学グローバルCOEプログラムの報告書(3)（以下、『立命館大学安政度内裏造営報告書』）が発行された。この報告書には、安政度内裏造営・遷幸時に京都所司代をつとめた脇坂安宅の日記である『脇坂安宅日記鈔』（宮内庁書陵部所蔵）や『伝奏口上留』（京都府立総合資料館所蔵）などの史料翻刻と、安政度内裏造営・遷幸の経緯や献金に応じた京都町人の動向に関する論考が所収される。安政度内裏造営・遷幸に関して最も端的にまとめられた最新の研究成果である。ただし、空間の特性までは明らかにされていない。したがって、遷幸の空間の特性や実施の背景などをより総合的に解明することで、遷幸という祝祭の舞台となる近世京都の特徴をより明確にできると考える(4)。

そこで、本章では、安政度内裏遷幸に着目し、その実施の経緯や空間の特性を検討するとともに、遷幸を実施する禁裏側とそれを見物する町側の対応や意図を明らかにする。

一　安政度内裏造営と遷幸の概要

安政度内裏遷幸の特徴を明らかにする前に、安政度内裏造営の概要をまとめておきたい(5)。

嘉永六年（一八五三）四月に女院御所から出た大火は、禁裏御所（内裏）や仙洞御所、そしてその西方一帯の町に拡がった。孝明天皇は、下鴨神社に一旦避難した後、聖護院に仮御所を置く。その数日後には、類焼を逃れた桂宮の屋敷に遷幸し、そこに仮御所を置いた。桂宮の屋敷は、築地之内と呼ばれる内裏を中心とした九門に囲まれた区域内の北端に位置する。天明の大火後の仮御所が聖護院であったことを考えると、内裏に近接するという立地に特徴があるといえる。

内裏造営は速やかに始められ、安政二年（一八五五）の秋には完成し、朝廷側に引き渡される。そして、同年十一月二十三日、内裏遷幸と内侍所渡御が行われた。

二　遷幸の空間の特性

二―一　遷幸の道筋の決定

次に、安政度内裏遷幸実施の経緯とその空間の特性を整理・分析してみたい。(6)

遷幸の内慮が朝廷側から示されたのは、安政二年（一八五五）四月二十九日である。(7)京都所司代の脇坂安宅宛に武家伝奏より書付が届き、孝明天皇が当年冬中の遷幸を希望している旨が伝えられる。さらに、五月十一日には、関白鷹司政通から脇坂宛に遷幸に関する諸向きへの配慮が内々に示される。ここでいう配慮とは、時節を鑑みて「手数」や「市中迷惑」をかけないようにするというものである。(8)これを受けて道筋の取調が行われ、同月二十六日にその結果が示される。ここで、その記述のなかから、空間的特徴を示す部分を抜粋してみたい。

【史料1】『脇坂安宅日記鈔』安政二年五月二十六日条

禁裏　御所向御造畢之上、新　内裏江　遷幸之節、御道筋之儀為取調候処①、（中略）、御道筋之義寺町通者片側寺院多ニ而、表側高塀之向多　御見越之程茂難計、（中略）、寛政度ニ茂寺町通之義ニ付、別紙之通り町奉行先役菅沼下野守申聞候書留相見、御見越之向者目隠等為致候儀ニ而、場広之儀寺院之向迷惑可致哉茂難計候付相省、別紙絵図面内之　御道筋ニ有之候得者、何れ相成候共先建家取払ニ不及、辻小路曲角或者出張庇先聊ッ、切縮申付候迄ニ而、乍聊此分相応之御手当被下、其余町々木戸門并番部屋等取除、且盛砂、竹矢来、溝蓋、目隠板囲等者先例於町分申付、御入用ニ不相立、夫々町分ニ而諸雑費相掛り候事ニ而、②烏丸通中立売より丸太町迄之間東側者、多分宮方・堂上方等之構ニ而、御車より御見越之程茂難計候付、其向々ニ而差支之筋無之候ハヽ、同通り者木戸門無之木戸柱計ニ而、番部屋等茂無数聊之雑費ニ而相済候、室町通ニ而中立売より出水北側迄之間并烏丸通中立売上ル辺焼場跡未家稀ニ而、多分板囲而已之場所ニ有之候、

一、（中略）③室町通者大体木戸門ニ而、番部屋等多分有之候付、雑費茂相増候儀ニ候得共、是等者格別之銀高ニ茂無之、中ニ者迷惑いたし候町柄無之共難申候得共、何れ茂　遷幸之儀者不容易候処、御通行之　御道筋ニ相成候ハヽ、雑費等ニも不拘難有存、格別迷惑いたし候程之義者有之間敷、（略）

まず、傍線部①では、寺町通を遷幸道筋とすることへの懸念が記される。ここで理由として挙がるのが、「御見越」である。寺院が連なる寺町通を遷幸が通行した場合、高塀が多く、「御見越」が計りがたいという。加えて、寺町通については、寛政度内裏遷幸時の評価も記されるが、傍線部①で示される寛政度の書留については、次のものが該当すると考えられる。

【史料2】『遷幸御用留』（内閣文庫所蔵）

戌六月二日

寺町通御道筋之儀ニ付申上候書付

菅沼下野守

禁裏

遷幸御道筋仮　皇居東六門代より岡崎村廣道南江三条通西江寺町通北江武家町口御門より　入御相成候積御道筋絵図壱枚入御覧候、然ル処寺町通之儀者片側寺院多ニ而高塀取建候而茂御見越之御程合茂難斗、其上武家町口御門之儀者御門明幅狭御車入兼申候、右御門一昨春出火之節残焼損所有之、此節御修復取掛罷在候間、弥武家町口御門ニ相成候得者、当時御修復出来之上、　遷幸之節者御門左右柱切払不申候而者、御車道ニ相成不申候、左候而者右御門ニ重之御修復ニ相成申候ニ付、此段申上置候、以上、

六月二日

菅沼下野守

寛政度内裏遷幸は、寛政二年（一七九〇、庚戌）十一月二十二日に行われた。光格天皇は仮御所の聖護院か

ら、三条通を西へ、堺町通を北へと進み、新造内裏に遷幸した。(9)この計画段階において寺町通の「御見越」の「程合」の難しさや武家町口の門、つまり武家側が管理する寺町御門の通行が問題となっていたことがわかる。

加えて、天皇の内裏遷幸のために修復が終了した寺町御門の柱を切り払わなければならない事態に対して、武家側が難色を示している点も注目されよう。武家側には遷幸という儀礼が朝廷側のものであるという認識があり、過大な負担への忌避感があったと考えられる。

では、なぜ、このような問題点が寛政度に提示されていたにもかかわらず、安政度も寺町通の通行が検討されたのであろうか。それを明確に示す史料はないが、寺町通が近世の朝儀で使用されていたことに注目しておきたい。その一例が、天皇の葬列（葬送）である。十八世紀中葉まで、崩御した天皇や女院は御車に載せられ、各御所から最短ルートで築地之内を抜け、寺町通を通って泉涌寺まで運ばれる。(10)しかし、安永八年（一七七九）の後桃園天皇の葬列は、南門通を西へ、烏丸通を南へ、三条通を東へ、さらに寺町通を南へ進み、泉涌寺に向かった。(11)その後の天皇・女院の葬列も、築地之内を出た後は堺町通、烏丸通、もしくは室町通を南下し、三条通を東行し、寺町通を南下した後、五条通を通って泉涌寺に至る。(12)すなわち、寛政度ならびに安政度遷幸の経路決定に際しては、他の朝儀と同様に先例が参照される過程で、まず旧例として安永八年の天皇葬送度以降に使用されていた烏丸通や室町通の通行が検討され、続けて史料1傍線部②以下のように安永度以前の天皇葬列で使用された寺町通の通行が検討された可能性がある。(13)なお、この「御見越」の内容については、本章二―三にて詳述する。

そして、史料1傍線部②以下では、寺町通以外の具体的な道筋として、烏丸通等の通行の問題等が検討される。烏丸通に関しては、中立売通から丸太町の間は堂上方などの屋敷が多く、木戸門も少ないため、その撤去の雑費が少なくて済むと評価する。一方で、室町通の中立売通から出水通の間は大火で多くの町家が類焼していたために板囲が必要とする。ただし、傍線部③では、室町通は、木戸門や番部屋が多く、撤去のための雑費が増えたことを迷惑と思うかもしれないが、雑費の支出よりも遷幸を「有難」いと捉えて格別の迷惑ではないとする町も多いと評価している。(14)沿道の町の評価のなかで、「有難」に言及する記録は寛政度内裏遷幸時には確認できない。これは、安政度内裏遷幸の特徴といえよう。

結局、遷幸は、図1のとおり決定される。桂皇居の西門から出た鳳輦は、今出川御門から築地之内の外へ出た後、今出川通を西へ、室町通を南へ、三条通を東へ、堺町通を北へ行き、堺町御門を通過し、仙洞御所の西を通り、南門（建礼門）、承明門から内裏に還る。(15)

二—二　沿道の整備

遷幸の道筋決定後の安政二年十月十四日、奉行所立合のもとで実地の見分が行われた。『職修日記』（宮内庁書陵部所蔵）や『遷幸御用留』（内閣文庫所蔵）に記される結果をまとめたものが、表1である。通路幅拡張のための高塀などの後退や町家の庇の取払が必要とされた箇所や御手当銀の額が判明する。(16)

また、沿道の町にはさらなる対応が求められた。ここで、京都市歴史資料館所蔵の『蛸薬師町文書』からその具体的な内容を確認してみたい。

蛸薬師町は室町通を挟む両側町で、北側を二条通、南側を押小路通に囲まれている。近世には三井八郎右衛門のほか、淀藩呉服所伊勢屋や播州藩呉服所桔梗屋、長崎糸割賦商人らが居住した町である。(17)

安政二年十月十五日、西御役所から道筋にあたる同町に御請書が届けられる。(18)

【史料3】「新内裏遷幸御道筋につき蛸薬師町諸事要用録」『蛸薬師町文書』安政二年十月十五日条

御請書

一、蒔砂　巾弐間半　厚壱寸

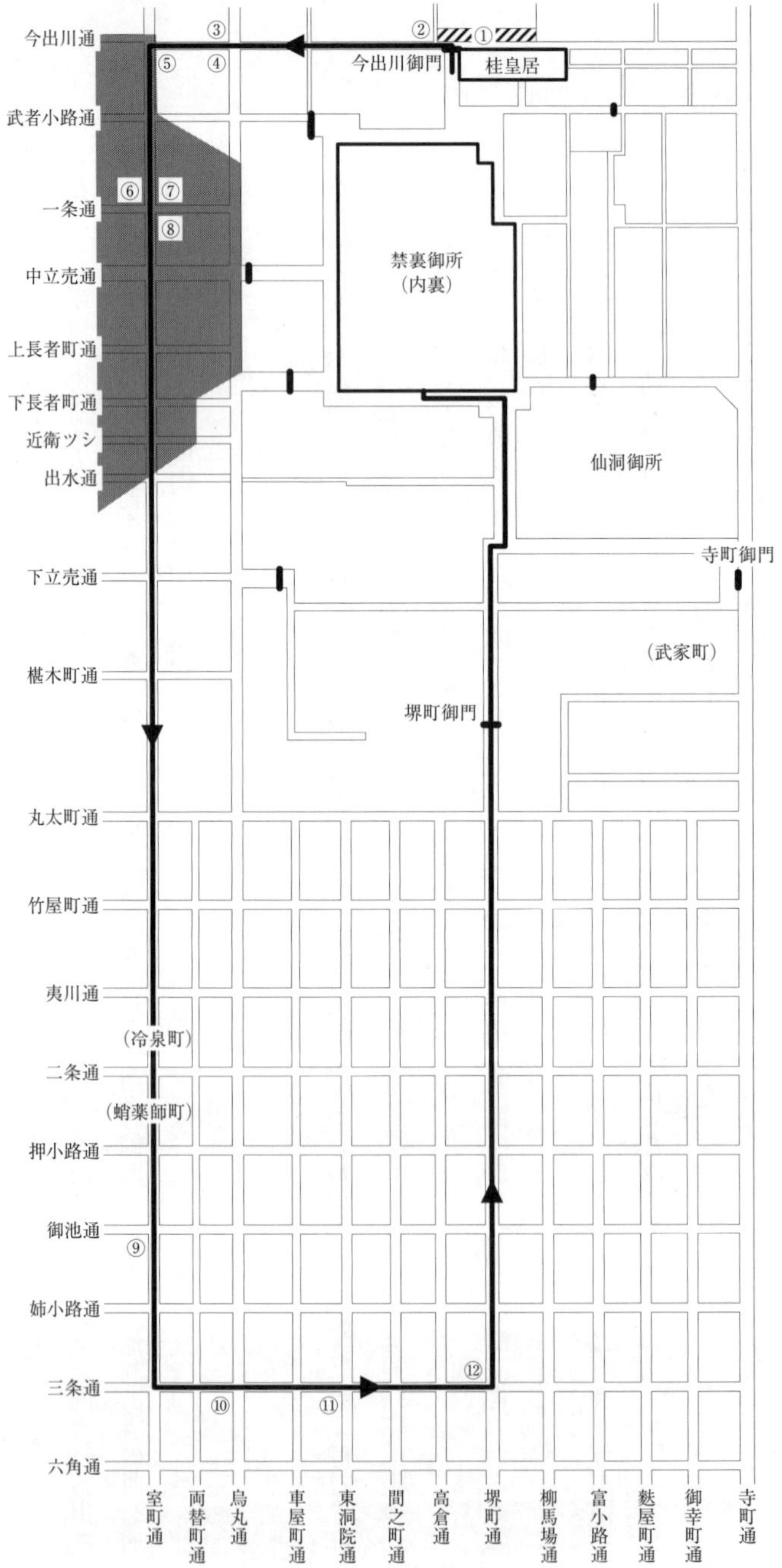

図１　安政度内裏遷幸道筋

（網掛け部分は、嘉永７年の火災で延焼した町の範囲（築地之外の範囲のみを表示）。丸囲み数字は表１と対応）

表1　安政度内裏遷幸実地検分結果一覧

番号	場所	土地建物名	記述	対応	御手当銀額	典拠	備考
①	伏見宮邸		高塀三間	引入		『職修日記』	
②	今出川通相国寺門前通北西	御附武家組屋敷	北一間　西一間半	取払		『職修日記』	
③	今出川通烏丸西入町北側	町家	庇不残	取払	719匁3分5厘	『遷幸御用留』	
④	今出川通烏丸西入町南側	町家	庇不残	取払	574匁6分9厘	『遷幸御用留』	
⑤	今出川室町東南角	若狭屋喜兵衛建家	一間五分　庇 三間五分　出格子	取払	67匁9分5厘	『遷幸御用留』	『職修日記』では東へ1間南へ1間取払
⑥	一条室町北西角	丹波屋茂兵衛建家	桁行一間半　梁行一間 (建坪一坪五分)	取払	72匁8分1厘 （1坪あたり48匁5分4厘）	『遷幸御用留』	
⑦	一条室町上ル東側	(板囲)	一間余構内へ	引入		『職修日記』	
⑧	一条室町東南角	町用人安兵衛建家	桁行二間　梁行一間 (建坪二坪)	取払	97匁8厘 （1坪あたり48匁5分4厘）	『遷幸御用留』	
⑨	室町御池南西角	松屋伊兵衛	庇　一間三分　六分一厘 出格子一箇所	取払	26匁4分5厘	『遷幸御用留』	『職修日記』では庇1間取払
⑩	三条烏丸南西角	日野屋直七	庇　五分　七分七厘 (坪三分八厘)	取払	9匁2分2厘	『遷幸御用留』	『職修日記」では町中物入取払
⑪	三条東洞院南西角	松屋次兵衛	庇　二間　七分七厘 (坪一坪五分四厘)	取払	37匁3分7厘	『遷幸御用留』	『職修日記』では西へ1間南へ1間取払
⑫	三条堺町北西角	近江屋松之助建家	一間半　一間 (建坪一坪五分)	取払	72匁8分1厘 （1坪あたり48匁5分4厘）	『遷幸御用留』	『職修日記』では北へ1間西間半取払

（番号は図1に対応。典拠はそれぞれ『職修日記』宮内庁書陵部所蔵、『遷幸御用留』内閣文庫所蔵）

一、竹矢来辻ゟ弐間入込　壱ケ所／町堺際ニ而　壱ケ所
　　但し丈夫成門有之処者竹矢来一ケ所可仕旨
一、御見込町々家表側辻ゟ三間見世入込之分取払
一、町家表両側見世并孫庇駒寄せ取払
一、町家表御札箱庇之上看板并雨覆屋根堅樋等取払
一、二階窓塞キ難取払表格子并むしこ〆切可申候
一、町々有之車除石取除
一、町家表両側溝ふた并伏樋石橋等丈夫ニ取繕不陸石高之処御道造可仕候
一、町家表両側ニ出有之候材木古木古板竹類取払
一、同表側張紙落書類取払
一、同表側壁并土蔵損所之分取繕家居透間之処囲ひ可申事
一、石仏辻堂髪結床番部屋木戸門階子懸芥溜等取払
一、都而表通御目障無之様仕御見越ニ相成場所ハ高サ弐間之目隠可仕候
一、屋根ニ有之候火之見水溜其外風印等取払

木戸門や辻堂の撤去や蒔砂や竹矢来などの設置のほか、各町家の庇や看板などの撤去や二階窓や虫子窓の締切などの景観の整備が重点的に指示されている。これらは通路幅の拡張と遷幸空間の荘厳、さらに見物の規制を目的としたものであり、先行研究で指摘される天皇や上皇の通行時の対応と共通する部分も多い[19]。

ただし、火災後の遷幸においては、史料3に記されるように、壁や土蔵の破損箇所や家の隙間への囲いや「御目障」がないように「御見越」になる場所への目隠しなどが必要とされている点は注目しておきたい。

特に、火災発生から一年半弱では、室町通の出水通以北の町は、町家が建ち並ぶ状況にまで至っていなかったのであろう。『遷幸御用留』には、遷幸沿道で「取葺屋根」や「板囲」が設置された箇所が図示されている。そのなかから被災した一条通と中立売通間の様相を図2に示す。この地区では沿道の面積の約七割に高さ二間の「取葺屋根」が設置されたことがわかる。この「取葺屋根」の内容は示されていないが、すでに家が建っている箇所に別記がある上に、『日本国語大辞典』（小学館）によれば「取葺屋根」とは粗末で仮設的な屋根を意味することから、ここでは「取葺屋根」を目隠しとなるような高さ二間の粗末な屋根の仮設的な構築物であったと判断しておきたい[20]。

すなわち、内裏遷幸時の都市、特にその沿道には、葬列や行幸などの先例に準じて、しつらい、荘厳、さらに通路幅の拡張のための対応がなされるだけでなく、不都合な箇所を隠し、さらに延焼した地区を仮設等で補うといった整備された景観が創出されていたことになる。言い換えれば、天皇遷幸のために演出された非日常の空間が創出されていたのである。

二―三　「御見越」と遷幸の空間

では、経路決定や町並の整備の理由として度々取り上げられる「御見越」とは、何を指すのであろうか。

史料1の記述等を総合的に判断して、ここでは、天皇の上覧を指すと考える。ただし、その上覧の内容については、史料3にもある天皇が見る際に「御目障」とされる内容も解明しておかなければならないが、史料からは明らかではない。

ただし、本書第二部第二章で指摘したように、近世の天皇は、近親者の死去に伴って穢れとなる場合などを除き、内侍所での祭祀や神事を担うための神聖性や清浄性を必要とされていた点は注意しておきたい[21]。たとえば、

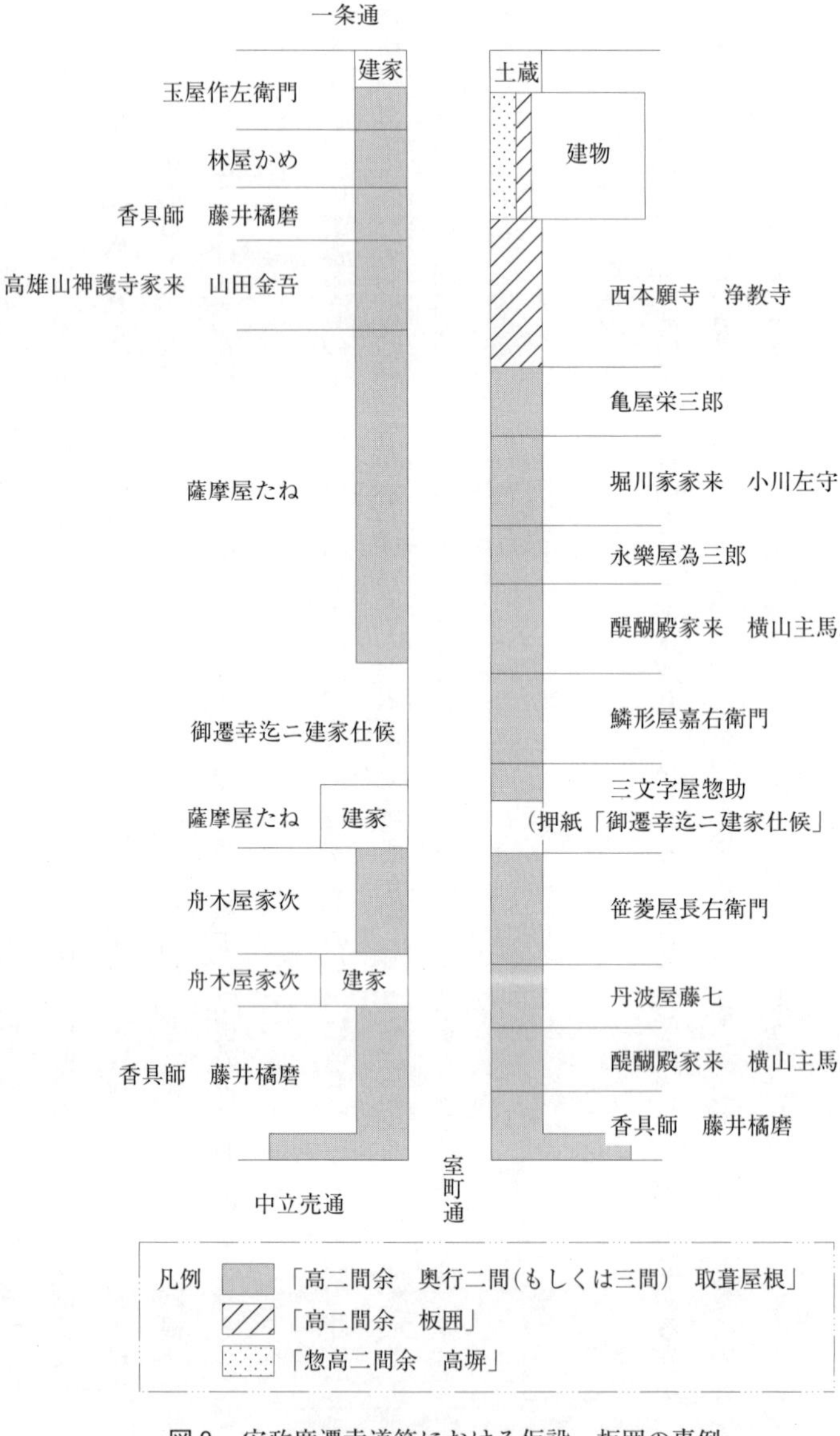

図２　安政度遷幸道筋における仮設・板囲の事例
（典拠：『遷幸御用留』内閣文庫所蔵）

史料1傍線部①で、寺町通では「御見越」の程が計りがたいとする。寺町通沿いには寺院が多い。高塀があるとはいえ、寺院にある穢に関連するものが存在する可能性がある。たとえば墓地などが見えてしまうような事態は、避けなければならなかったのであろう。

また、東山天皇は上御霊社の風流を禁裏御所から見ていた。しかし、その風流の築地之内への侵入が「不吉」であるという理由で、禁裏御所からの上覧は中止される。[22]このように、天皇や朝廷の存在に影響が想定されるようなものも、天皇の視界や周囲から排除される。

以上から、清浄であるべき天皇が町中を上覧する遷幸という朝儀においては、天皇の存在を安全に確保することができないような要素を取り除いた「仮」の都市景観が創出されていたといえる。

三　遷幸の目的と背景

最後に、安政度内裏遷幸の特性を明らかにするため、遷幸を実施する禁裏側の意図、ならびにそれを受け入れる町や町人らの対応を考察しておきたい。

三―一　禁裏側の遷幸の目的

公家や武家の記録において、内裏への遷幸は「御行粧」と表記される場合がある。[23]行粧とは、旅や外出のよそおい（威儀をととのえること）を示す。[24]天皇が遷幸するためには、その威儀を整え見せるための演出が必要であると認識されていたために、このような表現が用いられていたのであろう。実際、禁裏御所の正式な門である南門（建礼門）[25]を通過する点や、天皇の乗物として八葉御車ではなく鳳輦が使用された点[26]などは、正統かつ優位的な天皇の存在を示すための対応であったと評価できる。

さらに、安政度の場合、幕府が内裏造営に対して身元宜しく裕福とされた町人から献金を求めていた[27]。前掲牧論文に付される献金者一覧を分析すると、遷幸の沿道に居住地があったものも少なくないことがわかる。禁裏側・幕府側ともに献金した町人に対しての新造内裏への遷幸の披露を意図していた可能性は否定できない。

以上の点を総合的に鑑みれば、禁裏側は天皇の威儀、つまり正式な内裏に遷幸すべき正統かつ優越的な天皇の存在を、町に向けて披露しようとしていた可能性が高い。

三―二　町側の対応の背景

一方、町側に目を向けると、前述のような様々な規制やしつらえを求められる一方でそれなりの利点もあった。

そのひとつが、拝見である。前述のとおり、遷幸当日だけでなく、その前日から多くの見物人が集まっていた。遷幸前夜には道筋の各家の前（家並）に行灯が置かれ、道筋約五十町に少なくとも松明一七五〇本が設置されていた[28]。人々は華やかかつ荘厳な雰囲気に包まれた都市空間を楽しんでいたのであろう。

また、沿道の町家では拝見場所の賃料を取る商売が成立していた点も興味深い。前掲『蛸薬師町文書』所収「新内裏遷幸道筋につき蛸薬師町諸事要用録」には、町触の写しが残る[29]。ここでは、拝見の規制などが記されるとともに[30]、「拝見場所賃料等取候族於有之者急度可申付条、所之もの共へ心を付可申候」とある。拝見場所を借りた人々にも拝見の規則を伝えることが言い渡されたものであるが、換言すれば、拝見の場所の賃料を取る事例があったことになる。

しかも、この拝見場所は既存の町家だけでない。

【史料4】『遷幸御用留』安政二年九月

一、右御道筋之内室町丸太町上ル西側鷲尾家仮館前江茂同様御差出有之候儀与存候、且室町中立売東南角ニ長橋局下り屋敷当時焼失跡江若仮建物ニ而茂被取建候哉、又者囲ニ而茂補理候哉、承知いたし度、尤囲被致候事ニ候ハヽ、御組之もの者不被差出儀与存候得共、仮建物出来拝見被致候儀ニ候ハヽ、是又御組之者被差出候儀与存候、且又三条通東洞院東入北側ニ曇華院殿拝見有之不見透様、夫々被取斗方其筋江御掛合
　候上、否被御申聞候様ハ多し度存候、

前述した遷幸道筋沿いの仮設のなかには、拝見ができるような場所もあったのであろう。かかる場所が賃料を取っていたかは定かではないが、いずれにせよ、遷幸は、町人が経済的な利益を得る機会となっていた。

さらに、遷幸に際しては、沿道の町内でさらに詳細な申し合わせがあったことも確認できる。

【史料5】『永書』（三井文庫所蔵）安政二年十一月

御遷幸ニ付当町内家並ニ張紙之間左之通
　申合之事
一、御遷幸之節平伏可仕事
一、無言者勿論無礼無之候様相慎可申候事
　（押紙）「老人小児拝見庭所ニおいて別而無礼無之様相慎可申事」
一、火之元別而入念可申事
一、庭先拝見中火鉢田葉粉盆無用之事
一、毛遷蒲団等之敷物無用
一、庭先ニ而弁当無用之事
一、禁酒之事

一、男女かむりもの無用
一、御当日前夜共高声者勿論無益之雑談幷騒敷致間敷事
一、前夜ゟ表二階上り申間敷事
一、拝見後町分ゟ致沙汰候追追出之儀者無用之事
右之通急度相心得可申事

十一月　　　　　　　町役

「高声」に加えて、弁当や酒やたばこが禁止されている点は興味深い。前述の賃料との関連性は不明であるが、拝見時に飲食を兼ねる慣例があったのであろう。

ただし、このような行動は、遊興だけを目的としたものではない。実際、沿道の有力町人のなかには、重要な接待の機会として活用する者もいた。

三井文庫所蔵「拝見頼来候諸家方人数」[31]からは、遷幸の沿道にある冷泉町等に屋敷地を構えていた豪商の三井家に大勢の人々が拝見を申し出ていたことがわかる。しかも、この史料には「加州御屋敷」(加賀)五人、「鴻池善五郎様」八人、「松平伊豆守様」十二、三人、「二条様」三十一人など、武家や上層町人の代表者氏名と拝見希望人数が記されており、幕府や禁裏の御用もつとめていた三井家と経済的・社会的な交流があったと推測される人々がこぞって同家での拝見を希望していたことが判明する。[32]他にも、所司代用人や久留米藩屋敷などの武家、大工などの町人らも記されている。結局この史料だけでも、総勢三百人以上が三井家での拝見を依頼している。これに対して三井家が受け入れた人数は明らかではないが、多くの来賓があったことはまちがいないであろう。

実際、三井家では、遷幸当日は朝から清掃などをした後、あらかじめ家内で決められた役割のもと、万全の体制で遷幸拝見の客人を迎え、飲食のもてなしを行っている。[33]

このように、禁裏や幕府からの要求を受容できるだけの社会的基盤を持つ町や有力町人らにとっては、遷幸は単なる経済的負担を伴う朝儀というだけではなく、自らが所属する社会的ネットワークを確認・形成する重要な機会でもあった。

なお、さらに身分の高い人を接客する場合には、迎える側にも相応の対応が求められた。史料4では門跡である曇華院が見物するために「不透」の工夫が求められている。また、『蛸薬師町文書』には「一、西本願寺様町内誉田屋仁兵衛方へ拝見御成ニ付、町内為御御挨拶鶴齢被申銘酒壱斗ト頂戴仕候」[34]とある。このように、身分の高い人々のもてなしができるだけの経済力・社会力を保持した町人にとっては、貴人を迎え入れることができること、つまり自らの社会的地位の高さを他者に主張できる機会でもあったのである。

おわりに

安政度内裏遷幸は、遷幸時に必要とされる諸対応を迷惑としない町が多いと評価された室町通を通行する経路が選択された。さらに、この経路決定や沿道の景観整備で重視された要素に、「御見越」がある。遷幸には天皇の上覧に適した景観が必要とされ、特に沿道の町にはそれに準じた仮設の設置等が求められた。

そして、その空間を舞台に、禁裏側は、天皇の威儀、つまり鳳輦に乗って南門から内裏に入る正統かつ優位的な天皇の存在を主張しようとした。

一方、町側では、この遷幸を負担として受け入れただけではない。町人らは遷幸を沿道の町で拝見した。また、沿道に居住する有力町人らは、公家・武家・上層町人・門跡や門主などを拝見のために家に招いた。彼らは、この遷幸を通して、社会的ネットワークを確認・形成するとともに、社会的地位を主張しようとしていたのである。

加えて、遷幸という祝祭・朝儀が円滑かつ盛大に実施できた背景には、京都の町や町人の経済的・社会的な力があったことは強調しておきたい。しかも、経路決定における室町通沿いの町の評価からもうかがえるように、かかる町の力を幕府だけでなく禁裏側も把握し、さらに活用しようとしている。この点に、近世後期の京都の特徴が見出せよう。

最後に、今後の展望を記しておく。安政度内裏遷幸の場合、天皇は本章でも述べた経路で内裏に還った。一方、遷幸と同日、桂皇居にあった内侍所（神鏡）も新造内裏に移された。ただし、この神鏡は、惣門の外に出ることなく、築地之内を通って内裏に移される(35)。天皇と内侍所は、別の経路を使って内裏に還ったのである。

この差異は、安政度内裏遷幸だけでなく、内侍所を有する禁裏のあり方を考える上でも重要である。今後、内侍所渡御の決定の経緯を踏まえて本遷幸の位置づけを再度考察する必要があるが、天皇の存在の象徴ともいえる内侍所は、安全性や清浄性の確保のために民衆の前で披露されることがあえて忌避されていたのではないかと推測される。

しかし、いずれにせよ鳳輦に乗った天皇は都市のなかに表出するが、天皇の存在を次世代に継承するために必要不可欠かつ象徴となるべき装置として認識されていた内侍所は、都市に出ることなく内裏へ還る。天皇の「真」の性格は、都市に表れることはなかったのではないか。とすれば、民衆が「天皇」として見ていたのは、何であろうか。近世国家・社会における「権威」のありかたの理念と表出の関係性についていま一度問うてみる必要があるだろう。

（1）　京都の町人であった高木在中の日記『幕末維新京都町人日記　高木在中日記』（内田九州男他編、清文堂出版、一九八九年）には、遷幸前々日に「遷幸ニ付内見也、御所大群衆之由」、前日には「早々ゟ町々自身番相勤、夜同断。御通筋多人数ニ而大混雑也。宵の内ゟ、やらひ〆切之由ニ而、中来ル故」と記される。

（2）天皇の遷幸や葬送の道筋やそのしつらえに着目した研究として、小沢朝江「近世における内裏外郭門と築地之内について」（『日本建築学会計画系論文集』五五四、二〇〇二年四月）や丸山祐未他「近世京都における貴人通行時の街路の準備行為について」（『日本建築学会大会学術講演梗概集（東海）』、二〇一二年九月）などがある。また、丸山俊明「武士を見下ろしてはいけなかったのか」（『京都の町家と町なみ――何方を見申様に作る事、堅仕間敷事』、昭和堂、二〇〇七年）は、遷幸や天皇葬送時の町家のしつらいの一部に着目する。なお、これらの研究は、いずれも主に町触を根拠としている。

また、本書で参照した町触は、『京都町触集成』一〜別巻二（京都町触研究会編、岩波書店、一九八三〜八九年）に所収される。以下、本章においては、『町触』一、などと表記し、頁数を示す。

（3）近世災害研究会編『嘉永七年京都大火・安政度内裏造営関係史料』立命館大学グローバルＣＯＥプログラム　歴史都市を守る「文化遺産防災学」推進拠点　平成二二年度報告書、二〇一一年三月。

（4）近世都市京都における祝祭空間の特性については、本書第三部第三章を参照されたい。

（5）安政度内裏造営については、藤岡通夫『京都御所』（新訂版、中央公論美術出版、一九八七年）や平井聖他『中井家文書の研究』（中央公論美術出版、一九七六〜八四年）を参照した。また、本書第一部第三章でも安政度内裏（内侍所）造営について言及している。

（6）本章で用いる『脇坂安宅日記鈔』と『伝奏口上留』は『立命館大学安政度内裏造営報告書』の翻刻を参照した。ただし、使用および引用に際しては、筆者が原本を確認している。また、安政度内裏遷幸については、『立命館大学安政度内裏造営報告書』でも一部言及されている。本章でも適宜参照したが、本章とは論旨・目的が異なるため、考察は重複しないことを付記しておく。

（7）『脇坂安宅日記鈔』安政二年四月二十九日条。

（8）『脇坂安宅日記鈔』安政二年五月十一日条。

（9）『町触』七、一二〇頁。

（10）近世中期の天皇・女院の葬列に関して典拠とした史料は以下のとおり。宝永六年（一七〇九）に崩御した東山院の葬列については、『桂宮日記』（宮内庁書陵部所蔵）宝永七年一月十日条。享保五年（一七二〇）の新承秋門院については、『松尾相匡日記』享保五年三月五日条。享保十七年の霊元院については、「霊元院尊儀御凶事一会」（『霊元天皇実録』（ゆまに書房、二〇〇五年）所収）。

(11)『禁裏執次詰所日記』安永八年十一月十五日条（『後桃園天皇実録』（ゆまに書房、二〇〇六年）所収）参照。

(12)安永八年以降に行われた天皇・女院の葬列の経路に関して、典拠とした史料は以下のとおり。天明三年（一七八三）の盛化門院に関しては『野宮定業日記』（宮内庁書陵部所蔵）天明三年十一月十三日条。寛政七年（一七九五）の恭礼門院ならびに文化十年（一八一三）の後桜町院に関しては、『町触』七（三六四頁）ならびに第九巻（一八八頁）。天保十一年（一八四〇）の光格天皇ならびに弘化三年（一八四六）の仁孝天皇に関しては、『野宮定功日記』（宮内庁書陵部所蔵）天保十一年十二月二十日条ならびに弘化三年三月四日条。

(13)同時期の武家・朝廷の経済的状況に関しては、本書第一部第三章でも言及している。当時の厳しさを考えれば、安政度内裏遷幸においても、寛政度と同様に武家側や寺院側の経済的な負担が勘案された可能性が高い。

(14)『蛸薬師町文書』所収「新内裏遷幸道筋につき蛸薬師町諸入用留帳」ならびに『京都冷泉町文書』「八三〇　安政二年十二月　御遷幸諸入用書抜」（京都冷泉町文書研究会編『京都冷泉町文書』第六巻、一九九八年）から、図2に示した蛸薬師町では銀三貫三四三匁七分六厘、冷泉町では三貫五十六匁七分九厘が町の入用であったことがわかる。また、両町ともに金銭借用の記録はない。ただし、冷泉町の場合、同時に不用物が売り払われており、この臨時の入用を捻出するための対応であった可能性が考えられる。

(15)遷幸の道筋は、『町触』一二（二〇四頁）などに示される。なお、鈴木栄樹は、安政度遷幸の道筋決定の最大要因を八葉御車や鳳輦が通るための道幅の確保の問題と指摘する（「嘉永七年京都大火と安政度内裏造営――「脇坂安宅日記鈔」「禁裏炎焼一件」を中心に――」（前掲『立命館大学安政度内裏造営報告書』）所収）。しかし、鳳輦が通るために必要な道幅は三間程度とされる。築地之内や寺町通であれば、この道幅の確保はむしろ容易であることは留意しておきたい。

(16)ただし、この御手当銀の使途は不明である。

(17)『京都の地名』（平凡社、一九七九年）参照。

（18）この御請書と同じもの内容の文書が、冷泉町（位置は図1参照）に屋敷を構えていた三井家に残っている（『申合之事（御遷幸拝見ニ関スル申合）他一式』「御道筋修覆及掃除方達之請書控」三井文庫所蔵）。

（19）前掲『立命館大学安政度内裏造営報告書』参照。

（20）これらの板囲等の高さは、史料3に示される、沿道で御見越の可能性があるとされた箇所に据えられた板囲の高さと一致する。

（21）本書第二部第二章。

（22）本書第三部第四章。

（23）安政度内裏遷幸時の「遷幸御行粧」もしくは「御行粧」という表記は、前掲『遷幸御用留』所収の安政二年七月三日条の浅野中務少輔の書付や『勢田章甫筆記』安政二年十一月二十三日条（前掲『孝明天皇紀』所収）などで確認できる。

（24）『日本国語大辞典』（小学館）参照。

（25）禁裏御所内の門の性格については、前掲小沢「近世における内裏外郭門と築地之内について」のほか、本書第三部第四章でも指摘する。

（26）遷幸計画当初は、天皇の乗り物として八葉御車の使用が検討されていたが、鳳輦に変更された。この経緯については、前掲鈴木「嘉永七年京都大火と安政度内裏造営――「脇坂安宅日記鈔」「禁裏炎焼一件」を中心に――」に詳しい。

（27）安政度内裏造営に関する京都の町人の献金の概要や特徴については、牧知宏「安政度内裏造営における京都町人の献金について」（前掲『立命館大学安政度内裏造営報告書』所収）に詳しい。

（28）『安政二年遷幸内裏覚書』（宮内庁書陵部所蔵）に所収される安政二年十一月の「仮皇居南殿代階下ゟ新内裏南殿階下迄凡道法五拾町之積」から、松明の数が判明する。一町一人に十本ずつで葭のみであれば合計三五〇〇本、一町一人五本ずつで葭と竹を混合すれば合計一七五〇本、が計画されているが、本記録にはどちらが実施されたか明記されていない。なお、平田職修の日記『職修日記』（宮内庁書陵部所蔵）には松明の数として後者（一七五〇本）が記されている。

（29）『蛸薬師町文書』「新内裏遷幸道筋につき蛸薬師町諸事要用録」の内容と『町触』一二（二〇四頁）は一致する。

（30）前掲丸山「武士を見下ろしてはいけなかったのか」において、拝見の場となった町家の特徴が指摘されている。

（31）本文書は、前掲『申合之事（御遷幸拝見ニ関スル申合）他一式』に所収される。
（32）三井家の動向については、三井文庫編『三井事業史』（三井文庫、一九八〇年）や賀川隆行『近世三井経営史の研究』（吉川弘文館、一九八五年）に詳しい。また、本書第三部第二章で三井家の禁裏御所普請の御用と新造内裏拝見に言及している。
（33）前掲『申合之事（御遷幸拝見ニ関スル申合）他一式』による。家内の役割として、「御屋敷方　新二階」「町内出役」のほか、台所での「餅焼方」「諸道具洗い役」などが記される。
（34）『蛸薬師町文書』「新内裏遷幸道筋につき蛸薬師町諸事要用録」安政二年十一月二十二日条。
（35）「日時勘文御用記」『孝明天皇紀』第二（有隣堂、一九六七年）所収。

第四章　近世前期の上・下御霊社祭礼行列と天皇――風流見物を中心に――

はじめに

戦国期以降の京都において、上京の祭もしくは大内の祭として広く知られていた祭礼がある。それが、上・下御霊社の祭礼（神輿巡行）である。(1) なかでも、その行列の華麗さは有名であった。下御霊社の氏子による「結構」を尽くした仮装行列は洛中洛外図に描かれる。(2)『拾遺都名所図会』では「御霊神事」として上御霊社の行列が紹介される（図1）。しかも、近世後期になると、上御霊社の祭礼行列を天皇が禁裏御所の北側にある朔平門から拝したことが地誌等で度々取り上げられるようになる。(3)

しかし、京都の祇園祭や江戸の天下祭などに関しては文献史学や都市史学など幅広い分野での研究蓄積がある一方で、(4) 両御霊社の祭礼行列の具体的な様相はほとんど明らかにされていない。(5) さらに、天皇の祭礼の御拝や見物は間接的であるとはいえ天皇と民衆が交わる行為であるにもかかわらず、その交流のありかたに言及する研究もない。都市祭礼は、都市空間・社会の特徴が顕現する儀礼のひとつである。(6) したがって、両御霊社の祭礼とその行列をより統合的に検討することで、禁裏・幕府・町が三位一体となって形成・維持してきた近世京都の空間・社会の特性の一端を明らかにできると考える。

以上のような問題意識にもとづき、本章は、上・下御霊社の祭礼行列とそれに伴う院・天皇の御拝・見物の様

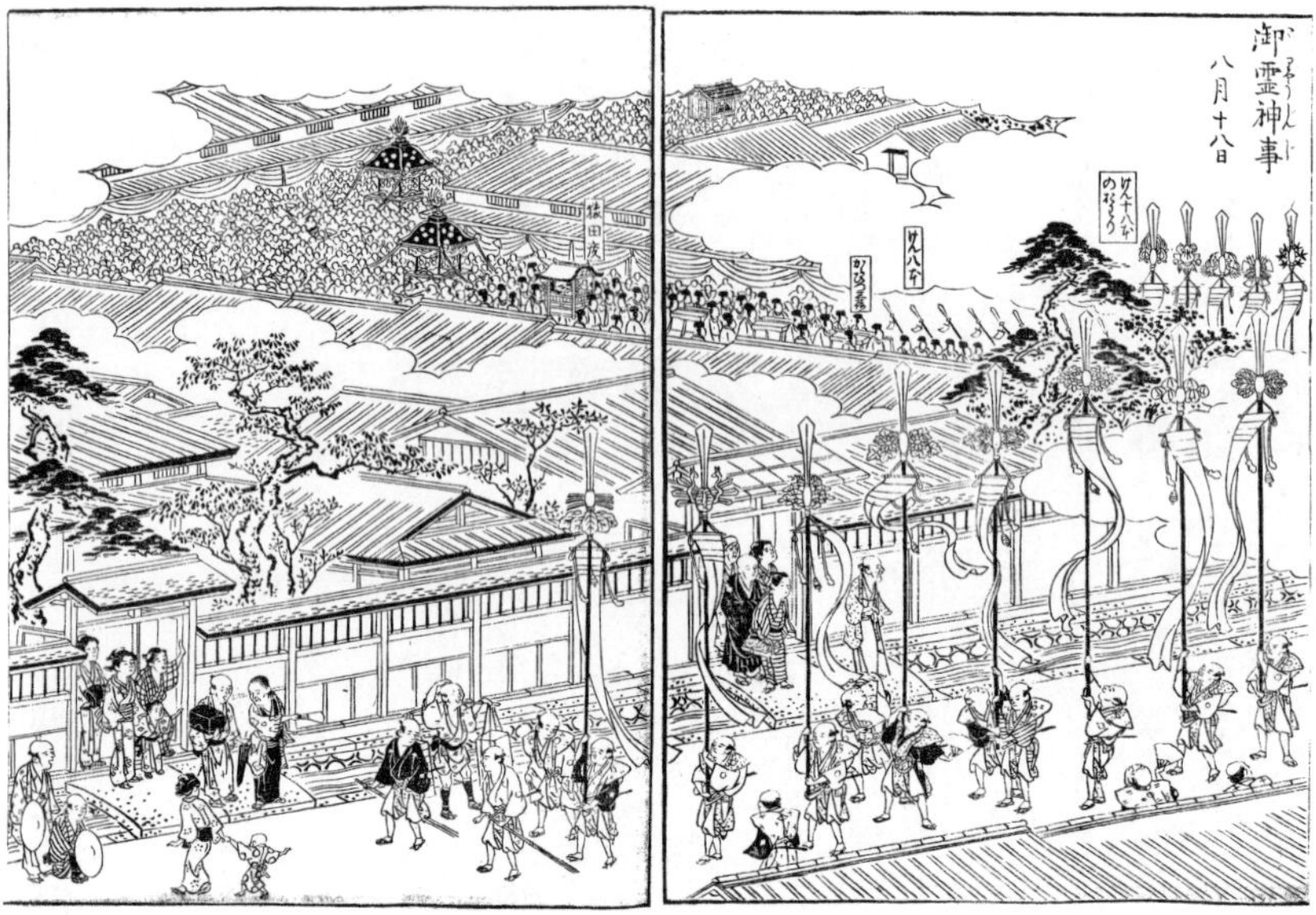

図１　『拾遺都名所図会』「御霊会」

相、特に宝永期までの上御霊社祭礼行列の天皇の御拝・見物の実現・中止の経緯を整理し、そこからみえる京都の都市空間・社会の特性を解明することを目的とする。

なお、本章では、天皇や院らが神輿巡行を御奉拝する場合を「御拝」、神輿だけでなく風流を含む祭礼行列を見物する場合を「見物」と区別して表記する。

一　上・下御霊社の神幸・還幸

最初に、上・下御霊社の祭礼の概要を確認しておきたい。

八所御霊を祀る両御霊社は御霊会を催行し、同時に御霊祭を執り行う（附御霊会および神事）。御霊祭はおおむね以下のとおり進行する。毎年七月十八日になると、神輿迎（現在は神幸祭）が開催される。そのなかで、鉾町と称される産子（氏子）が守護する鉾や神輿、神器を中心とした行列が、上・下御霊社それぞれから出発し（巡幸）、御旅所である

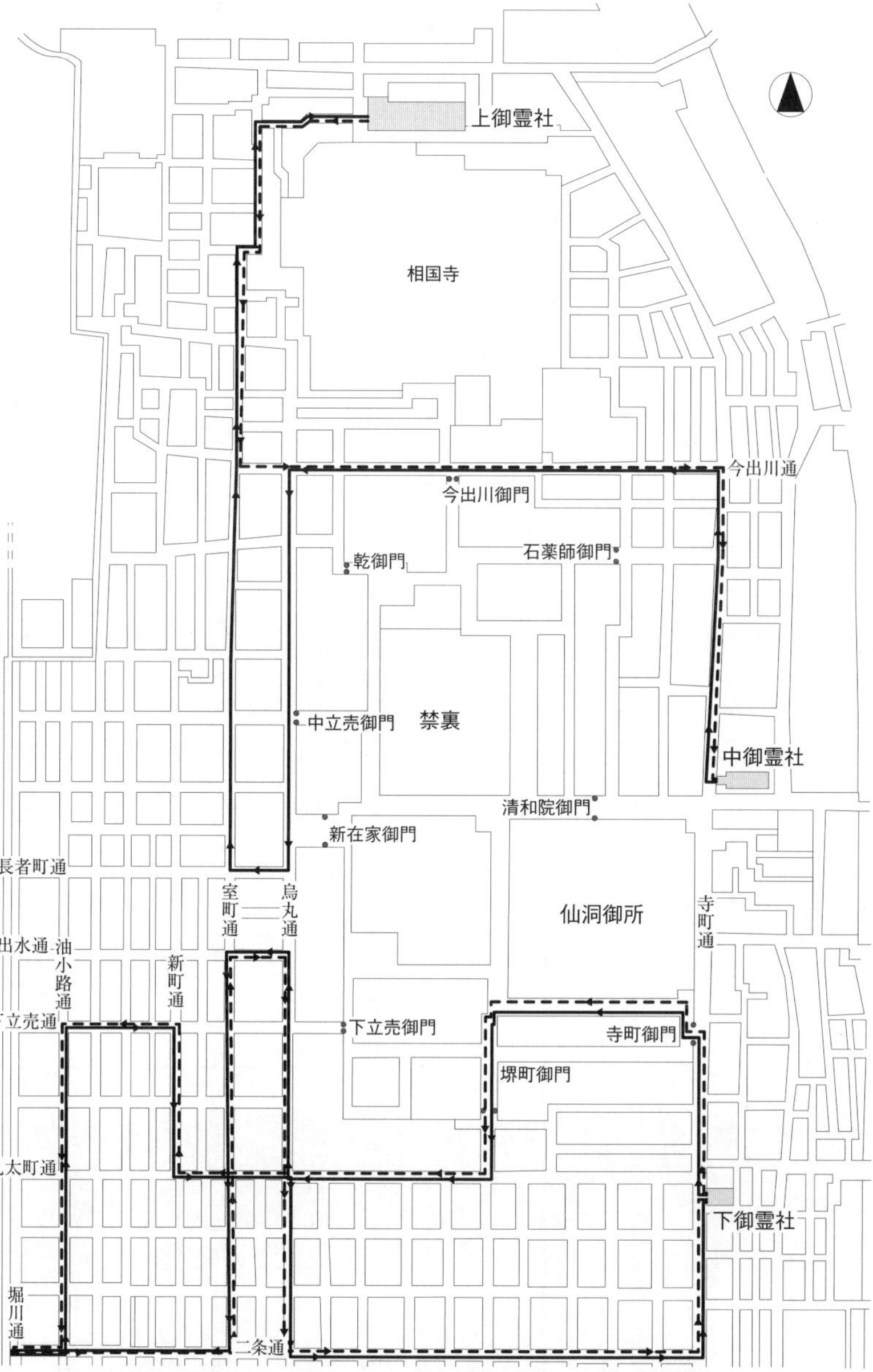

図２　正徳・享保期の上・下御霊社の神幸・還幸の順路

（破線は神幸、実線は還幸順路。地図は「洛中絵図」（谷直樹編『大工頭中井家建築指図集　中井家所蔵本』思文閣出版、2003年）をもとに著者作成）

中御霊社へ神幸する。ただし、近世中期以降の下御霊社の神幸は中御霊社を御旅所とせず、当日中に本社に戻る。そして、八月十八日には、御霊祭（現在は還幸祭）が催される。中御霊社もしくは下御霊社を出発した両御霊社の神輿等は各氏子圏を巡行して本社へ還幸する。両御霊社と中御霊社の位置ならびに正徳・享保初期頃の両社の祭礼の巡行路は図2に示すとおりである。[7]

また、この神幸・還幸の行列には「渡物」「風流」と表記される仮装した町人（氏子）や白帷子等の練物が付随した。[8]本章ではこれらを総括して風流と表記する。表1は史料から確認できる両御霊社の祭礼行列に伴う風流の構成を一覧にしたものである。

ただし、祭礼の風流はしばしば粛正の対象とされ、一時的に中止に追いこまれることがあった。寛文八年（一六六八）には京都町奉行所より「祭礼之渡物不可結構、かろく可仕候事」と通達があり、[9]寛文九年の下御霊社の風流は「聊有之」、上御霊社の風流は中止されている。[10]

表1　元和期から宝永期までの上・下御霊社の祭礼行列の構成

和暦(西暦)月日	史料名	祭礼主体	鉾	神輿	練物・御囃子	その他（御供衆など）
元和七年（一六二一）八月十八日	涼源院記	御霊社＊			「雪コロハカシノ山」（清和寺町）「山ひき」や「白帷子」	ほかにも種々の衣装を着た「柳原口ノ者」
元和八年（一六二二）八月十八日	涼源院記	御霊社＊	五本		「雪山ハヤシ」	大勢の御供あり
寛文十一年（一六七一）八月十八日	日記（梅小路家）	下御霊社か			「程々風流渡ルモ内座頭六人内シヤミセン残五人ノ座頭オトルヒヤウタン踊ト申札ヲ立テ、先持之尺八フキ一	

					人蓋鉾ハヤシモノアリ」	
延宝七年（一六七九）八月十八日	兼輝公記	御霊社＊	七本余			
天和二年（一六八二）八月十八日	兼輝公記	御霊社＊	八本・豺鉾八本	二基		
貞享元年（一六八四）七月十八日	兼輝公記	下御霊社	五本	一基		黄衣・騎馬の神主（春原信直）は神宝を持ち、黄衣の神人は猿太彦面を持つ。雑人が大勢供奉。
元禄三年（一六九〇）八月十八日	兼輝公記	御霊社＊	八本・豺鉾八本			
元禄八年（一六九五）八月十八日	野宮定基日記	下御霊社			車の上に屋形（帷幕）などを飾り、「風流衣」を着た御者がこれを引く	
元禄九年（一六九六）八月十八日	平田職央日記	下御霊社			練物二十一ヶ条	
宝永三年（一七〇六）八月十八日	日次記（坊城俊清）	御霊社＊			練物五組（再興）	
	桂宮日記	御霊社＊			三組	
宝永四年（一七〇七）八月十八日	日次記（日野輝光卿記）	上御霊社か	赤吹散八本・白吹散一本「サイノホコ」八本	あり		山伏十二人、神主（束帯）
	勧慶日記	上御霊社	刀鉾・剣鉾・松鉾・菊鉾・蟹鉾・葵鉾・鷹羽鉾・桐鉾・斉鉾・青龍・朱雀・黄鐘・白虎・玄武・天・地・人	二基	囃物　子供踊りその他小歌（御霊口町）囃物　踊り歌さいもん人形（木下□屋講中）囃物　きよくすまい（中町講中）	行列の供奉は以下のとおり（アラビア数字は人数）。太鼓（山伏6、青侍2）、先騎　春原元伸（布衣、笠物、布衣、沓物）、鑓、神馬（白丁2）、大舞

					囃物　人形一中ふし上るり（室町頭町） 囃物　子供踊り小歌馬こむろふし（武者小路町）	（白丁2）、御太刀、御辛櫃二合、御雨皮、神輿（久礼床2）、神輿（久礼床2）、振幣（素袴）、振幣（素袴）、下役人（浄衣、笠持、沓持）、長刀（青侍4）、別当従五位上春原元親（布衣、笠持、布衣、沓持）、笠籠物（雑色4）

（＊印は史料中に「御霊社」と表記されており上・下御霊社の判断が困難なもの）

二　築地之内での上・下御霊社風流の見物とその中止

近世の両御霊社の神輿巡幸、特にそれに付随する風流は、身分にかかわらず多くの人々の見物の対象であった。次の史料は、親王らの見物の様子を記す。(11)

【史料1】『時慶卿記』（京都府総合資料館所蔵写本）元和四年（一六一八）八月十八日条

一、御霊会、当年ハ始而華麗ニテ、人多渡由候、下御霊ハ、高台院殿、栈敷同所ニ被構テ御見物ト、上御霊ハ八条殿《智仁親王》ハ、門ニテ又有御見物ト、母羅、旗、鎧等渡候、

御霊会が初めて「華麗」であり、(12)下御霊社のものを高台院が栈敷から、上御霊社のものを八条宮が門から見物したとある。また、『時慶卿記』元和七年八月十八日条には「一、神事渡物共、禁中北門ヨリ入、於車寄御見物ト後ニ聞、可尋之、母羅共事々敷而、見物上下多之ト」とあり、後水尾天皇、和子、中和門院らが禁裏の北門から入った神輿と風流を見物したこともわかる。

ただし、風流が禁裏御所を取り囲むようにして設置された惣門の内側の範囲、すなわち築地之内に進入するこ

とは認められない行為であったようである。それが問題として顕現するのは、寛文六年（一六六六）のことである。

【史料2】『重房宿禰記』（宮内庁書陵部所蔵）寛文六年八月十八日条

今日御霊祭上京之輩尽風流、驚耳目之其色々之風流難書述者也、法皇（後水尾院）・本院（明正院）・女院（東福門院）・新院（後西院）為御見物之故、件風流之輩過蓬屋門前了、自方々見物群衆不可勝計、今度下馬之内可被通之由、牧佐渡守被相尋云々、然者先規風流之者下馬門中不被令往還云々、然者此度可為先規之法申云々、然故過蓬屋門前不寄思為見物一笑云々、

【史料3】『无上法院日記』（東京大学史料編纂所所蔵謄写本）寛文六年八月十八日条

ほうわん御幸なる、（中略）十八日のまつりのわたりそめ、はくひけん御こうしの下をとおりする御ならん成、みな〻御ともに参、けん物す、

寛文六年の上御霊社の祭礼行列の風流は華麗であり、後水尾院・明正院・東福門院・後西院らも見物した。ただし、この見物があったゆえに、風流は二階町にあった記主の壬生重房の屋敷の門の前を通ることになったという。というのも、そもそも今回は「下馬之内」、つまり築地之内に風流が渡ることになっていた。これに対して京都所司代牧野親成から先例の有無などが尋ねられたのであろう。結局、風流が築地之内に入ることはできないという先例が確認され、風流の築地之内への進入は中止される。ゆえに、風流の順路が変更され、史料3にあるように院らは同じ二階町にあった後水尾院別邸の白賁軒（二階町御殿）で見物することになる。(13)

以後、元禄期ごろまではこの方針が優先され、天皇や院らの禁裏御所や仙洞御所での風流見物はもちろん、上・下御霊社の祭礼行列が築地之内に進入したという記録を確認することはできない。

三　仙洞御所における霊元院の下御霊社祭礼御拝

ところが、元禄期になると、霊元院が仙洞御所前で下御霊社の神輿神幸もしくは還幸を拝したという記録を多く確認できるようになる。

下御霊社別当の日記『出雲路信直日記』（東京大学史料編纂所所蔵写真帳）元禄五年（一六九二）八月十八日条には、未刻（午前十時）に始まった神輿巡行を内裏の東南の仙洞御所（図3参照）の前で霊元院が拝したことが記される。ほかにも、同日記元禄五年八月十八日条や『松尾相匡日記』（東京大学史料編纂所所蔵写真帳）元禄六年八月十八日条、同八年七月十八日条などには御拝の経路や作法の記述がある。それによると、神輿を中心とした下御霊社の神幸・還幸は、下御霊社から北へ上がった後に、南惣門（堺町御門）をくぐり、仙洞御所西穴門前に進み、神輿を居し奉る。そこで、霊元院が御初尾を供え、続けて下御霊社別当が祝詞を申し上げる。そのあと、神輿は東洞院通を北行し、下立売通を西へ、室町通を南へ、椹木町通を東へ行った後、寺町を南行し、本殿に遷座した。

しかも、この霊元院の御拝は、幕府も関与するものであった。『基量卿記』（宮内庁書陵部所蔵）元禄九年八月二十日条によると、霊元院御所の門前には下御霊社の神輿の還幸行列を見るための桟敷が設置されていた。その前を調声のために院御所を訪れた持明院僧正が、輿に乗ったまま三間ほど通り過ぎた。この行為に対し、警備にあたっていた与力や同心が叱責する。しかし、お付きの押小路家青侍は聞き入れなかった。そのため、持明院僧正は閉門扱い、押小路家の青侍は五畿内追放というおとがめを受けることになったという。幕府側にしてみれば霊元院の御拝中の不慮の事態は避けなければならず、関係者といえども、その対応は慎重かつ厳重にせざるを得なかったのであろうが、かかる事件の経緯をみるかぎり、幕府の警備のもとで御拝が実施されていたことは明白

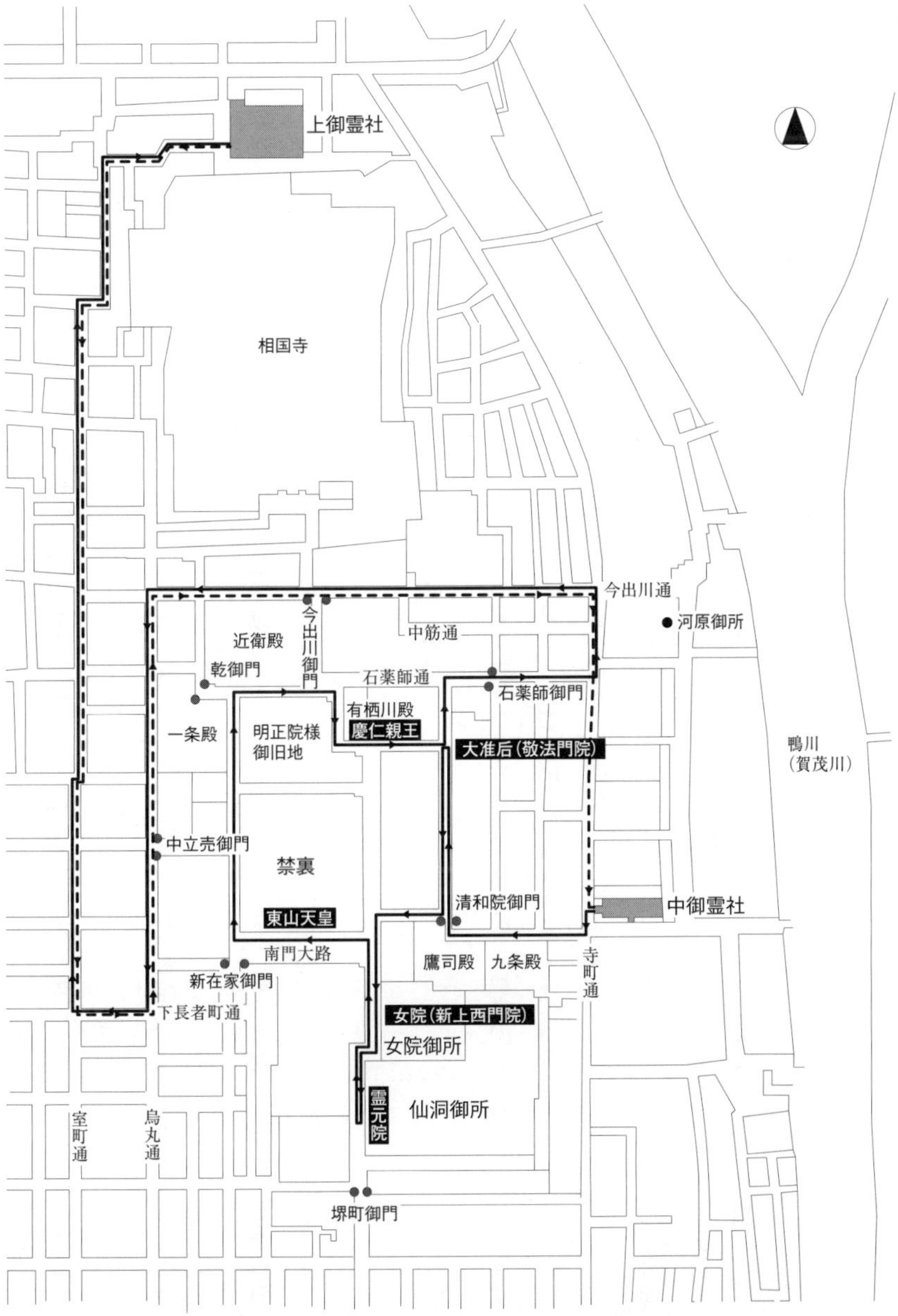

図3　宝永4年の上御霊社神幸・還幸の順路

(破線は神幸、実線は還幸順路、白抜文字は見物所を示す。地図は『元禄京都　洛中洛外大絵図』(白石克編、慶應義塾大学図書館蔵、勉誠社、1987年)をもとに著者作成)

である。

なお、霊元院の下御霊社祭礼行列の御拝については、風流の付随に触れる記録もある。

【史料4】『野宮定基日記』（宮内庁書陵部所蔵）元禄八年八月十八日条

此門前　御霊下社祭礼地也、仍渡此門下作物車上作屋形《垂帷幕》御者着風流衣装載金鼓横之由、又轅付縄小兜若笠同着風流衣、引之、後聞至　院御桟敷前□□、件童子鼓舞云々、

屋形や童子の鼓舞が連なる風流を霊元院が桟敷で見物したと読み取ることができる。ただし、同年の還幸時の霊元院の見物についての記録は他になく、桟敷の場所は確定できない。さらに、史料4以外に風流見物に言及する記録は他になく、その実態は定かではない。

四　上御霊社祭礼行列と東山天皇の見物

一方、上御霊社の祭礼行列については、史料2の寛文六年（一六六六）以降に築地之内を通ったという記録は確認できない。たとえば、元禄六年（一六九三）八月十八日の上御霊社の御輿巡幸は、中御霊社から寺町を上がり、今出川通を西へ行き、烏丸通・下長者通・室町通を通り上御霊社へ還っている[14]。

しかし、院や女院らが上御霊社の祭礼行列に関心がなかったわけではない。特に明正院は、上御霊社の祭礼を見物するために鴨川に近接する院の下屋敷であった河原（川原）御所（図3参照）に度々御幸し、その行列を見物している[15]。また、東福門院も上御霊社祭礼行列の御拝に熱心であったようである。寛文元年二月から同三年八月と、延宝元年（一六七三）六月から同二年九月の間に、烏丸通沿いにあった一条邸に仮御所を置いた際には、次のような下知が幕府から出されたという。

【史料5】『松尾相国日記』享保三年（一七一八）八月十八日条

御霊宮祭礼如例、迂幸路次寺町北行、今出川西行、烏丸南行、出水西行、室町北行也、烏丸南行之事、或頃御所炎上東福門院御仮殿於一条殿、仍烏丸通於格子依御拝自公儀下知之由聞伝之、

東福門院が仮御所の格子から御拝するために還幸の経路が変更されている。ただし、これらの見物・御拝は下屋敷等で行われていたことや記録が少ないことを勘案すれば、私的な行事であった可能性が高い。

ところが、宝永四年（一七〇七）になると、突如として上御霊社の神輿巡行の築地之内への進入が決定する。

【史料6】『北小路家日記』（神宮文庫所蔵）宝永四年八月十四日条

今朝中御霊ゟ文来、両人之内可参候、今度神輿御通武家町西へ黒門御入、仙洞・女院御前ヲ通、日ノ門前ゟ東へ寺町へ御出、今迄ノ通上へ被為成候得様ニとノ事、一昨日公儀ゟ言渡有之ニ付、召具等、仍而為相談、日向暮而帰、

日之御門から寺町通を北へ上る経路からみて、史料6の神輿巡行の主体は上御霊社であろう。その上御霊社が仙洞・女院御所前まで神輿を進め、その後禁裏御所の東側にある日御門前より東へ出てこれまで通り寺町通へ進むことが幕府より言い渡されている。

そして、翌十五日にはこの巡行の実施が正式に上御霊社、京都町奉行、京都所司代松平信庸へ伝達される。『勧慶日記』（京都大学総合博物館所蔵）によると、両御霊社の寺社伝奏であった勧修寺経慶のもとに、上御霊社別当から願い出があった同社の神輿の仙洞御所門前への巡行を認める旨が伝えられる。しかも、この決定に際しては、霊元院の院宣もあったという。さらに、有栖川宮邸を仮御所としていた慶仁親王の御所の前にも神輿が進むことになり、あわせて関係者に伝えられる。(16)

続いて八月十六日には、「今日議奏衆被申旨、来十八日御霊祭礼南門之前渡リ候、依之如葵祭南門御見物所可構之也」（『石井行康日記』（京都大学総合博物館所蔵）宝永四年八月十六日条）、つまり、上御霊社の祭礼が禁裏

御所の南門前まで渡るので、南門前に葵祭と同じ仮設の廊下がつながる簾と桟敷をそなえた仮設の「御見物所」をしつらえるようにとの決定が議奏から伝えられた[17]。

翌十七日には、東山天皇の意向をふまえて、南門前での所作などが決定する[18]。勧修寺経慶が武家伝奏の柳原資廉・高野保春らに対して、十八日の上御霊社神輿巡行の禁裏御所南門前での神輿の安置や別当の祝詞の有無を尋ねたところ、天皇への言上がないのは後に不調法なこととなるのではないかという回答を得たため、議奏の武者小路実陰が書付をもって天皇の意向を確認した。次の史料はその内容である。

【史料7】『勧慶日記』宝永四年八月十七日条

明日御霊祭礼御覧之儀等、仰下者、先年天覧上者今度始而叡覧之旨仰也、然祝詞事不申也返答処、両伝奏被召御相談由也、暫而武者小路申渡云、明日南門奉安神輿別当祝詞可申旨被仰出畏奉旨申、早出招別当申渡了、（中略）明日祭事も在申也、桟敷事仙洞可被仰付之由処、紀伊守申、先当年者御無用旨申被止候由也、夕方上竹も有在所可止之由、仍穴門前竹為取也、

翌日が初めての天皇の「叡覧」であることが意識されたのであろう。結局、南門前で別当の祝詞が奉じられることになる。

また、同日には神輿巡行の経路も定められた。その経路は多くの公家が記録しているが、いずれも図3の順路を示している[19]。

そして、十八日には、神輿や鉾を中心とした上御霊社の行列が仙洞御所穴門前、次に女院御所御門前、続けて禁裏御所南門穴門前、南殿（親王見物所）穴門前、最後に大准后御方御門前で奉幣するとともに、各御所の門前に設置された見物所の前で五組の華やかな練物・風流が披露された[20]（表1参照）。

ただし、ここで注意すべきは、祭礼前日までの記録のなかに風流に直接言及するものがない点である。史料2

に示されるように風流の築地之内への進入は許されざる行為として禁裏・幕府は認識を共有しうる状況にあった。しかも、史料7傍線部からわかるように、幕府に至っては、京都所司代松平信庸からの申し出をうけて霊元院から指示のあった「桟敷」を今年は無用とし、穴門前の囲いの竹垣を取り払っている。これらを勘案すれば、天皇の見物を伴う風流の築地之内への進入は、東山天皇や霊元院の主導のもとで内密のうちに実行された可能性を否定できない。

とまれ、突如として出現した天皇の御所での風流見物という行事は、『基長卿記』宝永四年八月十八日条に「依之築地中心雑人往反当年初度也」と記されるように、築地之内の中心で雑人（氏子）が風流を披露した初めての事例として他の公家らにも広く知られるところとなる。(21)

五　上御霊社の風流と見物の中止

ところが、この上御霊社の風流の各御所前での披露と天皇の見物はわずか二年ほどで正式に中止される。次に、この中止に至る経緯とその理由を確認しておきたい。

宝永五年（一七〇八）三月八日、いわゆる宝永の大火によって京都の町は大きな被害を受けた。禁裏御所も焼失し、東山天皇は近衛家煕邸を仮御所としていた。ただし、このような状況下でも両御霊社の風流を伴う神幸・還幸は実施された。上御霊社の還幸の風流練物は少々であったが、行列の鉾は前年より一本増加していたという記録もある。(22)

しかし、行列の経路や見物には変化が生じていたようである。『北小路家日記』には宝永五年七月の上御霊社の神輿巡行について以下の記述がある。

【史料8】『北小路家日記』宝永五年七月六日条

前内府殿参、大納言殿ニも御入、上御霊祭　神輿築地ノ内へ入事、不可然事有之候間、別当へ内意可申由、直ニも可被仰候間、十日夕方ニ別当可参由、可申伝候由也、

【史料9】『北小路家日記』宝永五年七月八日条

八前、中御霊ニ雅楽頭普請奉行入居参、通躬卿以内意事申、思召忝奉存候、先日窺候へハ当年ハ火後御宮も仮殿事ニ候間、前年之道筋可然由、祭ニハ重テ可被仰候由、

【史料10】『北小路家日記』宝永五年七月十八日条

上御霊御出、見廻ニ父子参、（中略）八半程、神輿御出門、夕立、某帰、雨ニ而石見寺町今出川下町ニ雨宿候後、物見、此度ハ築地ノ内へ不為入、前々ノ道筋被成也、今出川　東宮御門前ニ而神輿マエ奉幣有之候、別当ナガヘニテ去年ゟ供奉、○中御霊類焼故、カリヤ社拝殿カヤフキ、○サイノ鉾八本ワクヲ心積ニメカタグル手代一人相添、今迄ハワクニテ一本四人ツ、ニテ持、日用代高也、

史料8では、神幸が築地之内に入ることは「不可然」とされる。さらに、史料9では、宝永の大火によって禁裏御所は仮殿しかないので、神輿は築地之内ではなく「前年」の経路をとることが適当とされる。そして、史料10からは、十八日の神幸は築地之内へは渡らず、慶仁親王は東宮御所の今出川通沿いから奉幣したことがわかる。

一方、八月の還幸については各記録に簡潔に記されるのみであるが、史料8〜10の経緯をみれば、還幸においても、築地之内への進入や院の御拝や天皇の見物は実施されなかった可能性は否定できない。

そして、翌年の宝永六年八月になると、還幸の風流（練物）の中止が正式に告げられる(23)。

【史料11】『基長卿記』宝永六年八月十八日条

御霊会如例、令通門前路向拝輿心念了、今度風流可奥行之由、於町々令習礼稽古処、自守護紀伊守可為停止

之由申付云々、仍而今日風流皆無之、

町では練物の稽古が行われていたにもかかわらず、京都所司代松平信庸が中止を沙汰している。上御霊社の神輿や練物の築地之内への進入や天皇の見物も正式に中止された。

では、この風流見物はなぜ中止されたのだろうか。『松尾相匡日記』宝永六年八月十八日条には「先月十八日（去年祭礼）等種々有練物、於　御所方甚其芸之故、一向神輿共被止之」とある。御所方が風流を甚だしいと判断したからだという。

また、風流中止の理由を次のように記す史料もある。

【史料12】『桂宮日記』宝永六年八月十八日条

今日御霊会神事也、鉾・神輿過御門前給、去年初而神輿通御築地之内給、当年無其儀、任古例路頭不入テ御築地之内ニ、且近年神事之内神供之練物等有之、当年神事之前町中有其催之由令沙汰之処、俄其説相止之由也、此等之儀従往昔不吉之例之由、民間相伝也、仍此度公武共ニ無用之事可然由、御霊別当マテ有内意之故為停止之由、風聞有之也、今日神事旧例之通ナレハ此儀可為正説歟、猶尋而可記之也、（当年従関東従三位殿御台出也、抱牡丹ノ鉾一本被寄進之由也、神事之節其鉾連行御門前也、）

「古例」とはどの時代を指すのか定かではないが、そもそも神輿は築地之内に進入しないことに加え、近年町中が行う神供の練物が不吉であるという言い伝えがあって、公武ともに中止する意向を示したという。

このように記録によって中止の説明は異なる。史料8〜10で言及される宝永五年の大火の影響や宝永六年正月に崩御した前将軍の徳川綱吉の死去に伴う風紀粛正、さらには中御門天皇の年齢（七歳）とその身体の安全性の確保(24)などの問題が想定されるが、それらのなかに「不吉」とされる事項があるのかないのか、また中止の理由として挙げられた事項がどの程度重視されていたかなどは不明である。

六　院・天皇の御拝・見物をともなう上・下御霊社祭礼の特徴とその意味

ここまで、院・天皇の御拝・見物に着目して両御霊社の祭礼行列の変遷を確認してきた。最後にその特徴についてまとめ、天皇が関与する都市祭礼の意味やその空間の特性について考察してみたい。

六―一　上・下御霊社と禁裏

かかる一連の経緯においてまず注目されるのが、天皇・禁裏との由緒を重視していた上・下御霊社それぞれが競い合うかのごとく、御拝や見物を実現させた点である。

この御拝等の実現については、下御霊社に次の記録が残る。

【史料13】「下御霊社記　文禄年中ヨリ至延宝四年記」（『下御霊社神社記録』東京大学史料編纂所所蔵写真帳）

寛永五戊辰年　国母様（後水尾院御母上之中和門院ノ御事）　御殿新造敷地、同六己巳年七月・八月両度之祭礼ニ四足之御門前迄御輿可成神幸之趣、従所司代板倉周防守殿被仰渡、夫ヨリ毎年勅来成恒例、八月之祭礼ニ四足御門被開御簾掛リ、其中ヨリ国母様御輿御拝被為成候者也、依為御本居御旅之中毎年為御祈祷御湯御献上可有之由被仰出之趣、橋本少将殿ヨリ仰渡、

下御霊社が天皇や女院の祈祷を行っていたことから、寛永六年に「国母様」が女院御所の四脚御門前から同社の神輿巡幸を御拝した上で初穂等を献じるようになり、以後恒例となったという[25]。ただし、「文禄年中ヨリ至延宝四年記」は近世後期に編纂された社誌であり、内容の正確性には疑問がある。たとえば、史料13において「国母様」の横に朱書で中和門院と書き添えられるが、寛永五年から新造された御殿は東福門院の女院御所である[26]。よって、史料13の内容をそのまま信用することは難しいと言わざるをえないが、下御霊社が女院御所からの御拝

という格別の待遇を禁裏との由緒を示す特記事項であると認識しえた状況にあったことは確かであろう。同社にとって、それほどまでに天皇や院、女院とのつながりは重要であった。そして、そのような志向は、上御霊社でも同様であったと推定される。

しかも、両社のかかる志向は、本書第一部第二章及び第三章で明らかにした上・下御霊社の禁裏御所にある内侍所仮殿の拝領からもうかがうことができる。(27) 十八世紀前半ごろから、三位以上の神職数が増加傾向をみせ始め、非蔵人を出す社家数が増加する。しかし、両御霊社は、非蔵人の輩出数で大社に及ばなかった。そこで、両社は、元禄期ごろから、大社に次ぐ地位を確保しようと内侍所仮殿拝領を通して天皇・禁裏との結びつきを強調するようになる。

よって、以上の両御霊社の事情を踏まえて、本事例の経緯を神社側の視点から整理すると以下のようになろう。まず、自社の格の優位性を示すために、下御霊社が霊元院の御拝を実現させる。それを受けて、上御霊社は同格とされる下御霊社と同等もしくはそれ以上の由緒を構築するために、宝永四年ごろに神幸の築地之内への進入と見物の実現を願い出る。そして、それを禁裏側も認め、禁裏御所前での東山天皇の見物という先例にはない行事が実現する。

ところが、宝永六年には天皇の風流見物が中止される。しかし、両社ともに院・天皇の御拝・見物は神社の格に関わる名誉であり、その中止は望んだものではなかったのであろう。宝永期以降の両御霊社の動向については今後改めて検討しなければならないが、両社は禁裏との関係性を引き続き構築しようとしており、それが、両社の内侍所仮殿の拝領願いの継続や下御霊社の神輿巡行時の仙洞御所前での御拝の継続、(28) さらに前述したような幕末の上御霊社の還幸の際の朔平門での天皇の御拝といった動きへとつながっていくのではないだろうか。

六―二　天皇の見物をともなう都市祭礼の意味

最後に、天皇の見物をともなう上御霊社の祭礼の意味を禁裏側の視点から考えてみたい。

上御霊社の祭礼とその見物は、数度であったとはいえ、一種の祝祭となっていたことは間違いない。一条兼香の日記『兼香公記』（東京大学史料編纂所所蔵謄写本）宝永六年八月十八日条に「未刻御霊会神幸如例、又如例供神饌、今日止練物、是御所方無御見物故歟」とある。院や天皇の見物があるからこそ、両御霊社の氏子らは立派な風流を披露しようとした。つまり、風流を披露する神社側（氏子らも含む）とそれを見る側の天皇が、南門大路という広場で展開される都市祭礼をともに楽しむという構図があった。これは、久留島浩や河内将芳が指摘する江戸や京都の「官祭」での権力者・徳川将軍の祭礼行列見物とも共通する特性である(29)。

ところで、先行研究を振り返ると、近世京都において天皇を中心とした祝祭のための広場の存在が指摘されることはない。しかし、本事例を見る限り、南門大路（南門通）は風流の披露ならびに見物を行う広場として機能しており、都市における天皇と町や民衆との交流の場となっている。拙稿で指摘した節分参詣時に開放された内侍所と同様に(30)、天皇もしくは禁裏の存在を感じる場が禁裏周辺に設定されていたことは、禁裏御所とその周辺の空間特性を考える上で重要となってこよう(31)。

一方、天皇の見物をともなう本祭礼には、江戸や他の城下町の祭礼にはない特性がある。それが、見物の限定による天皇の存在の優越性の顕示である。

久留島は前掲の論文のなかで、将軍や藩主らの都市権力者の見物をともなう「官祭」では支配・非支配の関係を強調する演出が実行されていたことを指摘する。江戸の天下祭の場合、各町が城下内で練物を披露していたことも、その関係性が広く伝播・共有されるための演出の一環であったといえる。

しかし、天皇の見物をともなう祭礼では、築地之内の門を閉じることによって、実際に神輿や風流に関わる関係者以外の出入りは規制されていた。

【史料14】『平田職直日記』（宮内庁書陵部所蔵）宝永四年八月十八日条

一、今日御霊祭、兼而神幸御築地之内可奉成之由被　仰出之由、依之午上刻　神幸御所之御拝見之御座被設神輿被立留給而奉幣有之由、其間ハ六門を不開、町中　神幸ハ及申下刻、

天皇の見物の際には築地之内を囲む六門が閉門される[32]。これにより、練物を担当する町人や神輿を担ぐ氏子以外の人々は築地之内に入ることができない。この惣門の閉門によって、天皇の見物に立ち会うことができる人とできない人が明確に区別されることになるのである。

しかも、天皇の見物の場が南門に設置されたことも重要であろう。この場の設定の経緯は明らかではないが、禁裏御所のなかで最も格式の高い門である南門前が見物所となることで、天皇の見物に適した秩序と格式が強調される。

つまり、天皇に接する場・機会を限定・特定することで、それを体験できる神社や人だけが天皇の存在の優越性を感じ、優越感を得ることができたのである[33]。

さらに、見物の中止に際しても、史料12傍線部のように天皇には天皇にふさわしい芸があることが示されることにより、天皇の優越的存在が強調されている。

以上からこの見物の実現と中止の経緯、さらにその空間の特性からは、神社側からの要求に応えつつ、さらに民衆が受容しやすい風流という媒体を使いながら、直接の支配権を持たない権威者としての天皇の存在、特にその優越性を、神社側や一部の人々の間に認識させようとする霊元院や東山天皇といった朝廷側の意図を読み取ることができる。換言すれば、このような意図を反映していた点に、宝永四年の上御霊社の祭礼の特徴であるといえよう。

ただし、この風流の築地之内への進入と天皇の見物は、霊元院や東山天皇の独断の行為であったと評価することも可能である。しかし、このように民衆にも視線を向けつつも、天皇の優越性を保持・顕示するような行為・場が確保できうる状況があったことに、近世中期の京都の都市空間ならびに社会の特徴が見出せるのではないだろうか。

おわりに

近世前期から、東福門院らは築地之内を通る風流を伴う上・下御霊社の祭礼行列を見物していた。しかし、幕府としては風流を伴う祭礼行列が築地之内へ進入することは許しておらず、一度は中止される。そのなかで霊元院が下御霊社の祭礼行列を仙洞御所にて見物するようになり、さらに宝永四年には東山天皇が内裏の南御門前で上御霊社の祭礼行列を見物する。このような御拝・見物の実現の背景には、元禄期以降、神社の格の上昇や他神社との差異化を模索する両御霊社の天皇との関係構築が影響していたと考えられる。

一方、閉鎖可能な築地之内に囲まれた南門大路という道を舞台に実施された天皇の風流見物によって、その体験の貴重さと天皇の存在の優越性が顕示される。そして、これは、この風流が「不吉」で天皇が見るに適しないという理由で宝永六年に中止された際にも強調されることになる。このように、天皇の見物を伴う祭礼は、直接の支配権を持たない権威者としての天皇の存在、特にその存在が優越的であることを強調するための装置であり、その装置が機能しえた点に、近世京都の都市空間・社会の特性があるといえよう。

最後に、都市祭礼という装置を媒介として天皇の優越性の顕現を演出した禁裏の動向に関する展望に触れておきたい。

近世中期になると、京都の町や町人らが自らの独自性や優位性を保つために禁裏建物や祭器の下賜などを通じて禁裏との関係を緊密化しようとする動きがみられるようになる(34)。かかる状況のなかで、天皇の上御霊社の風流の見物も実施される。このとき、天皇の存在を実際に感じることができたのは風流を披露した神社関係者と一部の氏子のみであったが、それゆえにその体験は優越感を伴い、天皇の優越性をより強く感じるものとなっていた。

ところが、この見物は諸事情からわずか二年で中止される。しかし、天皇の見物という体験が語り継がれることによって、天皇との関わりは一種のあこがれとなる。

一方、禁裏側に目を向けると、町や町人の存在を無視することはできない状況にあったのであろう。たとえば、天皇が崩御すると、町や町人に様々な規制を課すことになる。さらに、先に明らかにしたように禁裏御所の造営・修理でも町の協力が欠かせない(35)。となると、このような状況を乗り切るために町や民衆に対して天皇の重要性を示す必要が出てくる。そこで朝廷側は、風流という民衆側が担う文化を利用しつつ優越性を強調することができる見物を実現させるが、この行為は継続できなかった。

しかし、近世中期以降もこの行為の背景にある朝廷側の基本的な方針・概念は継承されたとみなせば、節分時の内侍所の開放といった信仰行事や町々に鳳輦が披露される安政度の遷幸といった祝祭行事(36)なども、超越的かつ神聖的な天皇像を強調しようとする禁裏の演出として、一連のながれのなかで理解できるのではないだろうか。

ところで、本事例をみるかぎり、幕府の関与があまり確認できない点は興味深い。これまでの研究では、天皇の行幸の禁止などの幕府による天皇や朝廷への干渉という側面に焦点があてられる傾向がある。しかし、天皇の政治権力の復権を想定していない幕府は、神社や民衆との接点を規制する必要性を強く感じていなかったのではないだろうか。実際、史料7の傍線部にみられるような天皇の桟敷のしつらえの縮小化などからは、幕府側は氏子らが天皇や院を見たいがために大挙して押しかけるような事態を想定していないようにみえる。そして、その想定が外れた場合、たとえば本事例のように風流見物が広く知られる状況になった場合にのみ、理由を付けて天皇と民衆の交流を中止に追い込むという、いわば対処療法的な対朝廷策を取っていたのではないだろうか。ただし、これを一般化するにはさらなる事例検討が必要であるため、詳細は別稿としたい。

なお、本章では、祭礼行列に関わる町や民衆側の動向についても十分に考察ができていない。今後、さらに天皇と町の関係性がうかがえる事例を検討し、ここで示した展望も含めて、近世京都における都市社会の天皇とそのありかたについての考察を行う予定である。

（1）　上御霊社は相国寺の北に位置する神社である。下御霊社は、一条通の北・京極通の東にあったが、豊臣秀吉の京都都市改造時に寺町丸太町に社地を与えられ、現在に至る。両社ともに創建の経緯は明らかではないが、中世後期からは室町幕府や禁裏との密接な関係性が確認できる。なお、両御霊社は同格とされ、史料上で「御霊社」と区別なく表記されることも少なくない（『京都市の地名』平凡社、一九七九年）。

（2）　大塚活美「江戸時代の洛中洛外図の主題と構図について――二条城前の行列を手掛かりに――」『歴史評論』六二一、二〇〇二年一月。

（3）　『京華要誌』（『新撰京都叢書三』（臨川書店、一九八七年）所収）「上御霊神社」には、「特に維新前は年々祭日に神輿今出川御門を通過の際、天皇親しく朔平門内より御拝あらせたまふを例とせり」とあるほか、『京都坊目誌』（『新修京都叢書』一七―二一（臨川書店、一九六七～七〇年）所収）「御霊神社」にも「維新前神輿。今出川門前を通過の時。陛下親しく朔平門内より。御拝ありて金幣を賜ふを例とす」とある。

（4）　祇園祭の概要は『京都の歴史』（京都市、學藝書林、一九六八～七四年）を参照した。

また、中世・戦国期の祇園祭に関しては、町衆や武家の動向に着目した以下の研究がある。脇田晴子『中世京都と祇園会――疫神と都市の生活――』（中公新書、一九九九年）、瀬田勝哉「中世の祇園御霊会――大政所御旅所と馬上役制」（『洛中洛外の群像　失われた中世京都へ』平凡社、一九九四年）、二木謙一「足利将軍の祇園会御成」（『中世武家儀礼の研究』吉川弘文館、一九八五年）、川嶋将生「天文期の町と祇園会」（『中世京都文化の周縁』思文閣出版、一九九二年）、河内将芳『祇園祭の中世――室町・戦国期を中心に――』（思文閣出版、二〇一二年）など。

一方、近世では、富井康夫「近世京都の支配と神事――『京都町触集成』にみる祇園会――」（京都町触研究会編『京都町触の研究』岩波書店、一九九六年）がある。これまでの研究は祭の担い手と町組の成立の関係性の解明に重点が置かれているという問題点を指摘した上で、近世の都市構造の一環として祭礼を捉え、祇園会に関する町触から近世公儀支配と都市民衆の関係を明らかにする。さらに、祭礼の財政状況を考察した大口勇次郎「祇園祭と町財政――京都六角町北観音山」（『徳川時代の社会史』吉川弘文館、二〇〇一年。初出「祇園祭と町財政」『人間文化研究年報』七八、一九六五年）などがある。

（5）戦国期から近世前期の御霊祭の巡幸路や御旅所の変遷に注目した研究として、本多健一「一六世紀京都における御霊社・御霊祭の考察――都市空間との関係に着目して――」（『歴史地理学』二六四、二〇一三年三月、後に『中近世京都の祭礼と空間構造――御霊祭・今宮祭・六斎念仏――』（吉川弘文館、二〇一三年）所収）がある。

（6）伊藤毅「町屋の表層と中世京都」『都市の空間史』、吉川弘文館、二〇〇三年。

（7）『京都御役所向大概覚書』（岩生成一監修、岡田信子ほか校訂、清文堂出版、一九八八年）による。近世後期の下御霊社の還幸の行列の構成や経路などは『下御霊神社誌』（下御霊神社、一九〇七年）にも詳しい。

（8）練物・風流の定義については、『日本国語大辞典』（小学館）を参照した。両御霊社の練物に関する記事としては、『道房公記』（東京大学史料編纂所所蔵謄写本）寛永十八年（一六四一）八月十八日条「御霊祭礼也、有風流、渡此亭東小路、仍見之」、『隔蓂記』（鹿苑寺、一九五八年）寛文六年（一六六六）八月十八日条「御霊祭当年者上亦下亦、渡物有之、結構之用意也」など多数確認できる。そのなかでも、『泰重卿記』（史料纂集）元和六年八月十八日条ならびに梅小路家の日記『日記』（国文学研究資料館所蔵）寛文六年八月十八日条では、風流の大層な用意が強調される。なお、祇園祭では、戦国期に流行した風流踊（町人が仮装し、風流踊を行う）にかわり、芸奴らが「仮装にふさわしい歌舞を見せつつ、町々を練り歩く」練物が主流となり「近世的展開を示す」ようになったことなどが指摘される（前掲『京都の歴史』）。

（9）京都町触研究会編『京都町触集成』別巻二（岩波書店、一九八九年）所収。

(10)『宣順卿記』(宮内庁書陵部所蔵) 承応三年 (一六五四) 八月十八日条、『庭田重條日記』(宮内庁書陵部所蔵) 寛文九年八月十八日条。
(11) 近世前期の下御霊社の神輿の順路は、史料の限界もあって明らかではない。
(12)『梵舜記』(『大日本史料』一二―一九) ならびに『泰重卿記』元和四年八月十八日条には、下御霊社の「御祭之御供」は京都所司代板倉勝重に願い出て実現したものであり、氏子が具足や母衣、作太刀をもつ見事なものであったことが記される。
(13) 白賁軒の位置については、松井みき子他『近世初期上層公家の遊興空間』(中央公論美術出版、二〇一〇年) に詳しい。なお、院や女院らが一同揃って見物するという行為は、『大内日記』(内閣文庫所蔵) 寛永二十年 (一六四三) に記される「禁中方御法度書」の一条「一、惣而御見物之儀、新院御所 (註：明正院) にては一切御無用たるへし、禁中・仙洞・女院御所に於て御一同に御覧之時不苦事」に則ったものであったと考えられる。
(14)『松尾相匡日記』元禄六年八月十八日条。
(15)『松尾相匡日記』元禄七年八月十八日条など。河原御所については、角谷江津子「東福門院河原御所をめぐって」(『同志社大学考古学シリーズⅣ　考古学に学ぶ――遺構と遺物――』同志社大学考古学シリーズ刊行会、一九九九年) を参照した。なお、熊倉功夫や久保貴子によると、後水尾院の御幸は寛永十八年ごろから増加するとともに、御幸先として使用されていた別邸 (下屋敷) は、上皇や皇子女らの私的生活空間として機能していたという (熊倉功夫『後水尾院』朝日新聞社、一九八二年。久保貴子『後水尾天皇』ミネルヴァ書房、二〇〇八年)。また別邸の物見からの院や女院、公家らの見物については、前掲松井他『近世初期上層公家の遊興空間』にも記される。
(16) 翌十六日には、親王の見物の際に神輿を昇り奉り祝詞をあげることが別当に申し渡されている (『勧慶日記』宝永四年八月十六日条)。
(17) 葵祭 (賀茂祭) は、元禄七年に再興された。禁裏御所の南庭では近衛使らを立てる禁裏之儀が行われており、天皇は南殿に出御し、禁裏之儀 (勅使参向の儀) を見物した。さらに、元禄九年に飾車 (飾馬) と山城使が再興されると、南門に設置された桟敷から天皇が見物するようになった。『季連宿禰記』元禄九年四月二十九日条によると、これまでは行列が禁裏御所の西にある四足御門から入り南庭を経て東門から出ていたため、天皇は南殿で見物していた。しかし元禄九年度には内侍所が修理中であったため行列が南庭を通ることがなかったため、仮設した廊下を渡って南殿（紫宸殿）から南門に出御し、南門内の仮設の「御桟敷」から南門を開いて禁裏之儀の後で南門大路を通る行列を見物した。なお、元禄九年時は臨時的に南門から賀茂祭を叡覧した可能性もあるが、翌元禄十年にも天皇は同じく南門から賀茂祭を見物している。その様子は、『季連宿禰記』元禄十年四月二十四日条に「今年如去年渡南門大路南門内構御仮廊下有出御云々、又今年風流笠再興云々」とある。

(18)『勧慶日記』宝永四年八月十七日条。

(19)『日次記』（日野輝光卿記）（内閣文庫所蔵写真帳）、『基長卿記』（宮内庁書陵部所蔵写本）、『季連宿禰記』（宮内庁書陵部所蔵）、『石井行康日記』、『勧慶日記』、『松尾相匡日記』など。

(20)『松尾相匡日記』宝永四年八月十八日条。ほかにも、『桂宮日記』（宮内庁書陵部所蔵）や『基長卿記』同年八月十八日条からも練物五組が披露されたことがわかる。なお、『石井行康日記』宝永四年八月十九日条「南門御見物所今日仕舞也、貞維朝臣下知也」とあり、上御霊社の見物所は終了後にすぐに仕舞われたことがわかる。

(21)『禁裏詰所日記部類目録』（宮内庁書陵部所蔵）は禁裏詰所の日記の抜粋であるが、「神社仏閣」の項に「一、御霊祭礼行粧於南門御覧之事（註　宝永三戌年）八月十六日」とある。『日次記』（坊城俊清、内閣文庫所蔵）宝永三年八月十八日条に「今日御霊祭礼也、今年練物曲五組再興之由、」と記されており、宝永三年の上御霊社の還幸においては練物の再興も確認できる。ただし『禁裏詰所日記部類目録』は抜粋であり、誤記の可能性も否定できない。よって、ここでは天皇の見物は宝永四年を初見としておきたい。

(22)『基長卿記』ならびに『桂宮日記』宝永五年八月十八日条。鉾については、『松尾相匡日記』宝永六年七月十八日条から、女院より鉾一本が寄進され、計九本となったことがわかる。

(23)『基長卿記』宝永六年七月十八日条には宝永六年七月の御霊社の神幸で「御所中」に芸能の者が入ったと記されるが、他の史料からは確認できない。

(24)前年の宝永五年に東宮御所から拝した慶仁親王（中御門天皇）は、宝永六年六月に践祚し、即位した。このとき、中御門天皇は七歳であり、親王として東宮御所からその行列を見物していたとはいえ、自らの意志で南門からの見物を実現させることは難しかったと考えられる。さらに、後述するように祭礼・風流の規模が大きくなる傾向にあったことを考えれば、幼少の天皇の見物に際して起こりうる事故や穢れの発生を避けるための武家による警備の重装化も問題になりうる状況にあったことは考慮しておきたい。

なお、天皇の見物の警備体制の詳細は確認できなかったが、准后の見物に際しては、同心二名による神輿渡御の警備のほか、見物所のまわりの同心五名、門の表と裏の同心三名の配置が確認できる（『桂宮日記』）。

(25) 前掲『下御霊神社記録』所収「仙洞御所江奉成神輿儀被仰渡並御鉾御寄附記」にも同じ内容の記述がある。

(26) 寛永六年の後水尾天皇の譲位に先立ち、前年の寛永五年から後水尾院の院御所が禁裏の東南に造営されるとともに、東福門院の御所も同所に構えられた（平井聖『中井家文書の研究』一、中央公論美術出版、一九七六年）。

(27) 本書第一部第二章参照。

(28) 霊元院の仙洞御所前での下御霊社神輿御拝については、『松尾相匡日記』（宝永六年八月十八日条、正徳二年七月十八日条、同年八月十八日条、享保三年八月十八日条、享保七年八月十八日条など）や『兼香公記』（享保三年八月十八日条など）から確認できる。さらに、霊元院崩御後の院の御拝については、前述したように地誌でも紹介されるほか、幕末の町人の記録『町口是久日記』天保元年（一八三〇）七月十八日条（前掲『下御霊神社誌』所収）などにも記される。

(29) 久留島浩「近世における祭りの「周辺」」『歴史評論』四三九、一九八六年。河内将芳『中世京都の民衆と社会』思文閣出版、二〇〇〇年、第三部第三章（初出「十六世紀における京都「町衆」の風流「踊」――都市における権力と民衆の交流をめぐって――」『芸能史研究』一三〇、一九九五年七月）。河内は、風流踊が内裏へも参入していたことに着目し、風流踊を担う町衆の「心性」の根底には戦国期以来の内裏もしくは公家社会との密接な交流があり、その経験の蓄積が公武の権力と民衆がともに祭礼を楽しむ構図を支持していたと指摘する。また、室町期の祇園会の見物にも着目し、祇園会と公武政権の関係性の解明も試みている（同「室町期祇園会と公武政権――見物をめぐって――」前掲『祇園祭の中世』、初出二〇一〇年）。

(30) 本書第二部第三章参照。

(31) 南門大路は、宝永四年六月の親王御所造営に際し道幅が九間四尺から十二間に拡張されている（「宝永四年六月五日普請場見聞絵図」平井聖編『中井家文書の研究』三、（中央公論美術出版、一九七八年）所収）。このような内裏周辺の道幅の拡張については、相次ぐ火災による火除地として機能するという一面がすでに指摘されるが（登谷伸宏「公家町の再編過程に関する基礎的考察——宝永の大火と公家町再編に関する研究　その一——」（『日本建築学会計画系論文集』六〇〇、二〇〇六年二月）、結果的とはいえ道幅が拡張されることで広場として機能できた点も評価していく必要があろう。

(32)　『日次記』（日野輝光卿記）宝永四年八月十八日条「祭礼通之間蛤門さし人止也」という記述からも、上御霊社祭礼の間は築地之内の民衆の通行が禁止されていたことが確認できる。

(33)　築地之内の閉鎖については、霊元院葬送時に院の遺骸を乗せた御車を中心とした葬列が出御するために築地之内の出入り・通行が禁じられた事例などがある（『近衛家雑事日記』（東京大学史料編纂所所蔵写真帳）享保十七年八月二十九日条）。

なお、築地之内の特性に着目した研究に、小沢朝江「近世における内裏外郭門と築地之内について」（『日本建築学会計画系論文集』五五四、二〇〇二年四月）がある。築地之内という空間の特性に最初に着目した論考であるが、その特性を導きだすための事例検討が不足している上に、当時の朝廷社会や都市社会の動向等が全く考慮されていない点に問題がある。さらに、築地之内を単純に「聖域」とするが、天皇の崩御等により触穢令が発令された場合に禁裏ならびに築地之内は穢の空間として認識されるように（本書第二部第二章参照）、その空間の性質の評価にも問題がある。

(34)　吉岡拓「近世後期における京都町人と朝廷——祇園祭山鉾町を主な事例として——」（『日本歴史』七〇三、二〇〇六年十二月、後に『十九世紀民衆の歴史意識・由緒と天皇』（校倉書房、二〇一一年）所収）では、幕末期の京都の町中にみられる身体化された天皇への畏敬といえる感覚の存在が指摘される。

(35)　本書第三部第二章参照。

(36)　本書第二部第三章ならびに第三部第三章参照。

終章　課題と展望

近世の天皇は「禁裏御所に座したまま」[1]と評されるように、その姿を外に現すことはほとんどない。しかし、近世社会のなかで天皇は一定の役割を果たすとみなされ、その存在が重視されていた。一方、禁裏も、幕府だけでなく都市社会とのつながりを認識し、自らの存在を示す方法を模索していた。

本書では、禁裏の内外にある信仰や儀礼の場に着目し、上記の具体的様相について考察してきた。最後に、それらを時系列にそって整理し、課題と展望を述べる。

一　中世後期から近世前期の内侍所——禁裏内の信仰の場の形成——

応仁・文明の乱以後、一部の公卿・公家らが元日に内侍所に参るようになる。このとき、花や金銭が供えられ、その行為も「参詣」と称されるようになる。また、内侍所は信仰の場であると同時に、近臣らが天皇との一体感を涵養する場としても機能するようになっていた。近世初期には、多くの公家が元日にこぞって同所に参詣するようにもなった。

さらに時期を同じくして、仮御所に設置された内侍所は、内裏にある本殿と同じ形式をもち、仮殿と称されるようになる。そして、元禄度の内侍所本殿修理を契機に、本殿造営・修理両時において本殿と同じ形式・機能を持つ仮殿が新造されるようになる。

一方、明応九年(一五〇〇)の後土御門天皇崩御以後、内侍所は天皇の死という非常時においても清浄性が厳格に守られる場として結界される。ただし、近世中期ごろまで、禁裏側が、天皇の崩御＝遺骸が触穢となることや内侍所が清浄な場であることを特に強調する事例はみられない。

とまれ、内侍所は、中世後期に内裏における信仰・清浄の場となり、近世前期にはそれが公家社会では広く認識されうる状況にあったといえる。

なお、近世前期の幕府は政治的交渉の場において朝廷に対して高圧的な権力を発揮する一面があったとされるが[2]、内侍所の信仰のありかたに幕府が介入した事例は確認できない。

二　近世中・後期の禁裏と都市空間

二—一　近世中期の禁裏——清浄・神聖性に基づく天皇・禁裏の役割の明確化——

ところが、霊元天皇・院の治世期になると、内侍所に変化がみられるようになる。

延宝五年(一六七七)、新廣義門院が崩御する。このとき、触穢期間中に火災が発生したことで、非常時における内侍所の体制の脆弱さが明らかとなる。さらに、翌年には、徳川家から嫁いできた東福門院が崩御する。禁裏は、幕府に対して、武家社会でも重視されていた触穢観念とその作法に基づき東福門院の喪葬儀礼が行われることを示す必要があった。そこで、禁裏は、天皇や女院の死が触穢となることを明示した上で、非常時に内侍所の清浄性を守る役目を担う内侍所付を配置するとともに、内侍所の場の清浄性を確保するための囲いの厳重化や触穢限の儀礼である祓の体系化を進めていく。これらは触穢観念に基づき内侍所の場の清浄性を確保・強化するための体制の整備と捉えることができ、ここに内侍所の変容と近世的特性をみてとれる。

そして、このような場の性質の変容は、近世の天皇の位置づけを考える上でも重要な変化とみなすことができる。なぜならば、かかる内侍所の体制整備は、いかなる状況、たとえば天皇や皇位継承予定者の身体の安全やその役割に何か問題が生じた場合などでも、清浄性・神聖性を必要とする神事・祈祷執行者でもある天皇の位（皇位）が正統性を維持したままでシステマチックに継承できることを意味するからである。(3) そして、この変化こそが、後述するような外に向けての「仮」の天皇・禁裏像の発信を可能としていく。

一方、このような体制整備には霊元天皇・院が関与していた可能性が高い。霊元天皇は側近衆の整備などを実施し、自らを中心とした朝廷再編を積極的に推し進めたが、結局、幕府側がその院政を牽制したことも影響してその意図を遂行することはできなかったとの指摘がある。(4) また、これを含めて、同天皇が朝廷社会ならびに朝幕関係の「第一の変容」期を主導したという評価もある。(5) しかし、第二部第二章で考察したように、霊元天皇は天皇個人だけではなく、天皇の正統性とその役割の継承、すなわち天皇家の普遍性も重視していた。これは、幕府という権力に対峙していかなければならないなかで、自身だけでなく天皇という存在の正統性や特性を改めて強調した画期的な施策と理解することも可能である。

ただし、天皇家の正統な継承者であり後継者にも恵まれていた霊元天皇が、なぜこの時期に皇位の継承の整備を行ったのかという点は疑問のままであり、幕府との関係からも説明が難しい。とまれ、十六世紀前期には徳川家でもその支配体制の正統化と整備が図られるのに続き、(6) 禁裏もがその正統性と役割を確保したままでいかに位を継承するのかという点を重視していたことは、近世国家ならびに社会の構造を考える上で注目すべき動向であり、その背景の解明を今後進めていく必要がある。

二―二　近世中期の都市空間――禁裏と都市社会の関係の変化――

一方、元禄期になると、禁裏と神社や町などとの関係性にも変化がみられるようになる。まず、朝廷との由緒や祈祷の実施を理由に、内侍所仮殿が上・下御霊社へ継続的に下賜される。社格の上昇を必要とする両社は、拝領した仮殿を本殿とし、内侍所と同じく、天皇・禁裏の安穏さらには国家安泰のための祈祷を行った。このように禁裏御所内での機能が継続されたままで建物（空間）が両社に下賜されることは、禁裏の外に天皇・禁裏との関係をより強調した信仰の場が成立したと理解することが可能である。

さらに、同じく元禄期には、下御霊社祭礼の神輿の行列が築地之内に入り、霊元院の御所前で御拝を受けるようになる。そして、宝永四年（一七〇七）になると、風流を伴う上御霊社の祭礼行列が、築地之内を通り、院御所だけでなく禁裏御所の前まで進む。このとき、天皇は禁裏御所の南門前から見物した。

ただし、「真」の天皇へ接近できる場は、極めて限定されたものであった点は注意しておきたい。上御霊社の祭礼行列を天皇が見物している間、築地之内を囲む惣門は閉じられ、神輿や風流を担う上御霊社関係者以外の人々の往来は禁止される。さらにその天皇の見物も宝永六年には中止される。

また、享保期ごろになると、中世から民衆に比較的広く開放されていた朝儀の見物も限定されるようになる。見物の際には事前に入手した切手札を所持するだけでなく、見物する場も指定されるようになる。加えて、開放朝儀のひとつであった即位礼の時には、禁裏を取り囲む築地之内への人々の出入りが規制され、南門からの覗き見も禁止される。つまり、近世中期の天皇と都市社会が接する場は、中世後期や近世前期とは異なり禁裏によって厳密に支配されているといえる。

その一方で、禁裏は、禁裏と民衆を結びつける場を新たに設定した。それが、すでに民衆の慣習として定着していた節分を内侍所で行い、それを民衆に向けて開放するというものである。この民衆への内侍所開放では、時間指定はあるものの、切手札の入手・所持等の条件はない。開放日時は、町触によって広く周知される。しかも、参詣日が朝儀日と重複すれば、代替日まで設定される。そして、出入りの規制からもわかるように、多数の人々がこの動きを受け入れ、内侍所に参詣するようになる。すなわち近世中期には、節分時の内侍所参詣を介して、民衆は禁裏御所が信仰の対象となることをより強く認識できる状況にあったといえる。

しかし、民衆の内侍所参詣という行事は朝儀ではない。内侍所開放で禁裏側が示そうとしたのは、ありがたさ、もしくは信仰の対象となるよう民衆向けに工夫・演出された禁裏の姿である。

では、かかる近世中期からみられる禁裏側の演出は近世社会を考える上でどのような意味を持つのだろうか。これも明確に示す史料はないが、間瀬久美子が幕藩体制を「非宗教的国家」と評したように、民衆が国家の宗教を意識する機会は少ない(7)。とすれば、かかる演出は、清浄かつ神聖な祭祀主催者となりえた天皇・禁裏の役割や幕府にはない禁裏の存在価値を社会に向けてあえて示すためのものであったのではないだろうか。

一方、霊元天皇以後、禁裏がこのような京都の民衆の支持を集めるような場を仕掛けているにもかかわらず、幕府側には積極的にそれを牽制しようとする動きがほとんどみられない(8)。天皇の上御霊社祭礼行列の見物を考察した第三部第四章でも述べたとおり、天皇と町との接近に関して幕府側は基本的に楽観視する傾向が強いと思われる。ただし、この幕府側の対応については、祭礼見物や内侍所仮殿の事例をもとに述べているに過ぎない。今後は、禁裏の動向に対する幕府の対応をさらに明らかにし、朝廷側の理念と実際の行動とがいかに結びついていたのかを詳細に検討する必要がある。

二―三　近世後期の禁裏と都市空間

また、本書では、近世後期のありかたにも言及した。

内侍所については、これまでと同様に禁裏はその場の重要性を認識していた。しかし、造営や下賜に際しては、禁裏の威信をかけて再興した神嘉殿との関係が問題となる。両者ともに儀礼を行う施設であるが、いずれの形態や格式も維持したいという意図を持っていた禁裏は、幕府に理由を付け続けることでなんとか造営（新造）にこぎつけるが、経済状況や神嘉殿とのかねあいから、内侍所仮殿は上・下御霊社ではなく土御門家などに下賜されるほか、取り置きなどの措置が取られる。一方、内侍所仮殿の拝領が叶わなくなった両御霊社では社殿の維持を自身で行わなければならなくなり、禁裏から建物等拝領したという由緒を強調することで町や氏子らの支持を受けていくことになる。

また、寛政二年に内裏が完成すると、天皇は火災後に居を構えていた仮御所から三条通等を通って新御所に還る。この内裏遷幸は、多くの見物客を集めた。そして、続く安政度内裏完成後には、光格天皇は、禁裏御所の北側に位置していた仮御所（桂皇居）から、室町通、三条通、そして堺町通を通って、南門をくぐり、新御所に還る。このとき、遷幸経路沿いでは天皇が見るに適したものが選択され、通るもしくは見るに適さない空間は隠秘・破壊された。そのような空間において人々も遷幸時の天皇の姿を楽しむことになる。しかし一方で、内侍所は、天皇の遷幸とは異なるルートで、築地之内を囲む惣門の外に出ることなく最短ルートを通り、新御所まで還る(9)。

この仮殿下賜や遷幸での禁裏の対応からは、近世中期と同様、内侍所の清浄性の確保の厳格化とともに、天皇を信仰の対象とするような演出の強化をみてとれよう。これは序章でも述べた千度参りなどの近世後期にみられる禁裏信仰の一連の事例とも関わってくるのであろう。

しかし、近世後期には、中期とは異なる特徴もみてとれる。以下、展望も含むが、現在の著者の見解を示しておきたい。

近世中期における禁裏側の演出は、上・下御霊社といった一定の神社や朝儀執行、天皇崩御といった空間にしかあらわれない、限定的かつ臨時的なものであった。しかし、その禁裏信仰・祝祭空間の出現は、頻度を高め、さらに遷幸のように都市空間全体へと範囲も広げていく。禁裏主導で京都の都市の中に「禁裏信仰・祝祭空間」が設定されていくといってもいいだろう。

そして、これらの空間が都市において定着・拡大していく背景には、近世中期からみられる禁裏と町との関係性の構築が重要であったと考える。天皇は京都を生活の拠点としており、朝儀の執行や内裏造営などで町側に多少なりとも規制や負担を強いてきた。しかし、前近世において王権として認識されていた禁裏も、幕藩体制下においては都市の直接的な支配者ではないことが明白である。しかも、禁裏が町などに対して天皇の存在を示す機会もほとんどなかった。そのなかで、近世中期になって、信仰や儀礼を介して新たな天皇・禁裏像が提示されるようになる。それは、限定性を伴っていたために、人々の関心をひいた。そして、その演出が功を奏して天皇が信仰の対象であることがある程度定着するようになると、禁裏はより強くその性格を示し、一方の町側は、経済的・社会的な利益だけでなく現世利益（ありがたさ）ももたらしてくれるとされた天皇とのつながりをさらに求めようとするようになっていくのではないだろうか。

なお、都市を舞台に禁裏側が仕掛けたかかる演出を、町側がどのように受け止めていたのかは具体的には不明であると言わざるを得ない。ともあれ、下賜や祭礼見物の事例からもわかるように、天皇が関わることにも有益性を見いだす傾向が社会のなかに認められる以上、天皇・禁裏の存在そのものが「権威」[10]とみなされていたといえるであろう。しかも、三井家の内裏造営に関する御用の際の新造御殿見物や遷幸時のもてなしからわかるように、町のなかにはその「権威」を経済的にだけでなく、社会的ネットワークの形成や家格の上昇に利用している者もある。今後、権威の受容の利点にさらに着目することで、天皇権威の特性がより明確にみえてくるのではないかと考えている。

最後に全体にかかわる課題もまとめておきたい。本書では儀礼や信仰の場・空間に着目したが、朝儀は多様である。ゆえに、事例の分析が不十分であることは言うまでもない。

また、近世の天皇の位置付けも試みたが、禁裏の信仰や宗教に関する理念と実際の施策との関係性について、例えば奉幣使再興といった朝廷の祈祷体制の整備などにも着目して、具体的に検討する必要がある。

加えて、幕府の対朝廷政策、特に右記のような天皇の存在の基盤形成や信仰に関する動向への介入に関しても緻密に解明していかなければならない。近世後期の大政委任論などの幕府側政治的動向も鑑みながら両者の動向の背景をさらに考察する必要がある。

(1) 藤田覚「思想の言葉」『思想』一〇四九、二〇一一年九月。
(2) 藤井讓治「江戸幕府の成立と天皇」(永原慶二他編『講座・前近代の天皇』二、青木書店、一九九三年)など。
(3) 天皇の身体の清浄性については、深谷克己「近世の将軍と天皇」(『近世の国家・社会と天皇』校倉書房、一九九一年。初出一九八五年)などでも指摘されるが、その詳細は考察されていない。
(4) 久保貴子『近世の朝廷運営――朝幕関係の展開――』岩田書院、一九九八年。
(5) 高埜利彦「江戸幕府の朝廷支配」『日本史研究』三一九、一九八九年三月。高埜は、この「第一の変容」を、徳川将軍家の権威の補強のために幕府が朝廷を協同させる時期と評価している。

なお、幕府側は、寛永期ごろまでは徳川家が天皇に対する権力を強めていくが(前掲藤井「江戸幕府の成立と天皇」)、その後、朝儀の復興など朝廷側の意向を優遇したとも捉えられる融和策を展開する。ただし、この幕府の対朝廷政策はむしろ統制強化を図ったものであるという評価もある(前掲深谷「近世の将軍と天皇」、前掲久保『近世の朝廷運営』など)。
(6)　前掲藤井「江戸幕府の成立と天皇」。
(7)　間瀬久美子「神社と天皇」永原慶二他編『講座・前近代の天皇』三、青木書店、一九九三年。
(8)　なお、清水克行は、近世前期の朝儀の開放は、朝廷側が「みずからを幕藩制国家のなかに有効に位置づけるべく演出をはじめ」たものと評価する(清水克行「戦国期における禁裏空間と都市民衆」『日本史研究』四二六、一九九八年二月。後に『室町社会の騒擾と秩序』(吉川弘文館、二〇〇四年)に所収)。しかし、朝儀開放は中世から続く慣習であり、幕藩制国家形成時ならびに近世前期においてあらたな有効性を持っていたかは実証できない。
(9)　「日時勘文御用記」『孝明天皇紀』第二、有隣堂、一九六七年。
(10)　『日本国語大辞典』(小学館、二〇〇三年)の定義による。

初出一覧

本書に所収した論文の旧題ならびに初出は以下のとおりである。

序　章　新稿

第一部　第一章　「室町後期・戦国期の内侍所」（『日本建築学会計画系論文集』五八三、二〇〇四年九月）を改稿、第一節は著者学位論文『禁裏御所における信仰の場としての内侍所に関する研究』（京都大学、博士（工学）、二〇〇五年三月）序章を大幅に改稿

第二章　「近世の内裏内侍所仮殿下賜と上・下御霊社の社殿拝領について」（『日本建築計学会画系論文集』五七五、二〇〇四年一月）を改稿

第三章　「寛政度内裏以降の内侍所仮殿の造営・下賜と神嘉殿」（『日本建築学会計画系論文集』五九一、二〇〇五年五月）を改稿

第二部　第一章　「中世後期の天皇崩御と触穢――内侍所の変化を中心に――」（『日本建築学会計画系論文集』六九五、二〇一四年一月）を改稿

第二章　新稿、一部は「天皇の葬送儀礼と近世都市京都」（『特別研究［若手奨励］都市建築史的視点からみた中央と地方に関する研究』、日本建築学会、二〇一〇年三月）にて発表

第三章　「近世禁裏御所と都市社会――内侍所参詣を中心として――」（『年報都市史研究』一五、二〇〇七年十二月）を改稿

補章一　「室町・戦国期における宮中御八講・懺法講の場」『日本宗教文化史研究』九―一（二〇〇五年五月）を大幅に改稿

補章二　「近世安楽寿院の鳥羽法皇御遠忌法会」（平成十五～十七年度科学研究費補助金（基盤研究（C）（1）研究成果報告書『鳥羽安楽寿院を中心とした院政期京文化に関する多面的・総合的研究』（研究代表者　上島享）、二〇〇七年三月）を大幅に改稿

第三部　第一章　「承応度・寛文度内裏造営と非蔵人――稲荷社目代・非蔵人羽倉延重の活動を中心に――」（『朱』五一、二〇〇八年二月）を改稿

第二章　「近世京都の都市空間再生と禁裏御所普請――三井家と町――」（『特別研究［若手奨励］・8国際的・都市史的観点からみた都市再生論に関する研究』、日本建築学会、二〇一二年三月）を改稿

第三章　「安政度内裏遷幸と都市空間」（『日本建築学会計画系論文集』六九五、二〇一四年一月）を改稿

第四章　「近世前期の上・下御霊社祭礼行列と天皇――風流見物を中心に――」（『建築史学』六一、二〇一三年九月）を改稿

終　章　新稿

あとがき

本書は、二〇〇五年に京都大学に提出した学位論文に、その後発表した関連論文を加えて、一冊にまとめたものである。

私が大学進学にあたり選択した学科は建築だった。ただし、このときの私に明確な目標があったわけではない。カトリック系の中高一貫の女子校に通っていた私は、クラスのほとんどが医歯薬系への進学を希望する環境に違和感を抱いていた。しかし、かといって理学や農学にもさほど興味がわかなかった。そこで、ほぼ強引になかば消去法的な方法で建築を選んだ。ただし少しだけ言い訳をすれば、建物や都市の形態よりもそれがいかに創られるのかという経緯や背景に興味があった。

そして、自由でおもしろそうだという理由だけで京都大学を選び、工学部建築学科に入学した。が、すぐに挫折感を味わうことになる。最初の設計演習で有名建築の模写をするのだが、小学校のころから苦手な科目が体育と美術だった私にはそれがうまく出来ないのである。センスも体力もない人間は建築設計・製図に向かないことをいやというほど思い知り、自分の不器用さをあまり考えないままに進学先を決めてしまったことを少し後悔した。

一方で、一回生の最初に受けた専門の講義が高橋康夫先生の日本建築史だったのだが、中世都市や市中の山居などの話を聞いて、人々が住みこなして出来る空間・場のおもしろさに驚いた。かっこいいか悪いかぐらいの主観的で楽観的な指標でしか捉えることができなかった建築や都市が、歴史という観点からみるだけでこれだけ構造的かつ魅力的に説明できるのかと思った。そして、同時に、子供のころから好きだった日本史となんとなく選んだ建築とがリンクする学問があったことに少し安堵した。いま改めて振り返ると、このときの体験が、建築・都市史の分野で生活をしていこうと思った原点なのかもしれない。

四回生の研究室配属では、あまり迷うことなく、高橋先生と山岸常人先生がおられた建築史研究室を選び、そこで学生・助教時代を含めて結局約十年間過ごすこととなった。

この研究室での生活はとても楽しかった。が、研究の方は最初から順調に進んだわけではない。学部・修士のころは、学問に対しての自覚が弱く、研究対象も定まっていなかった。そのなかで、修士二回生の終わりごろにいつものように自転車で町中をうろうろしていたときに偶然見つけたのが、下御霊神社である。京都の寺社の前には、その由緒や建物の特徴などを書いた高札が立っているのだが、下御霊神社の前の札には同社本殿が御所から下賜されたと書いてあった。それを読んだ途端、どうしてこの町のなかの普通の神社が禁裏から建物をもらって境内を構成しえたのだろうかと俄然興味が湧いたのである。

しかもちょうどそのころ、京都での経験を重ねるにつれ、どうしても解せないことがあった。私は子供のころから父の仕事の都合であまり長い間一定の場所にとどまって生活したことがなく、中学・高校も一時間半以上かけて通学するようなところを選んでしまったので、生まれた場所にも一日の大半を過ごす学校のある地域にも自分の家がある地域にも中途半端な愛着しか持てなかった。そんな人間からみれば、京都人の感覚、すなわち東京奠都から百年以上経った今でも天皇や御所の存在を自らの誇りとして強く認識し京都を「都」だと思っていること、そして何よりもその都としての京都を謙遜しつつも溺愛していること自体が、不思議で仕方なかったのである（京都人のみなさん、すみません）。

そして、研究者としては不純な動機なのかもしれないが、以上のような極めて個人的な興味から湧いてきた疑問に答えるべく、京都という都市がどうしてこれほど禁裏を重視するようになったのか、そしてその認識が空間の形成や変容とどうつながっていたのか、ということを明らかにしたいと思ってはじめた研究が、本書に掲載した各論につながった。

指導教員である高橋康夫先生と学位論文の副査もしていただいた山岸常人先生には、学問の基礎の基礎から教えていただき、厳しくもあたたかいご指導・ご鞭撻をいただいている。両先生からは歴史学に必要不可欠な実証性と論理性を問われることが多く、それは時に誰よりも厳しい批判でもある。しかし、両先生の問いかけはいずれも学問に対する真摯な取り組みから導かれているものであり、それにいかに答えるのかということが私の研究の原動力となっている。さらに、両先生には、折りに触れて、様々なプロジェクトや調査に誘っていただき、そこで得た経験や発表の機会が本書刊行につながった。

四回生から助教時代までの約十年間を過ごした京都大学建築史研究室の諸先輩、同期、さらには後輩、学生にも大変お世話になった。特に配属当時研究室の助手であった藤沢彰先生、国内留学で来られていた丸山茂先生、さらに冨島義幸氏や登谷伸宏氏などの先輩方には様々な寺院や神社や修理現場に連れて行っていただくとともに、研究の進め方の相談にものっていただいた。自由に議論でき、さらにモノに触れる機会に恵まれたこの京都での研究室体験は私の教育・研究生活の財産である。

一方、研究会や調査を通じて、多くの先生から学恩を頂戴している。

黒田龍二先生は、調査や研究会でご一緒させていただくたびにいろいろなことを教えていただいている。博識で独特な視点から展開される先生の研究は、私にとって刺激的なものばかりであり、それを近くで聞かせていただけることに感謝している。

伊藤毅先生は、研究を始めた当初から折りに触れてご指導を賜っている。また、学会やシンポジウムなどにもお誘いいただき、全国の都市史研究者や同年代の研究者と知り合う機会を与えていただいた。また、上島享先生とは文書調査をご一緒する機会を得た。学問に対するその真摯かつ厳しい態度には圧倒されるばかりであるが、本書のなかで近世と中世のつながりを意識したのは、宗教史や中世史の重要性だけでなくそのおもしろさを伝えてくださる先生からの影響が少なくない。さらに、高村雅彦先生や仁木宏先生をはじめとする都市史研究者や、溝口正人先生をはじめとする建築史研究者の方々には、発表や論文、また著者が関わった建造物や町並の報告書に対して貴重なご意見・ご教示を賜っている。

また、山岸先生をはじめ、黒田先生や村田信夫氏と一緒に歴史的建造物の調査に関われてこれたことも、研究を進める上での大きな糧となっている。私の場合、禁裏や都市に関する研究と建造物調査が直接的に結びついているわけではない。しかも、山岸先生らの調査は精度が極めて高く、改造の経緯を含めた復元考察も現地で行う。そのため、現地での指導はとても厳しく、今でもよく怒られる。参加した後には自分の知識・経験・努力が足りないことを痛感し、反省するばかりである。しかし、この調査は、建造物の歴史的特徴をいかに確実かつ正確に読み取るのか、そしてそれをなぜ読み取ろうとしなければいけないのかという課題と常に真摯に向き合っている。この姿勢は都市史を含めた学問すべてに通じるものであると私は信じているし、何よりもこの調査で培われる実際の空間・場に対する感覚が建築・都市史を専門とする私の学問の根幹を支えていると思っている。このような調査にお声かけいただき、ご指導が賜われることを有難く思う。

そして、九州大学に赴任した半月後に予期していなかった事態が発生し、九州北部の歴史的建造物や重要伝統的建造物群保存地区の保存に委員・専門家の一人として関わることになった。九州の地域的特性を把握する間もなく北も南も分からないまま現場に駆り出されることになったため、当初は相当戸惑った。正直なところ、今でも試行錯誤している。が、なんとかここまでやってこられたのは、右記のような調査の機会にめぐりあえたことと、現場の方や高橋先生、山岸先生をはじめとした建築・都市史研究者、さらに文化財関係者の方々のご助言があったからこそである。

また、職場を京都大学から九州大学大学院芸術工学研究院に移してからもよい同僚と研究環境に恵まれている。

さらに、刊行にあたっては、山岸先生に思文閣出版をご紹介いただき、同社の大地亜希子氏に大変お世話になった。

これまで研究や調査でお世話になったみなさまに重ねて感謝申し上げる次第である。

さて、本書をまとめるにあたり、自分の論考を整理してみると、論旨も不十分で、なによりも課題や問題点が山積みであることを強く自覚せざるをえなかった。しかも、先に記した研究を始めるにあたり抱いた京都に対する疑問はいまだ解けていない。だからこそ、本書の刊行で一区切りついた感はあるものの、これからも少しずつでも研究を進めていかなければと思っている。本書で示した展望や課題、特に天皇と近世社会・国家の関係性については、私の基盤である建築・都市史という立場をしっかりと自覚しながら、幕府の動向も含めて論証の修正・補足を続けることで、体系化していきたい。これが、現在の目標である。

なお、本書は、独立行政法人日本学術振興会平成二十五年度科学研究費補助金（研究成果公開促進費）の交付を受けた。

二〇一四年一月

岸　泰子

索　　引

◎著者略歴◎

岸　泰子（きし・やすこ）

1975年生。

京都大学大学院工学研究科生活空間学専攻博士後期課程研究指導認定退学、博士（工学）。

現在、九州大学大学院芸術工学研究院准教授。

主な論著に「文化財の発見と近代京都のまちづくり」（高橋康夫他編『京・まちづくり史』昭和堂、2003年）、「近世の内裏内侍所仮殿下賜と上・下御霊社の社殿拝領について」（『日本建築学会計画系論文集』575、2004年1月）、「近世前期の上・下御霊社祭礼行列と天皇」（『建築史学』61、2013年9月）など。

近世《きんせい》の禁裏《きんり》と都市空間《としくうかん》

2014（平成26）年2月28日発行

定価：本体6,400円（税別）

著　者　岸　泰子
発行者　田中　大
発行所　株式会社　思文閣出版
〒605-0089　京都市東山区元町355
電話075-751-1781（代表）

印　刷
製　本　亜細亜印刷株式会社

ISBN978-4-7842-1740-3　C3021